세계사 뛰어넘기

몽골 제국의 등장부터 유럽 계몽주의 시대까지

세계사 뛰어넘기 2
몽골 제국의 등장부터 유럽 계몽주의 시대까지

초판 1쇄 발행 2017년 10월 31일
초판 2쇄 발행 2018년 12월 5일

글 강창훈·남종국·윤은주·이옥순·이은정·최재인 | 그림 민은정
기획 장산곶매·네사람 | 편집 박미경 | 아트디렉터 신은경 | 디자인 디자인아이

ISBN 979-11-88283-21-7 04900
979-11-88283-19-4(세트)

이 도서의 국립중앙도서관 출판예정도서목록(CIP)은 서지정보유통지원시스템 홈페이지(http://seoji.nl.go.kr)와
국가자료공동목록시스템(http://www.nl.go.kr/kolisnet)에서 이용하실 수 있습니다. (CIP제어번호 : CIP2017026791)
* 책값은 뒤표지에 있습니다.

발행처 주식회사 스푼북 | 발행인 박상희 | 편집인 이대연 | 출판신고 2016년 11월 15일 제2016-000154호
제조국 대한민국 | 주소 (03968) 서울시 마포구 성미산로 29, 302호(성산동 245-15)
전화 02-6357-0050(편집) 02-6357-0051(마케팅)
팩스 02-6357-0052 | 전자우편 book@spoonbook.co.kr
*10세 이상 어린이제품

세계사 뛰어넘기

몽골 제국의 등장부터 유럽 계몽주의 시대까지

열다

생각의 지도를 만들어 가는 역사 여행

"역사를 왜 공부하나요?"

언젠가 한 학생이 물었어. 위성 방송을 보고 인터넷을 이용하는 시대에 역사 공부는 고리타분하다는 거야. 그래, 오늘날처럼 빠르게 발전하는 세상에서 미래를 말하지 않고, 이미 지나간 옛날을 살피는 것이 무슨 의미가 있느냐고 생각할 수 있어.

그렇다면 우리는 왜 역사를 공부하는 걸까? 답을 말하기 전에 먼저 실제로 있었던 이야기를 하나 해 줄게.

1차 세계 대전이 한창일 때 알프스 산에 있던 한 부대의 소대장이 부대원들에게 정찰 임무를 내렸어. 그런데 그들이 떠나자마자 이틀간 눈이 내렸고, 부대원은 아무도 돌아오지 않았어. 소대장은 괴로워했지.

그런데 놀랍게도 사흘째 되는 날 군인들이 무사히 돌아왔어. 그들은 어떻게 눈밭을 헤치고 살아 돌아왔을까? 부대원들은 소대장에게 사정을 설명했어.

그들은 갑작스러운 폭설로 산에서 길을 잃었고, 곧 죽을 것으로 생각했대. 그때 누군가 주머니에 지도가 있다면서 눈이 그치면 그걸 바탕으로 부대로 돌아가자고 말했다는 거야. 그들은 땅을 파고 피했다가 눈이 그치자 지도를 따라 돌아온 거고.

소대장은 고마운 그 지도를 보여 달라고 했어. 그런데 군인들이 내놓은 지도는 알프스 산맥이 아니라 피레네 산맥의 지도였어. 다른 산의 지도를 가지고 살아난 거지.

역사는 먼 옛날부터 오늘날까지 이 세상의 수많은 사건과 사람의 이야기를 다룬단다. 나라를 세우고 종교를 만들며 문화를 일군 옛사람들의 다양한 경험을 통해 우리

는 살아가는 법을 배우고 교훈을 얻는 거야. 즉, 사는 데 필요한 많은 지혜(지도)를 갖는 셈이지. 알프스 산맥에서 피레네 산맥의 지도를 가지고 살아난 것처럼, 우리도 자신이 직접 경험한 것은 아니지만 역사를 통해 자신감을 얻고 슬기로워질 수 있겠지?

『세계사 뛰어넘기』는 여러분이 지나간 시대의 사람과 사건을 들여다보며 자기만의 생각을 키우고, 상상의 나래를 펴서 많은 지도를 만들라는 뜻으로 만들었어. 시리즈의 두 번째인 이 책은 13세기에서 18세기에 이르는 500년 동안에 넓은 세계가 어떻게 서로 연결되고 영향을 주며 하나의 지구촌으로 발전했는지 보여 준단다.

놀라운 것은 비행기나 인터넷, 텔레비전이 없던 옛날에도 세계가 지금처럼 서로 가까이 영향을 주고받았다는 사실이야.

사람은 다른 사람들과 어울려 살지. 나라와 문화도 마찬가지야. 힘센 나라는 다른 나라로 나아갔고, 훌륭한 문화는 여러 곳으로 펴져 나갔어. 아시아의 몽골이 유럽까지 세력을 펼쳤고, 중동에서 생긴 이슬람이 전 세계에 영향을 준 것처럼 말이야.

동시에 세상은 끊임없이 변한단다. 오늘날 선진국이라고 해서 옛날에도 강한 나라는 아니었어. 마찬가지로 15세기에 강했던 나라가 지금까지 세계를 움직이는 것도 아니지. 누구에게나 기회가 있다는 점에서 역사는 희망을 말해.

자, 우리 함께 역사 속으로 떠나 볼까? 또 다른 생각의 지도를 찾아서 말이야.

2012년 12월

여러 글쓴이를 대표하여 이옥순

∴ 차례

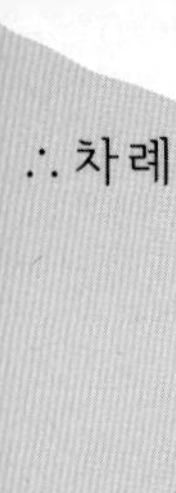

1
지구촌 시대의 여명

2
하나로 묶인 지구촌

3
이슬람과 유럽
세계의 변화와 발전

4
더욱 잦아진 교류와 충돌
5
변화의 길목에 선 지구촌

1 지구촌 시대의 여명

1096
유럽 십자군,
1차 전쟁

1185
일본, 가마쿠라
막부 등장

몽골 제국의 등장

몽골 제국의 번영과 쇠퇴

몽골 제국 이후의 세계

1206	1215	1271	1299	1337	1368	1369	1392
몽골 제국 시작	영국, 대헌장 승인	원 건국	이탈리아, 마르코 폴로 『동방견문록』 완성	영국과 프랑스, 백 년 전쟁 시작	명 건국	티무르 제국 건국	고려 멸망

바위에 새겨진 칭기즈 칸의 초상화.

1200년 무렵부터 1500년까지 300여 년 동안에 아시아와 유럽 세계는 이전과 매우 달라졌단다. 칭기즈 칸이라는 뛰어난 인물과 그의 자손들이 아시아와 유럽의 여러 나라를 몽골 제국의 깃발 아래 하나로 묶었거든. 그래서 어떤 사람은 몽골 제국이 세계사를 만들어 냈다고 주장하기도 해. 그만큼 몽골 제국이 이 시기 세계사에서 큰 역할을 맡았다고 할 수 있지.

몽골 제국의 등장

유라시아 세계의 교류와 접촉이 늘어나다

아시아와 유럽을 합쳐 유라시아라고 해. 칭기즈 칸이 나타나기 전인 12세기에서 13세기 무렵, 유라시아 세계에는 사람과 물자가 점점 활발하게 이동하고 있었어. 그러면서 새로운 교역로가 발달하고, 유라시아는 점차 하나로 이어졌단다.

이 무렵 유라시아의 서쪽에서는 유럽의 크리스트교 세력과 서아시아의 이슬람 세력이 십자군 전쟁을 치르고 있었어. 크리스트교 신자들은 예수의 뜻을 기리고자 예루살렘을 찾아가곤 했는데, 11세기 말 이슬람 세력이 예루살렘을 차지한 뒤 성지 순례를 못하게 했거든. 그러자 유럽 나라들이 힘을 합쳐 전쟁을 일으킨 거야.

십자군 전쟁을 치르는 동안 두 세계의 갈등과 미움의 골도 깊어졌어. 그렇지만 다른 한편으로는 크리스트교와 이슬람 세계 사이에 새로운 문물이 오가며 변화를 일으키는 계기가 되기도 했지.

유럽 사람들은 십자군 전쟁을 통해 비잔티움 제국과 이슬람 제국의 앞선 문물과 지식을 접하게 되었어. 음악, 그리스 철학, 수학, 천문학, 화학 같은 분야에서 말이야. 그러면서 큰 자극을 받았단다.

베네치아, 피사, 제노바 같은 이탈리아 항구 도시의 상인들은 십자군에게 식량과 무기 등을 팔았어. 그러면서 때로는 십자군을 부추겨 부유한 비잔티움 제국을 약탈해 큰돈을 벌기도 했어. 그뿐 아니라 무슬림 상인들에게 사들인 도자기와 향료 등을 유럽 나라에 다시 팔아 많은 이익을 남겼지.

그 과정에서 예전에 서유럽과 지중해 사이를 잇던 로마 제국의 교역로가 다시 살아나고, 새로운 교역로도 만들어졌어. 이 교역로들은 북유럽의 바이킹들이 강과 바다를 누비며 만든 여러 도시와도 이어졌어. 그렇게 해서 서유럽의 도시들이 활기를 띠고 발전할 발판이 마련되었단다.

한편, 십자군 전쟁을 치르는 동안 이슬람 세계에도 여러 가지 변화가 일어났어. 그 당시 셀주크 튀르크 세력이 이슬람 세계를 이끌고 있었어. 하지만 거듭되는 전쟁으로 점차 힘을 잃어 갔지. 그러는 동안 페르시아와 또 다른 튀르크 세력들은 중앙아시아와 인도 쪽으로 진출해 이슬람 나라를 세웠어.

이렇게 해서 이슬람 세계는 북아프리카와 서아시아뿐 아니라 중앙아시아와 인도까지 넓게 뻗어 나갔단다. 그 덕분에 무슬림 상인들은 북아프리카와 인도 사이의 지중해, 홍해, 인도양을 마음껏 누비며 바닷길 교역을 이끌었지.

자, 이번엔 동아시아를 살펴볼까? 동아시아에서는 10세기 무렵부터 거란족이 세운 요가 위세를 떨치고 있었어. 그런데 12세기 무렵 새로운 강자가 나타났단다. 만리장성 북쪽에서 여진족이 세운 금이 힘을 키워 요를 무너뜨리고 동아시아에 세력을 떨치기 시작한 거야.

그런데 요와 금 두 나라에는 공통점이 있었어. 바로 역참이 발달했다는 거야. 두 나라는 드넓은 초원 지역에 자리 잡고 있었거든. 그래서 상인이나 관리들이 먼 길을 가려면 여행 도중에 휴식을 취하고 말을 갈아탈 시설이 필요했어. 바로 그 정거장이나 여관 기능을 한 곳이 역참이란다.

요와 금은 발달한 역참망을 통해 주변 나라에서 거둔 조공이나 필요한 물건들을 빠르게 실어 날랐어. 사신과 관리들도 역참을 이용해 안전하게 다닐 수 있었지. 이렇게 만든 역참망은 나중에 몽골 제국에서 더욱 발달해. 그리고 유라시아 여러 지역의 물자와 사람이 활발하게 이동하는 데 큰 몫을 하게 된단다.

칭기즈 칸, 대제국의 기틀을 만들다

12세기 말, 몽골 초원에 테무친이라는 영웅이 나타났어. 테무친은 몽골 한 부족장의 아들이었는데, 20여 년에 걸쳐 크고 작은 몽골 부족을 차례로 정복했어.

테무친은 쉰한 살이 되던 해에 부족장 회의인 **쿠릴타이**에서 만장일치로 '칸'으로 뽑혔어. 칸은 유목민 세계에서 최고 군주를 일컫는 말이야. 한자어로는 '한汗'이라고 하지. 그런데 테무친은 특별히 '칭기즈 칸'이라고 불렸단다. 정확하지는 않지만 '칭기즈'는 '우주의'라는 뜻이라고 해.

쿠릴타이
몽골 제국의 중요한 족장 회의이다. 주로 칭기즈 칸 집안의 족장들을 중심으로 회의를 열었고, 참석한 대표자들이 합의하여 대칸을 뽑거나 전쟁 참여 여부 등 중요한 일을 결정했다.

초원의 유일한 지배자가 된 칭기즈 칸은 이제 더 넓은 땅으로 뻗어 나갈 궁리를 하기 시작했어. 칸이 된 이듬해, 칭기즈 칸은 비단길 무역으로 번영을 누리던 서하를 공격했어. 서하는 금과 어깨를 겨룰 만큼 강한 나라였는데, 몽골 기병의 거침없는 공격에 변변히 맞서지도 못한 채 무릎을 꿇고 말았단다.

칭기즈 칸은 서하를 이긴 뒤 자신감이 커졌고, 그 기세를 몰아 오랫동안 벼르던 금을 정벌할 준비를 서둘렀어. 드디어 1215년, 칭기즈 칸은 각 부족 지도자들을 불러 모아 금과의 전쟁을 선포했지. 칭기즈 칸은 몽골 기병들을 이끌고 금의 수도인 중도로 쳐들어갔어. 중도는 오늘날의 베이징 근처에 있었단다.

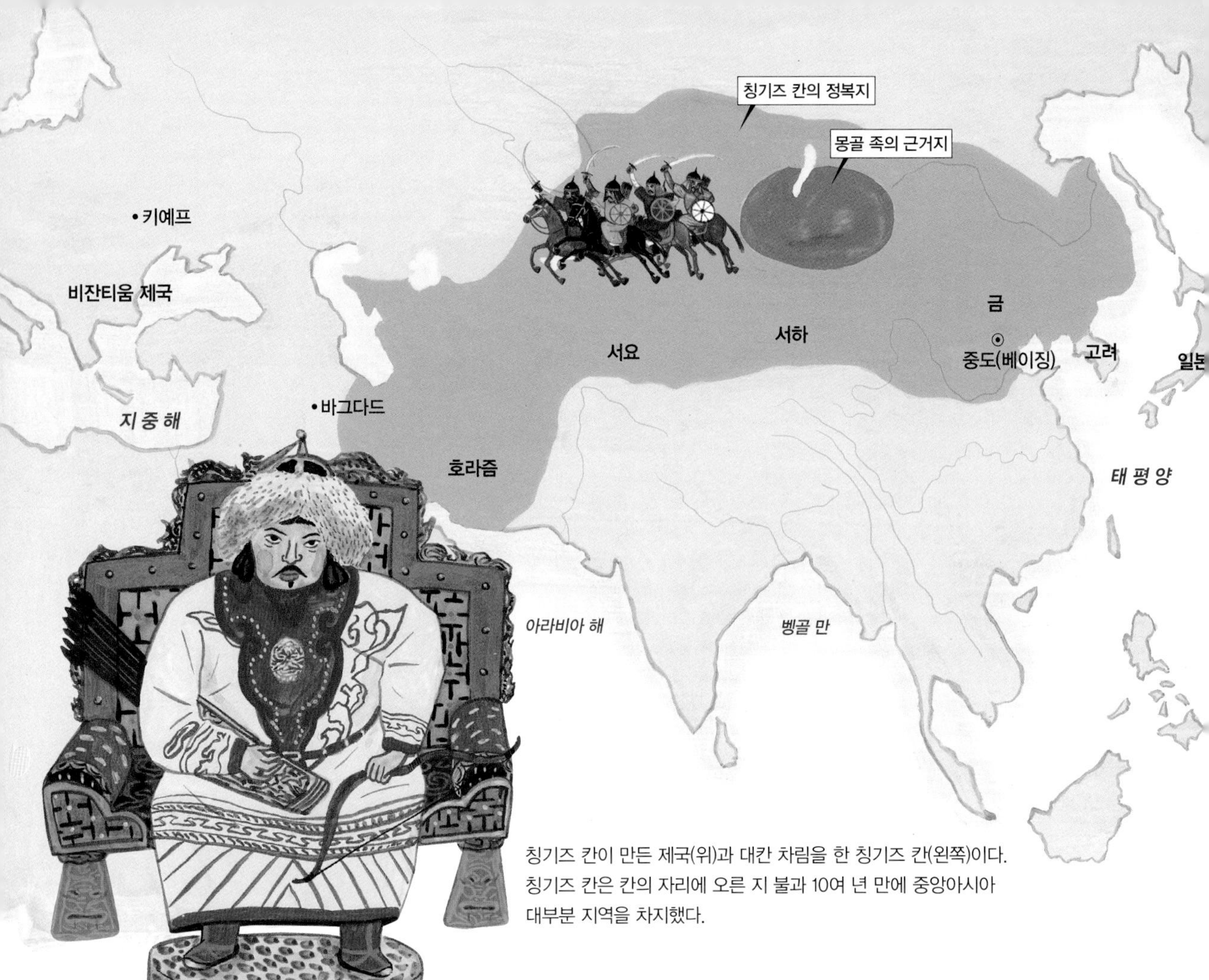

칭기즈 칸이 만든 제국(위)과 대칸 차림을 한 칭기즈 칸(왼쪽)이다. 칭기즈 칸은 칸의 자리에 오른 지 불과 10여 년 만에 중앙아시아 대부분 지역을 차지했다.

칭기즈 칸의 기병들은 넓은 들판에서 맞붙는 싸움마다 승리를 거두며 앞으로 나아갔어. 그런데 높은 성벽으로 둘러싼 금의 도시는 쉽게 무너뜨릴 수 없었어. 칭기즈 칸은 다른 전술이 필요함을 깨달았지. 그래서 한족 기술자를 잡아다가 돌을 쏘는 투석기 등 성벽 공격에 필요한 무기를 만들게 하고, 성을 공격할 전쟁 기술을 익혔어. 그런 다음 다시 공격 명령을 내렸지.

칭기즈 칸의 군대는 이번에는 달랐어. 성벽으로 둘러싸인 도시를 만나면 투석기를 이용해 성벽을 부수고, 화약과 불화살로 성 안에 있는 적군을 혼란에 빠뜨렸지. 드디어 금의 도시들이 하나둘씩 칭기즈 칸의 손에 들어오기 시작했어.

결국, 칭기즈 칸은 금의 수도 중도를 차지하는 데 성공했어. 이때 금의 황제가 전쟁을 그만두고 사이좋게 지내자고 요청해 왔어. 칭기즈 칸은 금의 황제가 바치는 어마어마한 재물을 받고 몽골 고원으로 물러났단다.

금을 정복한 칭기즈 칸은 이번엔 서쪽에 있는 호라즘이라는 이슬람 나라를 공격했어. 칭기즈 칸은 처음에 호라즘과 교역을 하려고 했어. 그런데 호라즘의 술탄은 칭기즈 칸이 보낸 사신을 죽여 버렸지 뭐야. 화가 난 칭기즈 칸은 15만 대군을 이끌고 호라즘에 쳐들어갔어.

호라즘도 서하처럼 몇백 년간 중앙아시아의 비단길 교역을 이끌며 번영을 누리던 큰 나라였지만, 7년에 걸친 칭기즈 칸의 공격과 약탈을 견뎌 낼 도리가 없었지. 결국, 호라즘의 수많은 도시는 거의 파괴되어 흔적도 없이 사라지고 수백만 명이 목숨을 잃었어. 호라즘을 정복한 뒤, 칭기즈 칸의 한 장군은 도망친 호라즘의 술탄을 뒤쫓는 길에 페르시아를 침략했어. 칭기즈 칸의 또 다른 부대는 러시아로 가서 가장 큰 도시인 키예프를 약탈했지.

화약

화약은 중국에서 당나라 말에 만들어져 송나라 때 전쟁에서 처음 사용했다고 알려져 있다. 몽골군은 금의 수도인 중도를 차지했을 때 금의 화약 시설과 기술자를 몽골로 끌고 갔다. 그 뒤 호라즘, 폴란드 발슈타트(1242년), 바그다드(1258년)를 공격할 때 화약 무기 비슷한 것을 사용했다고 한다. 이 무렵 화약이 유럽에 알려졌고, 유럽 나라들은 총과 대포 같은 화약 무기를 앞다투어 개발했다.

칭기즈 칸의 초원 제패

1206년 쿠릴타이에서 칭기즈 칸이 됨
1209년 서하 공격
1218년 서요를 무너뜨림
1219~1225년 호라즘 정벌
1227년 서하를 무너뜨림

이렇게 해서 칭기즈 칸은 불과 20여 년 만에 서하, 금, 호라즘 제국 등 큰 나라와 싸워 이기고, 유라시아의 북부 초원 지역을 거의 다 차지하는 대제국을 만들었어. 칭기즈 칸은 여기에 만족하지 않았어. 서쪽과 남쪽으로 더욱 뻗어 나갈 생각이었지.

하지만 칭기즈 칸의 활약은 거기까지였어. 일흔 살 무렵이던 1227년, 칭기즈 칸은 반란을 일으킨 서하를 진압하고 돌아오다가 너무 무리한 탓인지 도중에 쓰러져 세상을 떠나고 말았거든.

유라시아를 아우르는 세계 제국으로 발전하다

칭기즈 칸이 살아 있을 때 몽골 제국은 몽골 고원을 중심으로 동쪽으로는 만주, 서쪽으로는 페르시아에 이를 정도로 넓었어. 칭기즈 칸은 죽기 전 유목 세계의 관습에 따라 몽골 제국을 아들 4명에게 골고루 나눠 주었단다. 이때, 셋째 아들 오고타이를 자신의 후계자로 삼아 제국의 중심인 몽골 고원 지역을 맡도록 했어.

칭기즈 칸이 죽은 뒤, 오고타이는 쿠릴타이에서 정식으로 칸으로 뽑혔어. 그리고 아버지의 뒤를 이어 정복 전쟁을 계속해 나갔단다. 그 당시 금은 칭기즈 칸 때 치른 전쟁에서 진 뒤 큰 타격을 입고 간신히 버티고 있었어. 오고타이는 먼저 1234년에 송과 손잡고 금을 완전히 무너뜨렸어.

그런가 하면 조카인 바투를 총사령관으로 삼아 15만 원정군을 유럽에 보냈어. 원정군은 1238년과 그 이듬해에 러시아의 키예프 등 큰 도시들을 다시 차지하고, 더 서쪽으로 나아가 폴란드와 독일 연합군을 무찔렀어. 그런 다음 헝가리를 약탈하고, 1241년 겨울에는 얼어붙은 도나우 강을 건너 서유럽까지 밀고 갔지.

오고타이는 이처럼 정복 전쟁에 힘을 쏟는 한편, 몽골 고원의 중심지에 수도를 만들고 카라코룸이라고 이름을 지었어. 원래 유목민은 여기저기 옮겨 다니며 살기 때문에 수도 같은 것을 따로 정하지 않아. 그렇지만 오고타이는 거대한 제국을 다스리려면 수도가 필요하다고 생각했단다.

대칸의 자리에 오른 오고타이는 자신이 직접 다스리기 어려운 러시아나 서아시아 같은 곳을 자기 형제나 조카들에게 대신 다스리게 하고, 그곳의 칸으로 임명했단다. 그리고 각 영토는 '칸이 다스리는 나라'라는 뜻으로 '칸국'이라고 불렀어. 앞에서 칸을 설명할 때 한자어로는 '한汗'이라고 한 것 기억나지? 칸국도 한자어로는 '한국汗國'이라고 해.

오고타이는 정복한 땅을 관리하는 방식도 바꾸었어. 칭기즈 칸은 필요한 재물을 얻으려고 전쟁을 일으켰기 때문에 재물을 빼앗고 나면 대개 군대를 철수했어. 반면 오고타이는 정복지에 군대를 머물게 하고 행정 기구를 만들었어. 그리고 다루가치라는 관리를 보냈지. 다루가치는 세금을 거두고 죄인을 벌주는 등 정복지를 다스리는 일을 맡았어.

오고타이의 즉위식을 그린 기록화이다. 오고타이는 1229년부터 1241년까지 몽골 제국을 다스리며, 영토를 더욱 넓히고 여러 제도를 정비했다.

몽골 제국의 정복 활동은 오고타이가 죽은 뒤 잠시 주춤하다가 4대 대칸 몽케 때 다시 활발해졌어. 몽케는 동생 쿠빌라이에게 송을 치게 하고, 또 다른 동생인 훌라구에게는 서아시아를 정복하게 했어. 훌라구는 바그다드까지 쳐들어가서 이슬람 제국을 무너뜨린 뒤 그곳에 일한국을 새로이 세웠단다.

오고타이와 몽케가 대칸으로 있는 동안 몽골 제국의 영토는 더욱 넓어졌어. 그리고 역참제같이 정복한 땅을 다스리는 데 필요한 여러 제도가 잘 갖추어졌지. 이렇게 해서 몽골 제국은 유라시아를 두루 아우르며 세계 제국으로 발돋움하는 바탕을 마련했단다.

몽골의 정복 활동

1234년 금을 무너뜨림
1240년 키예프 점령
1241년 동유럽 침략
1258년 바그다드 점령

그러자 몽골 제국의 수도인 카라코룸에는 유라시아 곳곳에서 온 상인, 기술자, 선교사, 학자, 외교 사절의 발길이 끊이지 않았어. 그중에는 유럽의 교황이 외교 사절로 보낸 선교사도 있었단다.

그런데 교통이 발달하지 않았던 시절, 이들은 어떻게 머나먼 카라코룸에 오고 갔을까? 그 비밀은 바로 제국 구석구석을 잇는 역참에 있어. 앞에서 요와 금에 관해 이야기할 때 역참이 어떤 것인지 설명했지?

오고타이는 예전부터 있던 역참을 카라코룸을 중심으로 새롭게 정비했어. 동시에 몽골 고원을 지나 멀리 중앙아시아와 러시아의 길이 없는 초원과 사막에까지 역참을 크게 늘려 나갔어.

이렇게 교통망을 정비하자 카라코룸과 제국 곳곳이 역참을 통해 빠르게 연결되었어. 또 역참은 유라시아 여러 지역과 나라들을 하나로 묶었어. 그렇게 국경을 없애자 각 지역 사이에 사람과 문물이 더욱 활발히 오갔단다. 그 덕분에 유라시아 지역의 다양한 문화가 이전보다 훨씬 빠르고 쉽게 어우러졌지.

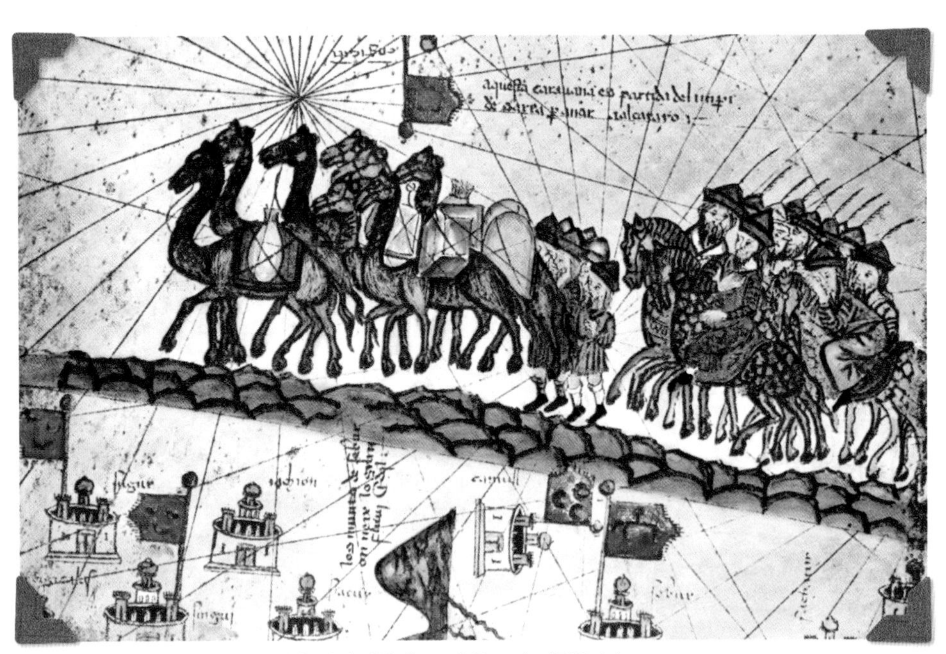

유럽 상인들이 몽골 제국의 교통망을 따라 여행하는 모습을 그린 기록화이다.

세계 최초로 세계사를 쓰다

지금까지 어느 시대에도 전 세계에서 일어난 일을 기록한 책은 없었다. (…) 지금 여러 민족이 칭기즈 칸과 그 후예들을 받들고 있다. 그리고 키타이, 마친, 인도, 카슈미르, 티베트, 위구르와 여러 튀르크 족, 아랍, 프랑크 등 온갖 민족의 점성가, 학자, 역사가 들이 하늘 같은 군주 앞에 모여 있다.

이들은 저마다 자기 민족의 역사와 설화를 잘 알며 그에 관한 글을 갖고 있다. 따라서 그들이 지닌 역사와 설화의 요점을 모두 모아 짐의 이름으로 완성하면, 그 책은 지금껏 없었던 온갖 역사의 모음이 되리라. 지금이 좋은 기회일뿐더러 이런 기념물은 어느 시대의 왕도 갖지 못한 것이니, 어서 그 책을 완성해 나의 이름과 명예가 영원히 이어지도록 하라.

일한국의 역사학자 라시드 앗 딘이 쓴 역사 책 『집사(集史)』 중 1권 『부족지』의 서문에 나오는 내용이다. 일한국의 8대 칸 올제이투는 세계의 역사를 정리해 책으로 내라고 명령했는데, 이 대목은 올제이투의 명령을 역사학자 라시드 앗 딘이 옮겨 쓴 것이다. 올제이투는 세상 모든 자료를 모아(集: 모을 집) 역사(史: 역사 사)책을 완성하라고 명령하고 있다. 『집사』는 세계 최초의 세계사 책으로 평가받고 있으며, 책 속에는 몽골 부족의 탄생부터 칭기즈 칸 그리고 그 후예들이 활약한 모습이 자세히 나와 있다.

원 때 세운 허베이 바이린 사의 7층 벽돌탑.

몽골은 70년 만에 유라시아의 초원과 농경 지대를 아우르는 대제국을 건설했어. 몽골 제국의 5대 칸 쿠빌라이는 오랜 전쟁을 끝내고 나라를 안정시켜 나갔어. 몽골 제국의 지배 아래, 여러 곳의 문물과 사람이 활발하게 오갔지. 그러자 사람들의 의식주가 더욱 풍요로워졌고 문화도 무르익었단다. 몽골이 이끄는 평화와 번영의 '팍스 몽골리카' 시대가 열린 거야.

몽골 제국의 번영과 쇠퇴

쿠빌라이 칸, 평화와 번영의 시대를 열다

몽골 제국의 4대 대칸 몽케가 죽자, 동생 쿠빌라이가 5대 대칸이 되었어. 쿠빌라이는 금의 수도였던 중도 근처로 수도를 옮겼단다. 그리고 수도의 이름은 '칸발리크'라고 했어. '칸의 도시'라는 뜻이야. 중국 사람들은 이곳을 '큰 도시'라는 뜻으로 '대도'라고 불렀지.

쿠빌라이는 대칸이 되고 10여 년 뒤인 1271년에 자신이 직접 다스리는 나라 이름을 '원'으로 정했단다. 이렇게 해서 쿠빌라이는 몽골 제국 전체의 대칸이자, 몽골 제국 가운데 중국 북부 지역과 몽골 고원을 다스리는 원의 황제가 되었어.

1279년, 쿠빌라이는 양쯔 강 남쪽 비옥한 강남에 자리 잡고 있던 송을 공격해 무너뜨리고 중국 전체를 손에 넣었어. 그런 다음에는 일본을 비롯해 동남아시아의 여러 나라 정복에 나섰지.

그중 일본은 두 번이나 공격하고도 정복하지 못했지만, 동남아시아의 베트남, 참파, 자바 등 다른 나라는 거뜬히 차지했단다. 그래서 훗날 어떤 학자는 정복을 멈추지 않은 쿠빌라이를 보면서 "하늘의 끝, 땅의 끝까지 정복하지 않고서는 멈추지 않는 왕이었다."고 말하기도 했어.

중국의 대운하로 배들이 다니는 모습을 그린 기록화이다. 쿠빌라이는 대운하를 정비해 강남과 대도를 연결했다.

그렇다고 쿠빌라이가 정복 활동으로 영토를 넓히기만 한 건 아니야. 나라를 올바로 다스려 백성의 생활을 안정시키는 데에도 많은 노력을 기울였단다.

쿠빌라이는 우선 농민이 편하게 농사지을 수 있도록 배려했어. 유목민들이 함부로 토지를 빼앗아 목초지로 바꾸는 걸 막고 세금을 줄여 주었지.

수공업자와 상인에게도 좋은 대우를 해 주었어. 그 전에 중국에 세워진 나라들은 '사농공상'으로 순서를 매겨 수공업자와 상인을 가장 낮은 신분으로 여겼어. 하지만 쿠빌라이는 달랐단다. 유목민이 사는 초원 지역은 늘 물건이 부족했기 때문에 유목민들은 필요한 물건을 다른 나라에서 구했거든. 그래서 상인과의 교역을 중요하게 여긴 거야.

또 쿠빌라이는 역참을 더 많이 만들어 상인이나 여행자들이 제국의 구석진 곳까지도 편안하고 안전하게 다닐 수 있게 했어. 그래서 쿠빌라이가 대칸으로 있을 무렵, 원 지역에만 역참이 1,519개나 있었다고 해.

쿠빌라이는 역참 제도를 다지는 동시에 대도를 중심으로 대운하를 새롭게 정비하는 일에 힘을 쏟았어. 대운하는 원래 수의 두 번째 황제인 양제가 양쯔 강 남쪽의 풍부한 물자를 중국 북부로 운반하려고 만든 거야. 하지만 송 때부터 잦은 전쟁으로 파괴된 곳이 많아 잘 사용하지 않았거든.

쿠빌라이는 무너진 대운하를 고치고 더 늘려서 강남과 대도를 연결했어. 그 덕분에 남쪽과 북쪽의 사람과 물자가 더 많이 오갈 수 있게 되었어. 또 중국 동남 해안을 따라 대도를 오가는 바닷길도 열렸단다. 그리고 쿠빌라이는 수완 있는 이슬람의 상인들을 관리로 뽑아서 바닷길 교역을 책임지게 만들었지.

이처럼 원을 중심으로 몽골 제국 전체가 역참과 바닷길로 구석구석 연결되자 유라시아 곳곳의 상인과 물자가 더욱 활발하게 오갔어. 문화와 기술의 교류도 더욱 잦아졌지. 서아시아의 천문, 역법, 농사 기술, 지도 제작 기술 등이 원에 소개되었고, 화약, 나침반, 인쇄술 등은 원에서 서아시아와 유럽으로 퍼져 나갔단다.

이렇게 해서 쿠빌라이가 다스리는 원과 몽골 제국은 교역과 상업은 물론 문화가 크게 발달한 나라가 되었고, 옛날 로마 제국에 버금가는 번영을 누리게 돼. 그래서 학자들은 이 시대를 '로마의 평화'라는 뜻의 '팍스 로마나'에 빗대어 '몽골의 평화'라는 뜻으로 '팍스 몽골리카'라고 부른단다.

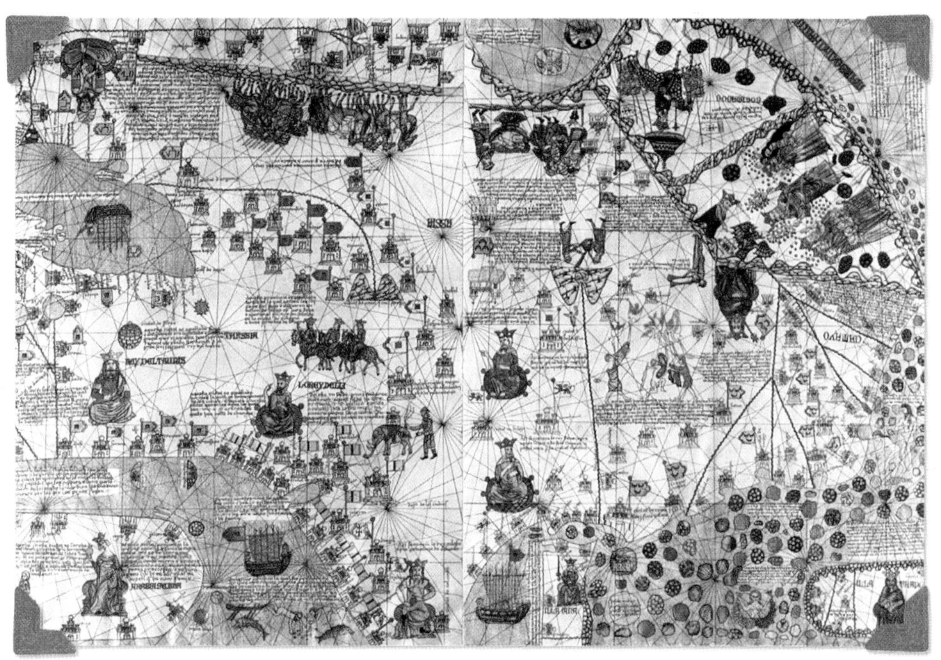

14세기 무렵 유럽 사람이 그린 중앙아시아의 지도이다. 이 시기 유럽과 아시아 사이에 사람과 물자가 활발하게 오고 갔다.

원 세력이 몽골 초원으로 쫓겨나다

한 나라의 운명은 한 사람의 일생과도 비슷한 것 같아. 사람이 태어나고 성장하고 전성기를 누리다가 쇠퇴하고 늙어서 결국 죽는 것처럼 나라도 그런 운명에서 크게 벗어나지 않는단다. 몽골 제국과 그 중심을 이루던 원도 마찬가지야. 쿠빌라이 칸 때 전성기를 누린 원과 몽골 제국은 쿠빌라이의 죽음과 함께 기울기 시작해. 후계자 다툼이 치열해져 나라가 어지러워진 것이 가장 큰 원인이었지.

쿠빌라이는 뛰어난 통솔력으로 오랫동안 제국을 다스렸지만, 그의 뒤를 이은 대칸들은 불행하게도 그러지 못했어. 대부분 칸이 된 뒤 금세 병으로 죽거나 반대파에게 죽임을 당했지. 26년 동안 대칸이 여덟 번이나 바뀔 정도였어. 그나마 살아 있을 때

원 제국 말기, 대칸과
관리들은 술과 놀이에 빠져
나랏일을 제대로 돌보지 않았다.

에도 술과 놀이에 빠져 나랏일을 돌보지 않는 경우가 많았어.

이런 상황에서 쿠빌라이의 자손들은 서로 대칸이 되려고 편을 갈라 다투었어. 때로는 한국汗國의 후손들도 후계자 다툼에 끼어들었지. 심지어 서로 군대를 동원해 몇 년씩 싸우기까지 했어. 후계자 자리를 둘러싼 이런 혼란은 원 황제와 몽골 세력이 명에게 쫓겨 대도에서 몽골 초원으로 돌아갈 때까지 70여 년 동안 계속되었어.

게다가 14세기 중반 무렵, 무서운 전염병인 흑사병이 제국 전체를 휩쓸었어. 흑사병은 교역하는 상인들과 그들이 가지고 다니는 식량이나 물자를 통해, 원의 영토뿐 아니라 나머지 한국 등 제국 전체에 퍼졌어. 그렇게 수천만 명이 흑사병에 목숨을 잃고, 수많은 도시와 마을이 폐허로 변했단다.

그리고 흑사병으로 몽골 제국을 하나로 이어 주던 역참이 끊어져 원과 다른 한국 사이가 더욱 멀어지고 오가기가 어려워졌어. 그 바람에 역참을 오가며 장사하던 상인들의 발걸음도 크게 줄어들었지.

몽골 제국의 경제는 한순간에 큰 어려움에 빠져 휘청거렸어. 원과의 교역에 의지하던 다른 한국들은 말할 것도 없고, 원 정부도 상인들이 내는 세금이 크게 줄어 나라 살림이 몹시 어려워졌어.

흑사병

병에 걸리면 일주일 안에 60~90퍼센트가 죽는 무서운 전염병이다. 흑사병이라는 이름은 병에 걸리면 피부가 검은빛으로 변하는 데서 비롯했다. 13세기에서 14세기에 유라시아 초원을 통해 빠르게 퍼져 나가 아시아와 유럽에서 수천만 명의 목숨을 앗아 갔다. 당시에는 병의 원인을 몰라 사람들이 두려움에 떨었고, 신이 내린 벌이라고도 했다. 또 누군가 물에 독을 탔다는 헛소문이 퍼져 수많은 유대인이 억울하게 죽임을 당하기도 했다.

원 정부는 부족한 재정을 메우려고 교초라는 지폐를 마구 찍어 내고 세금을 크게 올렸어. 그 탓에 백성은 치솟는 물가와 세금 부담으로 큰 고통을 겪어야 했지. 그러자 무능한 원 정부에 불만을 품는 사람들이 갈수록 늘어났단다.

이 무렵 엎친 데 덮친 격으로 엄청난 홍수가 일어났어. 큰비로 황허 강이 넘쳐 수많은 백성이 죽고 농사짓던 땅을 잃었어. 비옥한 양쯔 강 남쪽 지역의 물자를 북쪽으로

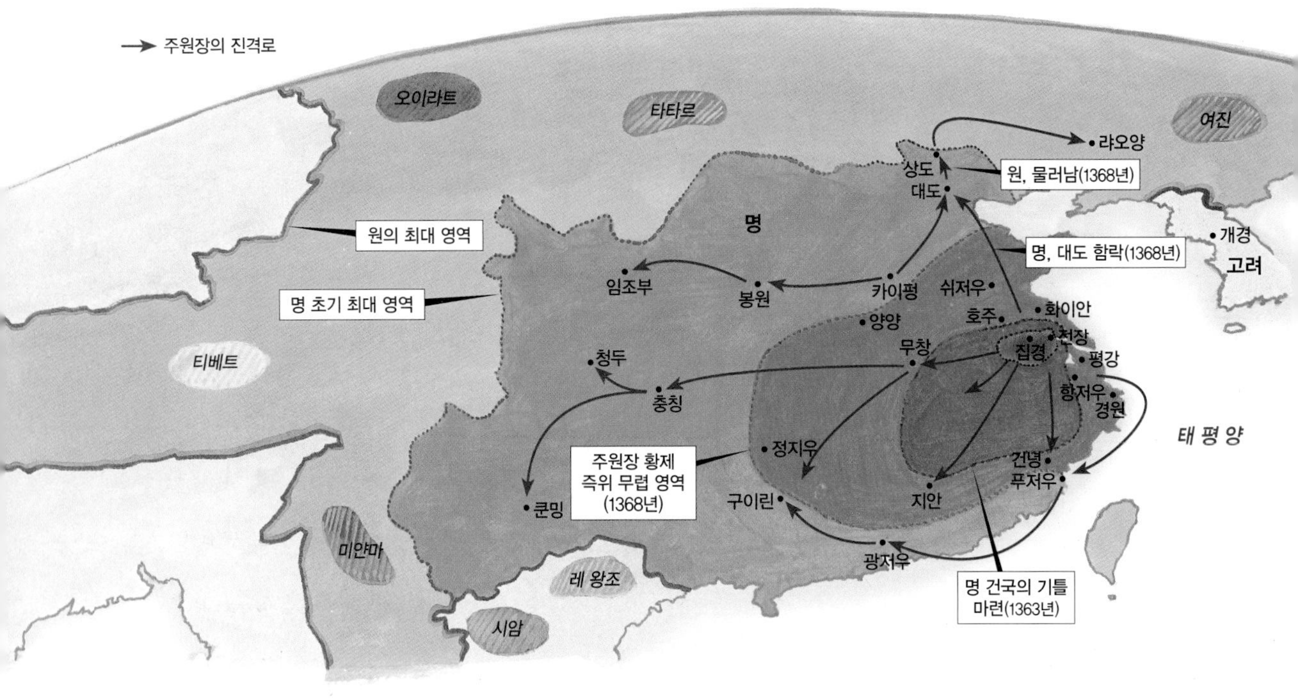

원 말기 주원장의 명 세력 확대 지도이다. 14세기 중반 원은 주원장의 명에게 쫓겨 몽골 고원으로 돌아갔다.

실어 나르던 대운하마저 무너져 곡식과 물자를 제대로 운반할 수 없었지.

원 정부는 땅을 잃은 15만 명의 백성을 동원해 다섯 달 만에 황허 강과 대운하를 예전 모습으로 돌려놓았어. 그런데 이때 노역에 동원된 농민들이 중심이 되어 강남 지역 곳곳에서 농민 반란을 일으켰어.

원 정부는 서둘러 반란을 억누르려고 했어. 하지만 한 지역의 반란을 억누르면 다른 지역에서 다시 일어나는 등 반란이 끊임없이 일어났어. 그러는 동안 반란 지도자 가운데 한 사람인 주원장이 명을 세워 반란 세력을 하나로 모으고, 원의 수도인 대도를 공격했어.

결국, 원 황제는 명의 군대에 쫓겨 고향인 몽골 고원으로 밀려났지. 그 뒤로 원 황실은 호시탐탐 명을 몰아내고 중국을 되찾을 기회를 엿보았지만 끝내 꿈을 이루지 못한 채 역사 속으로 사라지고 만단다.

티무르가 몽골 제국의 부활을 꿈꾸다

원이 정치 혼란과 농민 반란으로 휘청거리던 14세기 초, 몽골 제국의 세 한국 역시 심각한 혼란에 빠져 있었어. 하지만 세 한국의 상황은 주원장에게 쫓겨난 원과 달랐단다. 티무르라는 영웅이 등장해서 흔들리는 몽골 제국을 다시 일으켜 세우고자 노력했거든.

티무르는 튀르크 족이었지만, 몽골 족의 영웅 칭기즈 칸을 존경했어. 그래서 둘로 쪼개진 차가타이 한국을 다시 하나로 통일한 뒤, 옛날에 칭기즈 칸이 이룩한 대제국을 다시 세우겠노라고 다짐했지.

하지만 티무르는 자신이 몽골 족이 아니며, 칭기즈 칸의 후손도 아니라는 점이 늘 마음에 걸렸어. 그래서 칭기즈 칸 가문의 여자를 아내로 맞아 그 가문의 사위가 되었단다.

칭기즈 칸 가문의 한 사람이 된 티무르는 예전에 칭기즈 칸이 그랬던 것처럼 사방으로 정복 활동을 하기 시작했어. 티무르는 먼저 킵차크한국과 일한국을 공격하기로 했어.

두 한국 모두 몽골 족의 세력이 약해져 다른 민족의 반란에 시달리고 있었거든. 티무르는 두 한국을 차례로 공격해서 반란 세력을 물리치고 몽골 족의 지배력을 다시 찾았어.

튀르크 족

중앙아시아 알타이 산맥 근처에 살던 종족으로, 한자어로 돌궐이라고 한다. 6세기 무렵 중앙아시아에서 만주까지 넓은 지역을 다스렸지만, 8세기 무렵 동돌궐과 서돌궐로 갈라졌다. 이후 동돌궐은 당나라에 무너졌고, 서돌궐은 이슬람 세계의 일부가 되었다. 그 뒤 서아시아에 자리 잡은 서돌궐의 한 부족인 셀주크가 13세기 무렵까지 이슬람 세계를 다스렸다.

킵차크한국

시베리아의 이르티시 강 중류에 살던 튀르크 족의 일부가 11세기 중반에 옮겨와 살던 러시아 초원 지역이다. 13세기 말에 몽골 제국의 바투가 이 지역을 공격해 차지하고 킵차크한국을 세웠다. 지배 계층은 칭기즈 칸의 일가였고, 백성 대부분은 튀르크 족이었다.

티무르가 세 한국을 합쳐 큰 제국을 만드는 동안, 원의 황제는 명의 군대에 밀려 북

티무르가 사마르칸트에 세운 이슬람 사원이다. 사마르칸트는 티무르가 세운 제국의 수도로, 크게 번영했다.

쪽 몽골 초원으로 쫓겨났어. 티무르는 몽골 제국의 중심지였던 원의 옛 영토를 되찾고 싶었어. 몽골 제국의 영광을 다시 찾고 자기가 대칸이 되고 싶었거든. 하지만 티무르는 명 원정에 나섰다가 명의 국경에 도착하기도 전에 병으로 죽고 말았단다.

티무르는 30여 년 동안 원의 옛 영토를 빼고는 몽골 제국의 이전 영토 대부분을 되찾았어. 티무르가 정복한 땅은 남북으로는 아라비아 해 연안에서 러시아 남부까지, 동서로는 인도 북부에서 서아시아에 이르렀지.

하지만 티무르에게는 칭기즈 칸처럼 정복한 영토를 잘 다스릴 좋은 후계자가 없었어. 결국, 티무르가 죽자 그가 세운 제국도 다시 갈라지고 말았지. 그 뒤 티무르가 태어나고 세력 기반으로 삼은 차가타이한국은 간신히 유지되었지만, 일한국은 티무르가 죽은 후 얼마 못 가서 사라지고 말았어. 그리고 킵차크한국은 이반 3세가 나타나 힘을 기른 모스크바 공국에 밀려 서서히 무너지고 말았단다.

제국을 하나로 연결해 준 역참

원의 수도 대도에서 각 지방으로 가는 주요 도로 주변에는 40~50킬로미터마다 역참이 설치되어 있다. 쿠빌라이 칸이 보낸 전령들은 역참에 잠시 머문 후 대기 중인 400여 마리의 말을 갈아탈 수 있다. 역참에는 전령들이 묵을 수 있는 멋진 숙소가 있다. 전국에 1만 개가 넘는 이 숙소에는 비단으로 꾸민 화려한 침대와 전령의 높은 신분에 어울리는 물건이 모두 갖추어져 있다. (…) 이런 방식으로 도로는 쿠빌라이 칸이 다스리는 모든 영역을 지난다. 쿠빌라이 칸은 도로에서 벗어난 곳까지 역참을 설치해 숙소와 말과 마구 등 모든 물건을 갖추도록 했다. 그래서 전령이 집도 숙소도 찾아볼 수 없는 곳을 갈 때에도 안전하게 여행할 수 있다.

마르코 폴로가 쓴 『동방견문록』 중에서 쿠빌라이 칸이 만든 역참에 관해 설명한 부분이다. 마르코 폴로에 따르면, 역참은 하루 거리마다 설치되어 있고, 전령을 위한 편의 시설을 두루 갖추었으며, 사치스럽고 화려한 물건으로 가득 차 있었다고 한다. 한편, 마르코 폴로는 역참의 수와 화려한 겉모습에만 감탄하지 않았다. 그는 쿠빌라이 칸이 역참을 이용해 드넓은 몽골 제국을 효율적으로 다스리고 있다는 점을 정확히 짚어 냈다. 그림은 마르코 폴로가 쿠빌라이에게 몽골 제국 여행증을 받는 모습이다.

모둠 전시관

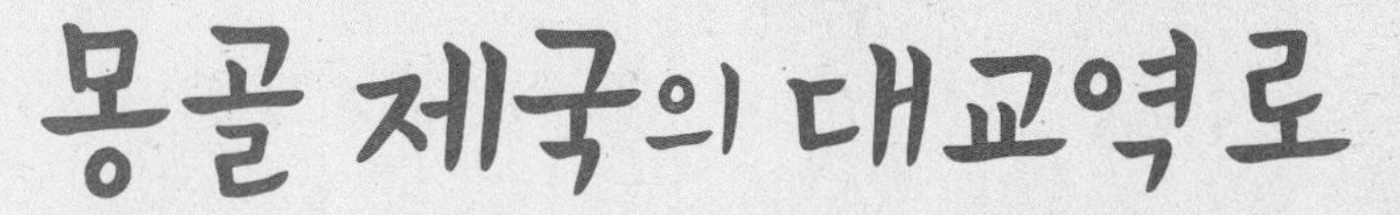

몽골 제국의 대교역로

몽골 제국은 아시아와 유럽에 걸쳐 가장 큰 나라를 이룬 뒤 유라시아의 육지와 바닷길을 하나로 잇는 거대한 교역로를 만들었어. 이 교역로로 아시아와 유럽의 많은 사람이 오고 갔고, 학문, 과학, 종교 등도 활발하게 주고받았단다. 몽골 제국 시기 대교역로를 따라 오고 간 많은 사람들 가운데 외교 사절 카르피니 수도사, 상인 마르코 폴로, 여행가 이븐 바투타도 있었지.

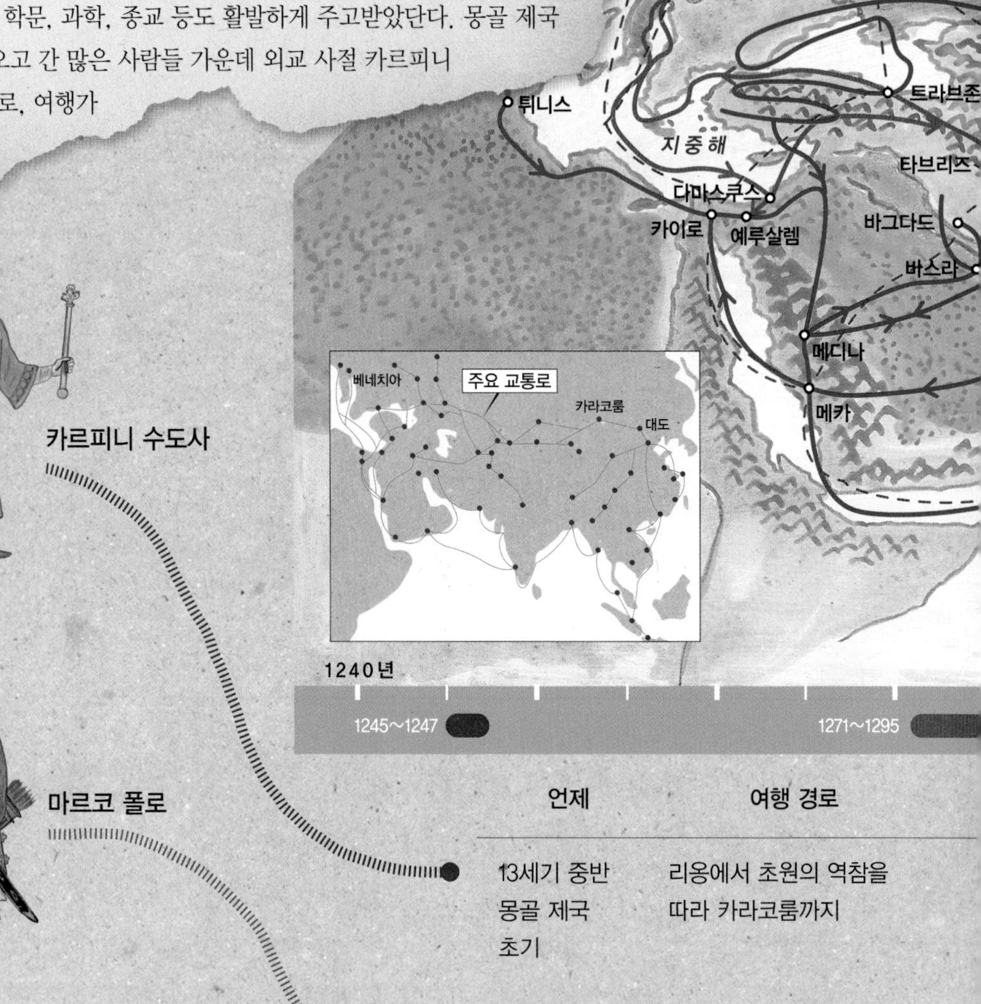

카르피니 수도사

마르코 폴로

이븐 바투타

	언제	여행 경로
카르피니 수도사	13세기 중반 몽골 제국 초기	리옹에서 초원의 역참을 따라 카라코룸까지
마르코 폴로	13세기 말 몽골 제국 전성기	베네치아에서 지중해와 페르시아를 거쳐 대도까지
이븐 바투타	14세기 중반 몽골 제국 말기	아프리카 모로코에서 홍해와 인도양을 거쳐 대도까지

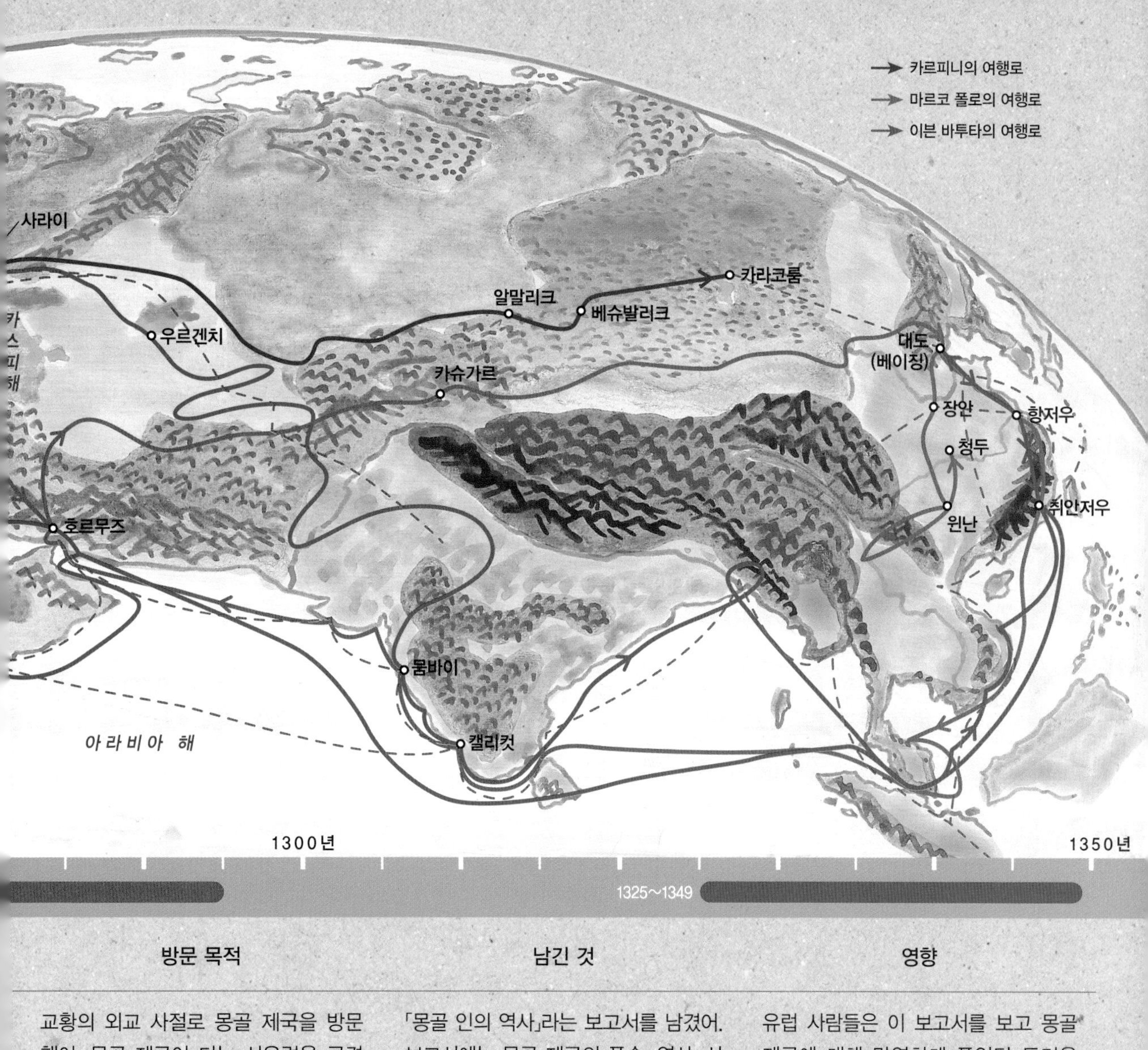

방문 목적	남긴 것	영향
교황의 외교 사절로 몽골 제국을 방문했어. 몽골 제국이 더는 서유럽을 공격하지 않게 하고, 몽골 제국의 대칸이 기독교를 믿게 해 함께 이슬람 세계를 공격하자고 설득하려고 했지.	「몽골 인의 역사」라는 보고서를 남겼어. 보고서에는 몽골 제국의 풍습, 역사, 사회 모습 등이 잘 정리되어 있었어.	유럽 사람들은 이 보고서를 보고 몽골 제국에 대해 막연하게 품었던 두려움에서 벗어나게 되었어. 그 뒤 더 많은 유럽의 선교사, 상인과 외교 사절의 발걸음이 이어졌지.
장사를 하는 아버지와 삼촌을 따라 교역을 위해 쿠빌라이를 만났고, 17년 동안 쿠빌라이 곁에 머물며 몽골 제국의 지방관으로 여러 곳을 두루 여행했지.	『동방견문록』이라는 여행기를 남겼어. 원의 지폐, 역참 제도 등 원의 앞선 제도와 화려하고 발달된 모습이 잘 설명되어 있었지.	많은 유럽 사람이 『동방견문록』을 읽고 화려하고 물자가 풍부한 원을 동경하게 되었어. 유럽 상인과 모험가들을 유혹하기에 충분했지.
성지 순례를 떠났다가 이슬람 세계가 아닌 다른 세계에 대한 호기심으로 원까지 방문했단다.	여러 권의 『여행기』를 남겼는데, 그중에 교통수단, 농산물, 결혼 방식, 나쁜 풍습 등 여러 방면에 걸쳐서 14세기 무렵 원의 모습을 자세히 다룬 내용이 있어.	여행기인 동시에 다른 사람들을 위한 여행안내 책으로, 원을 방문하려는 사람들에게 큰 도움이 되었지.

명의 천자를 상징하는 베이징 자금성 벽의 황룡 조각.

몽골 제국은 14세기 말 이후 역사의 무대에서 차츰 사라져 갔어. 그 뒤 몽골 제국의 땅에는 동아시아의 명을 비롯해 러시아, 오스만 제국, 사파비 제국 등 새로운 나라들이 나타났지. 이 나라들은 몽골 제국 때 만들어진 유라시아 교역망의 틀 안에서 세력을 넓히며 새롭게 기틀을 다져 갔어. 유라시아는 이들 나라를 중심으로 차츰 안정을 찾게 된단다.

몽골 제국 이후의 세계

명이 동아시아의 질서를 새롭게 짜다

명을 세워 원을 쫓아낸 주원장은 가난한 농민 출신이야. 어린 시절 굶주림과 전염병으로 부모와 형제를 잃고 구걸하며 전국을 떠돌았어. 그러다가 원 말기에 곳곳에서 원 정부에 맞서는 반란이 일어나자, 머리에 붉은 수건을 두르고 싸우는 홍건군에 가담해 원 정부와 맞서게 됐지.

주원장은 싸움에 나설 때마다 큰 공을 세웠고 마침내 홍건군 전체의 지도자가 되었단다. 그런 다음 "몽골 족을 몰아내고 한족의 나라를 세우자!"며 강남의 난징을 수도로 삼아 명을 세웠지. 명을 세운 주원장은 스스로 황제가 되었는데, 그가 바로 홍무제야.

명을 세운 주원장의 초상화이다. 주원장은 1368년 명을 세우고, 원을 몰아냈다.

홍무제는 황제의 자리에 오른 뒤 더욱 힘을 키워 마침내 원을 몰아내는 데 성공했어. 그런 다음에는 몽골 족이 중국을 지배하며 남긴 제도와 관습을 모두 없애고자 노력했지. 오랑캐라고 여겼던 몽골 족에 지배당한 것을 부끄럽게 여겨 그 흔적을 지우고 싶었던 거야.

홍무제는 먼저 원 정부가 관심을 기울이지 않은 탓에 쇠퇴한 성리학을 발전시키는 데 아낌없이 지원했어. 서원을 많이 세우고 원 때 간신히 유지되던 과거 제도를 되살려 관리를 많이 뽑았단다. 또 성리학에 바탕을 둔 여섯 가지 생활 윤리를 정해 백성에게 널리 퍼뜨렸어. 그런가 하면 농업과 농민을 나라의 근본으로 삼고, 상업과 교역을 억누르는 정책을 폈어. 그러면서 세금을 낮추고 땅이 없는 농민들이 땅을 가질 수 있게 지원해 주었지.

농민 출신인 홍무제는 농업을 중요하게 여겼단다. 그런데 원은 상업과 교역을 경제 정책의 기본으로 삼았잖아? 홍무제는 원이 상업을 더 우대한 탓에 농민들이 부자에게 땅을 빼앗기고 더 살기 어려워졌다고 생각했어. 그래서 농민들이 자기 땅에서 농사지을 수 있게 다시 땅을 나눠 준 거야. 그렇게 하면 농민의 생활이 안정되고 나라 살림이 튼튼해질 거라고 믿었거든.

농부들이 논에서 모내기하는 모습을 그린 기록화이다. 명의 주원장은 농업을 북돋우는 정책을 널리 폈다.

한편, 홍무제는 일반 백성이나 상인이 나라의 허락을 받지 않고 함부로 다른 나라와 교역하거나 나라 밖으로 나가는 것을 금지했어. 동시에 이웃 나라인 고려, 일본, 티베트 등에 조공을 바치도록 강요했지. 이는 몽골 고원으로 쫓겨난 원 세력을 견제하고, 명을 중심으로 동아시아의 질서를 새롭게 짜려는 의도였어.

그런데 명에게 조공을 강요받던 고려에서는 원을 따르는 세력과 명을 지지하는 세력 사이에 다툼이 일어났어. 그러다가 명을 지지하는 세력인 이성계가 고려를 무너뜨린 뒤 조선을 세웠단다. 그 뒤로 조선은 명에 조공을 바치게 되었지.

그런가 하면 당시 일본을 다스리던 무로마치 막부는 명의 강요에 한동안 버티다가 명이 일본과의 모든 교역을 금지하자 어쩔 수 없이 명의 뜻에 따랐어. 이렇게 해서 동아시아에 명을 중심으로 하는 새로운 질서가 차츰 자리 잡아 갔단다.

오스만 제국이 서아시아의 새로운 강자가 되다

명이 나라의 기반을 다지던 14세기 말, 발칸 지역과 소아시아에서는 오스만 제국이 열심히 영토를 넓히고 있었어. 오늘날의 터키 지역에 살던 여러 튀르크 부족 가운데 한 부족을 이끌던 오스만이 세운 나라가 오스만 제국이야. 하지만 처음에는 아직 작은 나라여서 오스만 공국이라고 했어.

튀르크 인들은 원래 중앙아시아에 살았는데, 그중 일부가 이슬람교로 종교를 바꾸고 서쪽으로 이동해 터키 지역까지 진출했어. 그런데 13세기 중반, 몽골 군대가 바그다드를 공격하는 바람에 서아시아 이슬람 세계의 우두머리 격이었던 셀주크 튀르크의 세력이 약해졌어. 바로 그 틈을 타서 오스만은 주변 부족을 모아 터키 서부 지역에 자기 이름을 딴 나라를 세웠지.

오스만 공국은 오스만이 죽은 뒤에도 차근차근 땅을 넓혀 14세기 중반 제국으로 발전했고, 서아시아 이슬람 세계의 강자가 되었어. 특히 오스만의 아들 오르한은 비잔티움 제국으로부터 부르사를 빼앗아 새로운 수도로 삼았단다. 그리고 계속해서 영토를 넓혀 나가 유럽까지 진출했어. 이 무렵 오르한은 지금의 터키 수도인 앙카라도 정복했어. 오르한의 뒤를 이은 무라드 1세는 유럽 지역에 있는 아드리아노플을 점령한 뒤 본격적으로 비잔티움 제국으로 쳐들어갔어. 그 결과 오늘날의 불가리아 지역을 점령하고, 세르비아 동맹군을 물리치는 등 발칸 반도에 있는 비잔티움 제국의 영토 대부분을 빼앗았지.

오스만 제국의 술탄들은 놀라운 속도로 영역을 넓혀 나갔어. 그러자 베네치아 등 다른 유럽 나라들도 혹시 오스만군의 공격을 받지 않을까 하는 두려움에 떨었단다. 당시 유럽은 교황의 주장으로 시작했던 십자군 전쟁이 실패로 끝나고 전쟁에 참가했던 많은 기사가 죽는 바람에 교황과 기사 계급의 힘이 약해지고 있었어. 그 대신 왕권이 강해졌지만 이슬람 세력에 맞설 만큼 강력한 통일 국가는 아직 없었거든.

또 이 무렵 몽골 제국에서 퍼지기 시작한 흑사병이 돌면서 유럽 인구가 절반 가까이 목숨을 잃었어. 게다가 영국과 프랑스는 백 년 전쟁으로 지쳐서 오스만 제국의 침략에 맞설 힘도 없었고.

반면, 오스만 제국은 빠르게 영토를 넓혀 가면서 다양한 언어와 종교를 가진 여러 민족이 함께 사는 제국으로 발전해 갔지. 오스만 술탄들은 다양한 사람이 어울려 살 수 있는 나라를 만들고자 애썼어.

그래서 정복 지역을 힘으로 억누르기보다는 이슬람 전통에 따라 정복한 민족의 전통과 문화를 존중하며 하나로 통합해 나갔어. 그런 너그러운 정책은 사람들의 마음을 사로잡았고, 영토는 더 빠르게 확장됐단다.

술탄

이슬람 세계의 정치와 군사 지배자를 술탄이라 한다. 본래 이슬람 세계에서는 최고 지배자인 칼리프가 정치와 종교를 모두 이끌었는데, 10세기 이후 튀르크 족 지배자들이 이슬람 세계를 차지하면서 정치와 군사를 자기들이 맡고, 칼리프에게는 종교 지도자의 임무만 주었다. 이후 이슬람 세계의 지배자들은 대부분 술탄이라고 불렸다.

오스만 제국의 군대가 비잔티움 제국의 성을 대포로 공격하는 모습이다.

오스만 제국의 성장

1299년 오스만 공국을 세움
1354년 갈리폴리 점령
1361년 아드리아노플 점령
1389년 발칸 반도 차지
1402년 티무르에게 대패

물론 그 과정이 쉽지만은 않았어. 무라드 1세에 이어 바예지드 1세가 술탄으로 있을 때 큰 시련이 닥쳤지. 1402년에 중앙아시아에서 혜성같이 나타난 티무르의 군대와 앙카라에서 전투를 치렀는데, 오스만 제국이 크게 졌거든.

그때의 충격이 어찌나 컸던지 오스만 제국이 다시 예전처럼 힘을 기르기까지 무려 50년이라는 시간이 걸렸어. 게다가 나라가 어지러워지자 왕자들 사이에서 왕위 다툼까지 벌어져 혼란이 더욱 길어졌지.

한편, 티무르 제국 이후 힘을 잃어 가던 일한국은 16세기 초에 완전히 무너졌어. 사파비 제국이 등장했기 때문이야. 사파비 제국을 세운 이스마일 1세는 몽골 세력을 완전히 몰아내고 옛 페르시아 제국의 영광을 되살리겠다고 주장했어. 그리고 유프라테스 강에서 아프가니스탄에 이르는 대제국을 만들어 서쪽의 오스만 제국과 경쟁하며 서아시아의 강자가 되었단다.

러시아가 유럽의 강국으로 점차 성장하다

러시아에 있던 여러 나라는 13세기 초 바투의 원정 이후 킵차크한국의 지배를 받았어. 그 가운데 킵차크한국에 아부하면서 세력을 키운 나라가 있는데, 바로 모스크바 공국이야.

힘을 키운 모스크바 공국은 서서히 킵차크의 칸에 반항하기 시작했어. 특히 14세기 말에 모스크바 공국을 다스린 드미트리 돈스코이는 칸에게 보내는 조공을 크게 줄였단다. 이에 화가 난 킵차크의 칸은 많은 군대를 보내 모스크바 공국을 위협했어.

그런데 드미트리 돈스코이가 킵차크 칸의 군대를 크게 물리친 거야. 그리고 단숨에 러시아의 영웅으로 떠올랐지. 그 뒤 러시아는 모스크바 공국을 중심으로 힘을 합쳐 킵차크한국에 맞섰어.

하지만 러시아가 킵차크한국의 지배에서 완전히 벗어나기까지는 100년이 더 걸렸어. 이때 크게 활약한 사람이 15세기 초에 모스크바 공국을 다스린

모스크바 공국

원래는 키예프 공국의 지배를 받던 작은 나라였다. 삼림 지역 한가운데 있어 적의 공격을 덜 받았고, 주요 무역로를 잇는 위치여서 상업이 발전했다. 몽골군이 러시아를 차지해 킵차크한국을 세우자, 모스크바 공국의 군주들은 킵차크한국의 칸을 대군주로 섬겼다. 이들은 러시아 사람들이 칸에게 바치는 공물을 거두어들이는 지위를 얻어 차츰 힘을 키우고, 모스크바 공국의 영토를 넓혀 나갔다.

이반 3세가 킵차크한국의 사신에게 조공을 바치지 않겠다는 뜻을 밝히는 장면을 그린 기록화이다. 이반 3세는 모스크바 공국이 킵차크한국의 오랜 지배에서 벗어나는 데 크게 이바지했다.

이반 3세야. 이반 3세는 킵차크한국이 내부의 분열 등으로 힘이 약해진 틈을 타서 반기를 들었어. 그리고 모스크바 공국을 치러 온 킵차크한국의 군대를 큰 싸움 없이 물리쳤지.

이반 3세는 그 뒤로 영토를 넓히는 데 힘을 쏟았어. 먼저 가장 강력한 경쟁자인 노브고로드 공국을 꺾고, 동북 러시아 지역을 거의 모두 손에 넣었어. 그런 다음 자신이 비잔티움 제국의 후계자라고 주장하며 황제를 뜻하는 '차르'라고 부르게 했지. 그리고 크렘린 궁전을 크게 다시 짓는 등 모스크바를 새롭게 정비했어. 러시아를 나라 이름으로 사용하기 시작한 것도 이반 3세부터란다.

그런데 이반 3세는 겉으로 비잔티움 제국을 본뜨려고 노력했지만, 실은 킵차크한국의 제도와 문화의 영향을 더 많이 받았어. 게다가 킵차크한국에 맞서면서 킵차크한국이 다스렸던 지역으로 러시아의 세력을 넓혀 갔지.

그러다 보니 원래 러시아의 영역이 아니었던 드넓은 유라시아 초원까지 차지하게 되었단다. 이때 우즈베크 등 중앙아시아의 여러 튀르크 족은 러시아 차르의 지배를 킵차크한국 칸의 지배로 받아들였다고 해. 러시아의 군주를 킵차크한국 칸의 계승자로 생각한 거지.

이반 3세는 몽골의 역참제를 본받아서 더욱 널리 시행했어. 몽골처럼 역참으로 중앙 정부와 지방 곳곳을 연결한 거야. 영토를 넓힐 때마다 속속히 세운 역참은 시베리아 지역까지 이어졌단다. 그 뒤 러시아는 이반 3세의 손자인 이반 4세 때 더욱 커지고, 나라의 기틀을 단단히 다지게 되었어. 그리고 차츰 유럽의 강국으로 성장했단다.

모스크바에 있는 성 바실리 성당이다. 이반 4세는 성 바실리 성당을 세워 러시아의 힘을 자랑했다.

한족의 나라를 회복해야 한다!

옛말에 "오랑캐에게는 백 년의 운세가 없다."고 했는데, 지금 보니 그 말이 딱 맞다. (…) 나는 이 어지러운 세상에서 나를 따르는 무리로부터 힘을 얻어 군대를 이끌고 나가 남방을 모조리 차지했다. (…) 이제 나는 하늘의 뜻을 이어 받아 군대를 북으로 보내 오랑캐를 쫓아낼 것이다. 그리하여 백성을 어려움에서 구하고 한족 관리의 위엄을 다시 찾고자 한다. 혹시 한족 백성이 이 사실을 모르고 군대를 피해 북으로 간다면 이는 더 큰 어려움에 빠지는 것이다. 그러므로 먼저 알리니, 군대가 이르거든 백성은 피하지 마라. (…)
한족의 땅이 오랫동안 더럽혀지고 백성은 근심하므로, 나는 있는 힘을 다해 오랑캐를 쫓아내어 평화를 찾고자 한다. 그래서 백성이 모두 집을 얻게 하고 한족의 치욕을 씻고자 하니, 백성은 이를 잘 알도록 하라.

송렴이라는 사람이 주원장의 명령을 받아 북방의 관리와 백성에게 주원장의 뜻을 알리기 위해 쓴 글로, 『명태조실록』에 실려 있다. 원 말기에 정치가 어지러워지자 백성이 들고일어났는데, 주원장은 이를 원에게 내린 천명, 그러니까 하늘의 뜻이 다한 것으로 보았다. 그래서 자신이 새로 천명을 받들어 원을 몰아내고 한족이 다스리는 나라를 되찾겠다며, 백성에게 지지를 호소하고 있다. '천명'이나 '한족의 땅' 같은 말에서 주원장이 유가의 '천명사상'과 한족이 세상의 중심이라는 생각을 적극 활용했음을 알 수 있다. 사진은 명 초기 난징에 지은 궁전이다.

유목 제국의 군주들

요의 첫 황제 야율아보기 (872~926)

거란족의 한 귀족 집안 출신으로 916년에 요를 세우고 황제가 되었다. 그 뒤 여러 부족을 정복해 외몽골에서 동투르키스탄에 이르는 넓은 지역을 다스렸다. 거란족이었으나 중국 문화를 적극 받아들여 요나라의 기초를 닦았다. 그러나 거란족이 너무 중국 문화에 빠져들자, 거란 문자를 만들어 사용하는 등 민족의식을 높이는 데에도 힘을 기울였다.

서하를 세운 이원호 (1003~1048)

송 초기에 티베트계 유목 민족인 탕구트 족을 이끌고 서하를 세웠다. 송의 제도를 본떠 나라 제도를 정비하고, 송과 요에 맞서며 영토를 크게 넓혀 나라 기틀을 튼튼하게 다졌다. 또 서하가 비단길 교역로에 자리 잡고 있는 이점을 살려 중계 무역을 이끌어 강하고 부유한 나라로 발전시켰다.

금을 세운 아구다 (1068~1123)

여진족 한 부족장의 둘째 아들로 태어났다. 1113년에 부족장이 되어 여러 여진 부족을 통일했다. 1115년에 금을 세운 뒤로 송과 힘을 합쳐 요를 자주 공격했으며, 1122년에는 요의 땅을 대부분 차지했다. 행정 조직과 군사 조직을 새롭게 정비했으며, 거란인과 한인, 발해인 등을 여진인과 차별하지 않고 관리로 뽑았다.

몽골 제국을 세운 칭기즈 칸 (1167?~1227)

1204년에 몽골 초원을 통일하고, 1206년 부족 회의에서 몽골 전체의 지배자가 되었다. 서하, 금, 호라즘 등을 차례로 무찌르고 러시아까지 공격해, 동아시아에서 중앙아시아를 지나 카스피 해에 이르는 드넓은 땅을 차지했다. 칭기즈 칸은 외국 문화를 적극 받아들였고, 다른 종교에도 너그러웠다. 특히 위구르 문화에 관심이 많아 위구르 문자를 널리 쓰게 했다.

원을 세운 쿠빌라이 (1215~1294)

칭기즈 칸의 손자로, 1259년 몽골 제국의 대칸이 되었다. 이후 도읍을 지금의 베이징으로 옮기고 대도라 불렀으며, 1271년에는 나라 이름을 원으로 정했다. 1279년에 송을 무너뜨려 중국 전체를 차지했는데, 한족이 아닌 민족이 중국 전체를 차지한 것은 쿠빌라이가 처음이다. 쿠빌라이는 유럽이나 서아시아 등에서 온 외국인도 관리로 뽑았고, 라마교뿐 아니라 불교, 도교, 크리스트교, 이슬람교 등 다양한 종교를 인정했다.

몽골 제국의 재건을 꿈꾼 티무르 (1336~1405)

중앙아시아 사마르칸트 근처의 한 귀족 집안에서 태어나 1369년에 여러 족장을 물리치고 왕이 되었다. 그 뒤 중앙아시아 남부 지역 대부분을 차지하고, 시리아에서 인도에 이르는 드넓은 제국을 세웠다. 이슬람교 신자였던 티무르는 수도인 사마르칸트에 많은 사원과 건축물을 지었고, 상업을 북돋았다. 덕분에 사마르칸트는 중앙아시아의 문화 중심지로 번성했다.

역사용어풀이

문물(文物 : 글월 문, 물건 물) 문화의 산물. 종교, 예술, 학문, 정치, 경제, 법률 등에 관한 모든 것을 통틀어 이르는 말. (11쪽)

교역로(交易路 : 주고받을 교, 바꿀 역, 길 로) 상인이 물건을 사고팔기 위하여 지나다니는 길. (12쪽)

조공(朝貢 : 뵐 조, 바칠 공) 여러 나라 중 으뜸인 나라에게 작은 나라들이 때맞추어 물건을 바치던 일. 또는 그 예물. (12쪽)

역참망(驛站罔 : 정거장 역, 역마을 참, 그물 망) 관리나 여행객이 다닐 때에 잠잘 곳과 먹을 것을 주고 갈아탈 말을 빌릴 수 있도록 중간중간에 둔 역참을 그물처럼 얽어 만든 것을 이르는 말. (13쪽)

투석기(投石器 : 던질 투, 돌 석, 그릇 기) 돌을 날리는 전쟁 무기. 두 개의 활시위 가운데에 돌을 받치는 곳이 있어서 시위를 당겼다 놓으면 돌이 날아감. (14쪽)

유목민(遊牧民 : 떠돌 유, 칠 목, 백성 민) 가축이 먹을 만한 물과 풀밭을 찾아 주기적으로 떠돌아다니며 사는 민족. (16쪽)

사농공상(士農工商 : 선비 사, 농부 농, 장인 공, 상인 상) 직업을 기준으로 가른 신분 계급. 곧 선비, 농부, 기술자, 상인의 네 계급을 이르는 말. (22쪽)

대운하(大運河 : 큰 대, 옮길 운, 물 하) 배가 다닐 수 있도록 강을 잇고 땅을 파서 만든 큰 물길. (22쪽)

천문(天文 : 하늘 천, 글월 문) 밤하늘 별의 움직임에 따라 기상의 변화를 연구하거나, 좋고 나쁜 일을 예언하는 일. (23쪽)

역법(曆法 : 책력 력, 법 법) 별이 일정하게 움직이는 것을 기준 삼아 달, 날짜, 시간 따위를 정하는 방법. (23쪽)

흑사병(黑死病 : 검을 흑, 죽을 사, 병 병) 온몸이 검게 변해 죽는 병. 들쥐 등이 옮기는 페스트균 때문에 퍼지는 전염병을 이르는 말. (25쪽)

공국(公國 : 벼슬 공, 나라 국) 왕이나 황제에게 공이라는 벼슬을 받은 군주가 다스리는 작은 나라. (28쪽)

성리학(性理學 : 성품 성, 다스릴 리, 배울 학) 중국 송의 주희가 주장한 유학의 한 종류. 우주의 이치를 제대로 살펴 어긋나지 않게 올바른 성품과 학문을 닦아야 한다고 주장. (34쪽)

2 하나로 묶인 지구촌

1402	1405	1418	1453
명, 영락제 즉위	명, 정화의 1차 남해 원정	조선, 세종 대왕 즉위	비잔티움 제국 멸망

중화 체제로 묶인 동아시아

향신료 교역으로 누린 번영

이슬람 세계의 새 주인공, 오스만 제국

번영을 누리는 이탈리아 상업 도시

해양 진출에 나선 유럽 나라들

1492	1498	1506	1509	1519	1521
에스파냐, 콜럼버스 아메리카 도착	포르투갈, 바스쿠 다가마 인도 뱃길 발견	이탈리아, 다빈치 모나리자 완성	명, 왕수인 양명학 주장	에스파냐, 마젤란 세계 일주	코르테스, 아스테카 제국 정복

하늘에 제사 지내던 베이징의 천단.

몽골 제국 때 발달한 교역망은 명 때에도 아시아와 유럽을 하나로 이으며 활기를 띠었어. 그리고 명이 그 중심에서 교역의 주도권을 쥐었지. 명은 강한 힘을 내세워 다른 나라들에 '조공 무역'이라는 걸 시행했어. 조선과 일본 등 동아시아의 여러 나라는 물론 동남아시아와 멀리 유럽 나라들까지 명의 조공 무역을 받아들여야 했단다.

중화 체제로 묶인 동아시아

중화 체제와 조공 무역망이 확대되다

명의 역사에서 가장 뛰어난 황제를 꼽는다면 아마 세 번째 황제인 영락제일 거야. 영락제는 홍무제의 넷째 아들로 원래 황제가 될 수 없었어. 하지만 홍무제가 죽은 뒤 어린 조카가 황제가 되자 군대를 일으켜 조카를 내쫓고 스스로 황제 자리에 올랐지.

영락제는 일찍부터 명을 중심으로 주변 나라를 하나로 묶어 중화 체제를 만들겠다는 야심을 품고 있었어. 혹시 중화 체제라는 게 뭔지 아니? '중화中華'에서 '화'는 한족, 혹은 한족의 빛나는 문화를 뜻해. 그러니까 영락제가 꿈꾼 중화 체제란 한족이 세운 명이 세계의 중심이라는 것을 인정받고, 주변 나라들이 명에 복종하는 체제야.

사실 명 이전에도 중국의 여러 나라는 주변 나라에 힘을 앞세워 복종을 억지로 요구했어. 그런데 앞에서 이야기했듯 중화란 단지 힘이 센 나라가 아니라 예를 알고 문화가 발달한 한족의 문화를 뜻해. 그렇기 때문에 영락제는 요, 금, 원처럼 아무리 큰 나라라고 하더라도 힘만 앞세우는 중화 체제는 인정하지 않았단다. 그리고 송은 한족이 세운 나라이기는 하지만 힘이 약해 중화 체제를 제대로 만들지 못했다고 생각했지.

영락제는 먼저 자신에게 복종하는 나라와 책봉 · 조공 관계를 맺었어. 책봉은 황제가 주변 나라의 왕을 승인하는 것이고, 조공은 책봉을 받은 나라가 신하의 나라로 황제를 섬기며 선물을 바치는 것을 말해. 그런가 하면 명에게 복종하지 않는 나라에는 군대를 보내 복종을 강요했지. 그렇게 해서 조선, 일본, 류큐, 대월 등 주변 여러 나라가 명과 책봉 · 조공 관계를 맺고 중화 체제에 들어왔어.

하지만 한 가지 명심할 것이 있어. 명과 책봉 · 조공 관계를 맺은 나라들이 명의 지배를 직접 받은 것은 아니라는 거야. 단지 명을 종주국으로 인정하고 조공을 바치기만 했을 뿐, 국내 정치에는 거의 간섭받지 않았어. 오히려 명의 앞선 제도와 문물을 배우거나 명으로부터 경제적 이득을 얻을 수 있었단다.

영락제는 가까운 나라들뿐 아니라 저 멀리 남쪽 바다에 있는 여러 나라도 중화 체제에 묶어 두고 싶었어. 명의 힘을 과시해서 동남아시아와 인도양의 여러 나라까지 명에 조공을 바치게 할 생각이었지.

그래서 정화라는 신하에게 이 임무를 맡겼어. 정화는 서아시아에서 온 무슬림의 자손이었는데, 영락제가 황제가 될 때 공을 세워 신임을 얻었단다.

정화의 일곱 번에 걸친 대항해 가운데 1차와 4차 항해로를 그린 지도이다. 정화는 인도양을 누비며 30여 개 나라와 외교 관계를 맺는 등 명의 책봉 · 조공 체제를 강화했다.

정화가 이끄는 함대는 1405년 첫 항해를 시작해 1433년까지 모두 일곱 번이나 남쪽 바다를 누볐어. 1차 항해는 양쯔 강 하류의 유가하에서 출발했어. 원정대는 200척 가까운 배에 2만 7,000명이 탄 거대한 규모였지. 이들은 지금의 동남아시아 해안과 인도네시아, 믈라카 해협을 지나 인도의 캘리컷까지 갔어.

4차 항해 때는 정화가 따로 보낸 탐험대가 아프리카의 동해안까지 갔다고 해. 정화의 함대는 도착한 곳마다 명의 힘을 뽐내고 금, 은, 비단을 주기도 하면서 무려 30여 나라의 왕에게 조공 약속을 받았단다.

영락제는 항해 때마다 황제의 권위를 내세우려고 수많은 인원과 엄청난 물품을 배에 실어 보냈어. 그리고 고개를 숙이는 나라는 굳이 수고롭게 정복하거나 약탈하지 않았단다. 100여 년 뒤 유럽 여러 나라의 배들이 정복과 약탈을 일삼는 것과 달랐지.

정화의 대항해 이후로 시암, 믈라카 등 동남아시아 여러 나라의 사신들이 명을 찾아와 조공을 바쳤어. 그런가 하면 명과 일본의 상인들은 동남아시아까지 가서 교역을 하기도 했단다. 그러면서 당시 동남아시아와 직접 연결된 인도양 교역로와도 자연스럽게 연결되었지.

16세기 무렵에는 뒤늦게 인도양 무역에 뛰어든 포르투갈과 에스파냐 등 유럽 나라들도 이 교역로를 통해 명과 청을 상대로 교역을 했어.

4차 항해 때 정화 탐험대가 아프리카에서 가져온 기린을 그린 그림이다.

학문과 문화가 발달하다

명의 주원장과 조선의 이성계는 나라를 세울 때 명분과 의리를 중요하게 따지는 사대부들의 도움을 크게 받았어. 그리고 사대부들이 공부한 성리학을 기본 이념으로 삼아 나라의 제도와 틀을 잡고, 성리학의 가르침을 널리 퍼뜨리는 데 많은 노력을 기울였지.

그 덕분에 두 나라는 시간이 흘러갈수록 성리학의 나라, 사대부의 나라가 되었어. 사대부들은 정치가 성리학의 가르침에서 벗어나지 않도록 애썼어. 혹시 황제나 왕이 성리학에 어긋난 행동이나 정치를 하면 때로 사대부들이 목숨을 걸고 반대하기도 했지. 또 사대부들은 서원을 많이 세워 성리학을 더욱 발전시키고, 향약을 널리 퍼뜨려 백성 사이에 성리학이 뿌리내리도록 하려고 애썼단다.

사대부

넓은 의미로는 동아시아의 지식인을 가리키고, 좁은 의미로는 송나라 때 과거 제도를 통해 지배층이 된 사람을 가리키는 말이다. 1905년 과거 제도가 없어질 때까지 중국의 지배층은 과거 제도를 통해 등장했다. 이들은 군주와 함께 천하(나라)를 다스린다는 책임감을 갖고 있었다. "천하보다 먼저 근심하고, 천하가 즐거워한 뒤에 즐거워한다."는 말이 사대부의 책임감을 잘 보여 준다.

그런데 서원과 향약이 뭐냐고? 서원은 공자, 맹자 같은 유학의 성인을 제사 지내고, 젊은 선비들이 모여 유학에 관한 책을 읽고 토론하는 학교 같은 곳이야. 서원을 통해 많은 학자가 길러져 나왔고, 그만큼 성리학도 더 발전했지.

그리고 향약은 백성이 마을 생활에서 지켜야 할 규칙과 약속이야. 원래는 송 때 처음 시행했는데, 원 때 정부가 사대부와 성리학을 억누르면서 거의 사라졌지. 그러다가 명과 조선에서 사대부들이 향약을 되살려 널리 시행한 거야. 그 덕분에 마을 생활을 포함해 백성의 일상생활과 문화에도 성리학이 큰 영향을 미치게 되었어.

한편, 성리학은 예술에도 변화를 가져왔어. 이전에는 화려하고 세련된 문화와 예술이 발달했는데, 성리학이 널리 퍼지면서 검소하고 소박한 아름다움을 강조하는 분

사대부가 백성에게 향약의 4대 덕목을 가르치고 있다. 사대부들은 향약을 통해 성리학의 가르침을 일반 백성 사이에 널리 퍼뜨렸다.

위기가 강해졌단다. 성리학은 어느 한쪽에 치우치는 것을 꺼리고, 서로 어우러지며 지나치게 욕심을 부리지 말라고 강조하기 때문이야.

그래서 이때 지어진 시와 문학을 보면 교훈적인 내용이나 왕에 대한 충성을 남녀의 애틋한 사랑에 빗대 노래한 것이 많아. 또 자연에서 소박한 삶을 즐기려는 사대부들의 바람이 담긴 산수화도 발달했지.

이처럼 조선과 명에서는 사대부들이 성리학의 도덕과 명분을 바탕으로 사회와 문화를 이끌고 있었어. 그렇다면 일본은 어땠을까? 조선이나 명과 달리 그 당시 일본에서는 무사가 중요한 역할을 하며 독특한 문화와 예술을 꽃피웠단다.

일본은 10세기 이후부터 무사들이 권력을 쥐고 귀족들과 대립하며 나라를 다스리고 있었어. 특히 15세기 중반 무로마치 막부가 무너진 뒤 각 지역의 힘 있는 영주들이 저마다 무사들을 거느리고 서로 다투는 전국 시대가 되었지.

이 무렵 조선과 명의 사대부들이 과거 시험을 거쳐 벼슬을 했다면, 일본 무사들은 전쟁에서 공을 세워 높은 지위에 올랐어. 전쟁을 통해 자신의 땅을 얻고, 그곳에 성을 쌓아 주인이 되는 것이 무사들의 가장 큰 목표였어.

그래서 무사들은 전쟁에서 이기고 자신의 생명을 지키기 위해 말타기, 활쏘기, 검술 훈련 등 무예를 익히는 데 많은 시간과 노력을 쏟아부었어. 그리고 도덕적인 명분이 아니라 힘과 개인의 능력을 최고의 가치로 여겼지. 동시에 자신이 섬기는 영주에게 복종하고 충성하는 것을 가장 큰 미덕으로 삼았어.

어때? 무사와 사대부는 중요하게 여기는 가치가 많이 다르지? 그럼에도 비슷한 점이 하나 있단다. 무사들도 사대부처럼 화려한 생활과 문화를 멀리하고, 검소한 생활을 하며 소박한 문화를 좋아했다는 거야.

그중에 대표적인 것으로 일본 특유의 차 마시는 문화인 다도와 정원 가꾸기를 들 수 있어. 어쩌면 전쟁터에서 언제 죽을지 모르는 무사들이다 보니 그 불안을 달래 주는 것에 더 마음이 끌렸는지도 몰라. 무사들이 즐긴 다도와 정원 가꾸는 문화는 오늘날까지도 이어지고 있단다.

세계의 은이 명으로 몰리다

15세기 중반, 명은 북쪽 몽골 족과 남쪽 왜구들의 위협과 약탈에 자주 시달렸어. 그러자 명 정부는 백성이 허락 없이 바다로 나가는 것을 금지하는 해금 정책을 더욱 엄격하게 시행했어. 단속을 피해 몰래 교역을 하다 걸리는 사람은 처형하고, 법을 어기는 해적은 군대를 보내 소탕했지. 하지만 바닷길 교역은 송과 원 때부터 워낙 활발했던 까닭에 명 정부에서 막으려고 아무리 애를 써 봤자 소용없었어.

명의 상인들은 지방 관아에 뇌물을 바치고, 때로는 단속하는 관군과 무기를 들고 싸우기도 하면서까지 밀무역을 했어. 그래도 안 되면 멀리 동남아시아까지 가거나, 아예 그곳에 상품 거래소와 비슷한 상관을 세우고는 눌러앉아 다른 나라와 교역했지.

이렇게 명 상인들이 온갖 위험을 무릅쓰고 밀무역에 매달린 것은 그 이익이 포기할 수 없을 만큼 컸기 때문이야. 그 당시 비단과 도자기 같은 명의 상품이 일본, 동남아시아, 인도, 서아시아 사람들에게 인기가 많았거든. 이들 나라의 상인들은 아무리 비싼 돈을 주더라도 명의 상품을 사려고 줄을 서서 기다렸을 정도야.

결국, 16세기 이후 명 정부는 큰 문제를 일으키지 않는 한 밀무역을 해도 눈감아 주었고, 점차 바다를 통한 교역이 다시 활기를 찾게 되었단다. 이 무렵 포르투갈과 에

명 남부 해안의 항구 도시를 그린 기록화이다. 16세기부터 명 정부는 포르투갈과 에스파냐와 교역을 시작했다.

스파냐 상인들도 명과 교역에 나서기 시작했어. 처음에 이들은 서아시아의 무슬림 상인을 통해 명의 상품을 사들였어. 그러다가 포르투갈과 에스파냐가 새로운 바닷길을 발견한 뒤로 동남아시아에서 명 상인들과 직접 교역하기 시작한 거야.

두 나라 중 명 상인과 먼저 만난 건 포르투갈 상인들이었어. 포르투갈 상인들은 바스쿠 다가마가 발견한 뱃길을 따라 동쪽으로 와서 믈라카를 거점으로 삼았어. 그런 다음 명의 남부 해안으로 가 광저우에서 교역하는 것을 명 정부로부터 허락받았지.

얼마 뒤에는 에스파냐 상인들도 명 상인과 교역하기 시작했어. 에스파냐 상인들은 포르투갈 상인들보다 더 어려운 길을 이용해야 했어. 대서양과 태평양을 건너 필리핀으로 온 후, 필리핀에서 명의 상인들과 만났거든.

그런데 유럽 사람들은 비단, 도자기, 차 등 명의 상품을 좋아했지만, 명에 팔 만한 유럽 물건은 별로 없었어. 그럼에도 교역이 이루어진 것은 은 덕분이란다.

당시 명은 은이 많이 필요했어. 15세기 중반부터 명 정부는 세금의 일부를 은으로 거둬들이기 시작했고, 16세기 후반부터는 아예 거의 모든 세금을 은으로 받았지. 그러자 물건을 사고팔 때도 은이 많이 쓰이게 되었어. 그러면서 명 경제는 은 없이는 굴러가지 않을 정도가 되었지.

문제는 명에서 생산하는 은만으로는 필요한 양을 다 감당할 수 없었다는 거야. 그래서 다른 나라에서 들어오는 은에 의존할 수밖에 없었단다. 처음에는 일본의 은이 많이 들어왔는데, 그걸로도 여전히 모자랐어. 이때 에스파냐 상인들이 엄청난 은을 들고 찾아왔어. 당시 에스파냐는 콜럼버스가 아메리카를 발견한 뒤 아메리카의 여러 은광에서 엄청나게 많은 은을 캐내고 있었거든.

이렇게 해서 16세기 말에서 17세기 초, 명은 에스파냐 상인들과 교역하며 아메리카에서 나는 은의 거의 반 이상을 빨아들였어. 그야말로 명은 '은의 무덤'이었고, 세계 경제의 중심이었단다.

역사 타임캡슐

명의 이름을 널리 알리다

중국의 사신은 다른 민족의 땅에 가서 황제의 뜻을 전하였네. 푸른 바다에 배를 띄우고 거센 파도가 출렁이는 아득한 바다를 건넜네. 파도가 눈부시게 부서지고, 저 멀리 떨어진 산은 보일 듯 말 듯 푸른 고등어처럼 헤엄쳐 다니네. 황제의 뜻을 전하는 곳마다 환호성이고, 수령과 추장들이 앞다투어 사신을 맞이하고, 달려 나와 진귀한 보물을 바치네. 이는 황제의 은혜를 우러러 충성을 바친 것이라네. (…) 저 멀리 하늘과 바다가 하나로 이어져 동과 서를 구분하기 어려운 까닭에 별을 보고 남북을 판단한다네. 호르무즈 앞바다에는 대완의 상인들이 드나들며, 일찍이 장건이 사신으로 떠났다는 말을 들었으나, 어찌 황제의 깊은 은혜를 대신할 수 있겠는가? (…) 온 세상이 황제의 신하이며, 명 황제가 혼란한 중국을 통일했으니, 이 위대한 영광을 그 누구와 견줄 수 있겠는가?

마환은 정화의 항해에 세 번 참여한 사람인데, 아랍 어를 잘해서 통역을 맡았다. 이 글은 마환이 그때의 여행 기록을 정리해 쓴 책 『영애승람』의 일부이다. 책 속에는 정화 함대의 위풍당당한 항해 모습, 앞다투어 명나라에 복종하며 선물을 바치는 남쪽 바다 나라들의 모습이 생생하게 담겨 있다. 사진은 중국 창저우 교통사 박물관에 있는 정화 동상이다.

동아시아의 앞선 과학과 기술

보통 동아시아의 과학과 기술은 유럽에 비해 뒤떨어졌다고 생각하지. 하지만 실제 동아시아의 과학과 기술 수준은 당시 세계에서 가장 뛰어났던 이슬람 세계에 견줄 정도였어. 몽골 제국 때 이슬람 세계에서 들어온 천문학, 지리학, 수학 같은 학문에다가 도자기, 비단, 철강 제품, 대운하와 조선 기술 등 생산 기술까지 매우 발달한 상태였거든.

세계 최고 수준의 조선 기술을 뽐낸 명의 보선과 정화의 지도

정화는 1405년부터 모두 일곱 번 원정을 떠났는데, 당시 2만 명이 넘는 수행원이 60여 척의 커다란 배에 나누어 탔단다. 콜럼버스의 탐험대가 배 3척에 승무원 90여 명, 바스쿠 다가마의 탐험대는 배 4척에 승무원 170명 정도였던 것과 비교해 보렴. 또 정화의 배는 최고 길이가 121미터였는데, 콜럼버스의 산타마리아호 길이는 겨우 24미터였어. 이처럼 명의 배 만드는 기술은 이 무렵 유럽보다 열 배 이상 큰 배를 만들 수 있을 정도로 뛰어났단다.

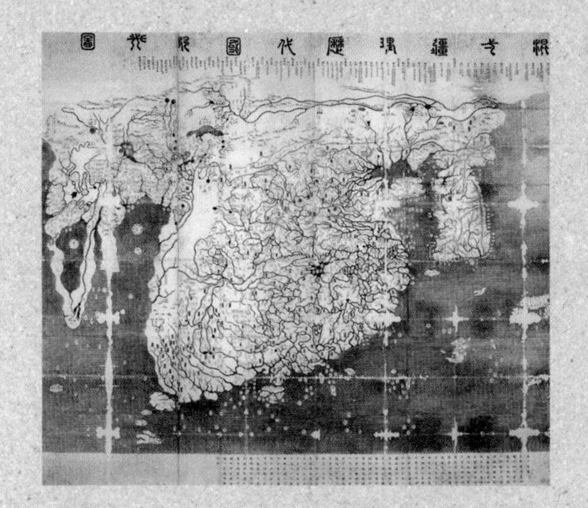

유라시아를 두루 담은 「혼일강리역대국도지도」

15세기 초 조선에서 만든 지도야. 조선, 명, 일본이 한 장에 모두 그려져 있지. 또 아라비아 반도, 아프리카, 유럽까지 그려져 있어서 아메리카를 빼고는 다 들어 있는 세계 지도라고 할 수 있어. 원 시절에 들어온 세계 지도를 참고하기는 했지만, 당시로서는 꽤 앞선 지도라고 할 수 있지.

비의 양을 재어 자연재해를 대비하는 측우기

조선 초 세종 때 만든 측우기는 이름 그대로 '비가 온 양을 측정하는 기구'로, 오늘날의 우량계야. 그릇에 빗물이 담긴 양을 재는 것은 너무나 간단한 일이지만, 세종 때까지 누구도 비를 그릇에 모아 양을 재려는 생각을 하지 못했단다. 그리고 빗물을 모으는 그릇은 다른 나라에도 있지만, 때마다 비의 양을 재고 한 달치, 일 년치 등의 통계를 내는 일은 하지 못했어. 하지만 조선은 세종 때부터 측우기를 전국의 관청에 설치하고, 각 지역 비의 양을 재서 보고하는 제도를 만들었단다.

약의 재료를 체계적으로 정리한 『본초강목』

명 때 학자인 이시진이 약초로 활용할 수 있는 1,892종의 동식물과 광물을 7항목으로 나누어 그 효능에 대해 풀어쓴 책이야. 총 52권으로 이루어져 있는데, 이시진이 여러 책을 검토한 뒤 직접 조사하고 표본을 채집하는 등 혼자의 힘으로 30년에 걸쳐 정리했단다. 약초마다 이름을 풀어서 그림을 곁들여 설명하고, 1만 여 종에 이르는 약의 제조법과 치료법을 정리해 일상 생활에서 쉽게 이용할 수 있도록 했지. 16세기 이전 중국 약물학의 성과를 종정리해 의학뿐 아니라 광물학 · 화학 · 동식물학 등에도 영향을 주었어. 또 세계 여러 나라 언어로 번역되어 전 세계 약학자와 식물학자들의 관심을 모았지.

중국의 여러 기술을 총정리한 『천공개물』

명의 학자인 송응성이 풍부한 경험을 살려 농업과 수공업 생산에 대해 종합적으로 정리한 세계 최초의 기술 전문 서적이야. 작물의 재배 · 가공, 양잠 · 양봉, 금 · 은 · 동 · 철 등 금속의 제련, 석탄 · 옥의 채굴, 방직 · 염색, 종이 제작, 도자기, 수레, 선박, 무기 제조 등을 다루고 있지. 유럽 학자들은 이 책을 '기술의 백과사전'이라고 불렀고, 이 책에서 정리한 수많은 생산 기술은 오랫동안 폭넓게 이용되었어.

델리 술탄 때 세운 쿠트브 미나르.

무슬림인 이븐 바투타는 14세기 중반에 고향인 북아프리카에서 인도를 거쳐 동남아시아로 여행하면서 조금도 불편함을 느끼지 않았대. 이슬람교가 시작된 서아시아와 바닷길로 연결된 인도 그리고 동남아시아에 이슬람교와 그 문화가 평화롭게 퍼져 있었기 때문이야. 이 지역을 잇는 해상 무역의 주요 상품은 인도와 동남아시아에서 나는 향신료였단다.

향신료 교역으로 누린 번영

여러 나라가 경쟁하며 발전하다

명의 정화 함대가 동남아시아를 거쳐 인도양을 누비고 다닐 때 인도에도 들렀다고 이야기했지? 당시 인도에는 델리를 중심으로 인도 북부 지역을 다스린 델리 술탄국과 인도 중부의 데칸 고원 남쪽 지역을 다스린 비자야나가르라는 나라가 있었어.

델리 술탄국은 13세기 초 아프가니스탄 지역의 이슬람 세력이 인도에 쳐들어와 세운 나라야. 1526년까지 300여 년 동안 인도 북부를 다스렸지. 그동안 델리 술탄국은 이슬람 세계에서 가장 부유한 나라로 널리 이름을 떨쳤어.

델리 술탄국에는 페르시아와 아랍의 많은 무슬림이 돈과 명예를 얻으려고 몰려들었어. 특히 13세기에 훌라구가 이끄는 몽골군이 아바스 제국의 수도인 바그다드를 침략했을 때, 많은 학자와 문인이 델리 술탄국으로 몸을 피했어. 이들은 델리 술탄국에 머무는 동안 수준 높은 이슬람 문화를 꽃피웠단다.

델리 술탄 시대

1206년 델리 술탄국을 세움
1335년 델리 술탄국이 인도 중부까지 다스림
1398년 델리가 티무르에게 약탈당함
1526년 델리 술탄국이 바부르에게 무너짐

그런데 인도는 대륙과 거의 맞먹을 정도로 넓은 곳이야. 그러니 나라가 하나일 순 없겠지? 북부 지방에 델리 술탄국이 번영할 때, 라지푸트와 같은 힌두 왕국들도 이슬람 세력과 싸우며 공존했어. 그런가 하면 14세기 초, 델리 술탄국이 남쪽으로 뻗어 나가는 데 힘을 기울이는 틈을 타 데칸 지방에 여러 이슬람 왕국이 들어섰어.

이 무렵 데칸 고원 남쪽에도 나라가 세워졌지. 북부의 이슬람 세력과는 다른 역사와 문화를 이끈 이 나라는 힌두교 국가 비자야나가르였어. 비자야나가르는 델리의 술탄에게 쫓겨서 남으로 내려온 힌두 집단이 망해서 사라진 촐라 제국의 세력을 모아 세운 나라야.

1340년대에 세워진 비자야나가르는 남쪽으로 내려오려는 북부의 이슬람 세력과 싸우며 남부 지방을 통일했어. 주변의 이슬람 나라들이 자기들끼리 싸우는 바람에 비자야나가르는 힌두 왕국과 문화를 굳건히 지킬 수 있었지.

비자야나가르가 가장 번영을 누린 때는 크리슈나 데바가 다스리던 15세기 후반이야. 크리슈나 데바는 이슬람교의 영향으로부터 힌두교를 보호하려고 힌두 사원을 많이 세우고 힌두 문화와 제도를 발전시켰어. 또 영토의 3면이 바다로 둘러싸인 점을 이용해 동으로는 미얀마와 명, 서로는 아랍과 페르시아와 교역을 했어. 그렇게 해서 큰 부를 쌓은 크리슈나 데바는 '동서양의 지배자'라는 별명을 얻었단다.

촐라 제국

9세기 후반부터 13세기까지 인도 남부 지역에 있던 나라이다. 11세기부터 13세기 초까지 인도 남부와 동남아시아에서 큰 세력을 떨쳤고, 인도양 교역으로 번영을 누렸다. 이슬람 세력이 다스리는 인도 북부에서 이슬람 문화가 퍼지는 동안 인도 남부의 전통에 바탕을 둔 독특한 힌두 문화를 꽃피웠다. 촐라 왕들은 크고 화려한 사원을 많이 지었는데 그곳은 숭배의 장소일 뿐 아니라 경제 활동의 중심이 되었다.

한편, 비자야나가르는 풍성한 나라 살림을 바탕으로 100만 군인을 거느린 군사 대국이었어. 그중에는 말을 타고 빠르게 공격하는 이슬람 군대에 맞서기 위한 기병대도 있었어. 또 비자야나가르는 힌두 국가인데도 아랍과 중앙아시아에서 온 무슬림을 돈으로 고용해 병사로 부리고, 그들을 위해 모스크를 세워 주며 너그럽게 대했단다.

군대만이 아니야. 비자야나가르는 그 당시 크게 유행한 이슬람 문화를 받아들여 이슬람 양식의 옷을 입고 이슬람 양식의 건물을 지었어. 이렇게 다른 종교와 문화에 너그러운 데다가 자유 무역을 인정하는 비자야나가르에는 많은 외국인이 무역을 하려고 찾아왔어.

이 무렵 비자야나가르를 방문한 한 여행가는 비자야나가르에서 모든 나라 사람을 만날 수 있었고, 세상에서 일어나는 모든 것을 보고 들을 수 있었다는 기록을 남겼단다. 그만큼 비자야나가르가 일찍부터 세계화를 이룬 거지.

그런데 비자야나가르 왕국의 번영도 영원할 순 없었어. 1565년에 주변 이슬람 나라의 연합군에게 져서 무너지고 말았으니까. 그때 믿었던 무슬림 장군 2명이 비자야나가르를 배신하고 이슬람 연합군과 손을 잡았거든. 비자야나가르가 사라진 뒤 이슬람교의 영향은 인도 남부 지방으로 퍼져 나갔단다.

역사가들은 비자야나가르가 무슬림에게 지지 않았다면 인도 역사가 크게 달라졌을 거라고 말해. 물론 역사에는 '만약'이라는 말이 안 통해. 그런데도 만약 그랬다면 나중에 인도에 온 영국이 인도를 지배하지는 못했을 것으로 생각할 만큼 대단했던 나라가 바로 비자야나가르란다.

인도 상인들이 인도양을 누비다

인도는 동으로는 중국과 동남아시아, 서로는 페르시아와 동아프리카와 연결되는 인도양의 교차로에 자리 잡고 있어. 또 대륙의 3면이 바다여서 해안선이 무척 길단다. 그래서 인도에는 아주 오래전부터 장사나 무역을 하는 사람이 많았어. 그들은 계절에 따라 바뀌는 바람의 방향과 바닷물의 흐름을 잘 알았고, 드넓은 인도양을 작은

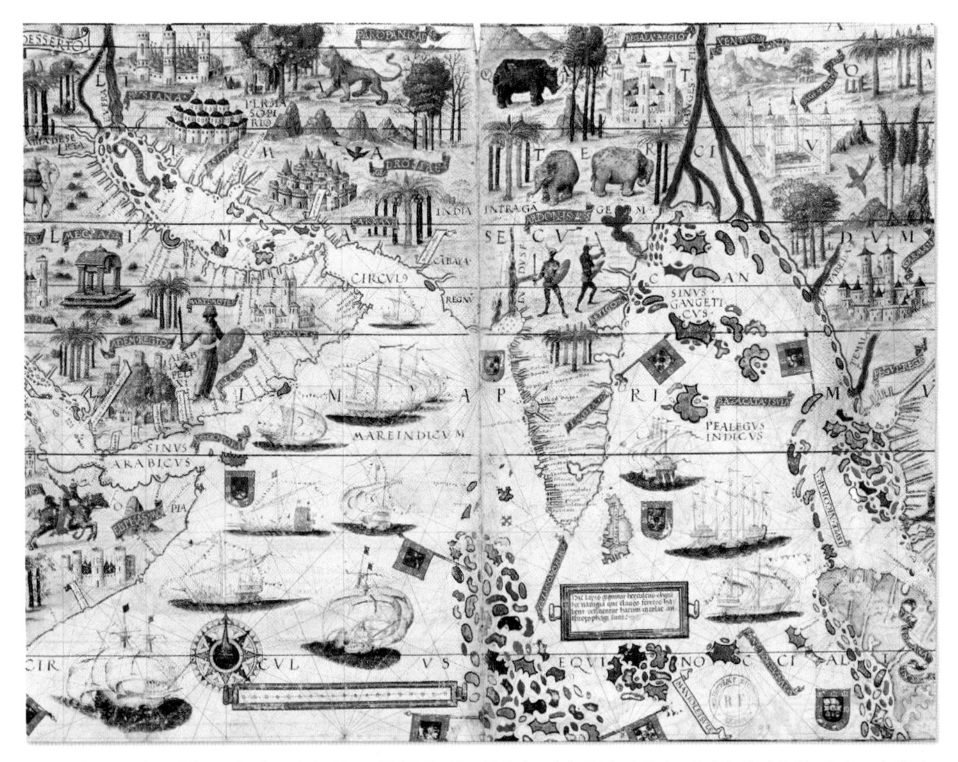

16세기 무렵 인도양을 그린 지도이다. 인도 상인들은 인도양을 누비며 동남아시아, 서아시아 이슬람 나라들과 활발하게 교역했다.

호수처럼 여기고 거침없이 누볐어.

인도 상인들이 부자가 되려고 배를 타고 먼바다로 나갔다는 기록은 아주 많아. 이들은 상인 카스트에 속하는 영리하고 부지런한 사람들이었는데, 자신들이 터득한 장사 비법을 대를 이어 전하면서 많은 돈을 모았어. 동남아시아에 인도의 종교와 문화가 퍼진 것도 상인들이 활약한 덕분이야.

인도양의 해상 무역은 14세기에서 15세기에 번성했어. 그 중심지는 인도 서남부의 말라바르 해안이었고, 바스쿠 다가마가 도착한 캘리컷이 바로 이곳에 있지. 말라바르 해안은 일찍이 시리아 크리스트교인과 유대인이 정착했을 정도로 국제적인 곳이야.

1320년, 마르코 폴로는 인도양의 대표적 항구인 캘리컷을 '말라바르 최대의 나라'

라고 불렀어. 이븐 바투타 역시 비슷한 시기에 여섯 번이나 말라바르를 방문했어. 그는 이곳에 중국, 자바, 실론, 몰디브, 예멘에서 온 배들이 많다고 여행기에 적었어. 그 배들 가운데에는 1,000명을 실을 수 있는 큰 배도 있었다고 해. 또 이곳 무슬림 상인들이 막대한 재산을 가졌다고도 소개했어.

인도양을 오간 주요 교역품은 향신료였어. 인도에서 생산된 후추, 동남아시아의 말루쿠 제도에서 실어 온 다양한 향신료, 스리랑카에서 나온 계피 등이 모두 말라바르 해안의 항구들에서 거래되었거든.

이곳에서 거래된 향신료는 페르시아 만과 홍해로 실려가 유럽에 팔렸어. 1498년, 캘리컷에서 3개월 동안 머문 바스쿠 다가마는 1,500척의 배가 향신료를 실으려고 항구에 들르는 걸 보았다는 기록을 남겼어. 당시에는 엄청난 규모였지.

이 교역에는 인도 상인들의 활약이 눈부셨는데, 특히 구자라트 출신 상인들의 활동이 눈에 띄었어. 구자라트는 인도의 서해안 지역이야. 구자라트 상인들은 동과 서에서 인도양을 건너온 무역품을 델리 술탄국이 다스리는 거대한 내륙 시장에 팔아 큰 이익을 남기는 방식으로 많은 재산을 모았단다.

한편, 구자라트에는 이곳 상인들의 주요 무대이자 인도양 무역의 중심지인 캄베이 항구가 있었어. 캄베이 항구는 훗날 영국 여왕이 무굴 제국의 황제에게 교역을 바란다고 편지를 보내면서 받는 사람을 '캄베이 왕'으로 적었을 만큼 유명한 무역항이었어. 서아시아와 교역해 많은 부를 쌓은 구자라트 사람들은 이집트의 마로 짠 직물인 리넨, 이탈리아의 주석, 소아시아의 포도주와 같은 외국 상품을 샀다고 해.

그런데 바스쿠 다가마의 뒤를 따라 인도에 온 포르투갈은 향신료 무역을 독차지하고 인도양의 지배권을 손에 쥐더니, 해적으로부터 보호해 준다는 구실로 모든 해상무역선에 통행세를 매겼어.

그들은 구자라트 상인들이 부자라는 걸 알았기 때문에 일부러 구자라트의 항구들을 약탈하고 일부 지역을 점령한 거야. 결국, 구자라트 상인들은 세금을 내고 상업 활동을 이어갔지.

믈라카가 중개 무역으로 번영을 누리다

15세기 동남아시아 지역의 무역 중심지는 말레이 반도 남쪽에 있는 믈라카 왕국이었어. 1402년에 믈라카 왕국을 세운 파라메스와라 왕은 바닷길을 장악한 무슬림 상인들과 손잡고 무역을 번창시켰어. 그리고 원래 힌두교를 믿었지만, 시대적 흐름을 읽고 이슬람교를 받아들였단다. 그 당시 인도와 아랍의 무슬림 상인들이 많았거든.

파라메스와라 왕은 무슬림 상인들의 교역 활동을 지원하고, 안전한 항해를 보장했어. 그 대신 무역선과 상인들에게 세금을 거둬 경제적인 번영을 누렸지.

믈라카 왕국이 자리 잡은 믈라카 해협은 동서양의 무역을 이어 주기에 딱 좋은 곳이었어. 동쪽의 중국과 일본, 서쪽의 인도와 아라비아를 잇는 위치였으니까 말이야. 여기에 무역풍이라는 바람이 불어 항해하는 배들이 수월하게 다닐 수 있었던 것도 믈라카 왕국에 도움이 되었단다.

게다가 가까이에 있는 향신료의 산지 말루쿠 제도를 차지한 것도 믈라카 왕국이 번영하는 데 큰 몫을 했어. 그 당시 유럽 사람들이 음식에 향신료를 많이 사용하고 즐겨 먹었기 때문에 향신료 무역이 번성했거든.

향신료는 유럽뿐 아니라 명과 인도에서도 인기가 높았어. 15세기에 향신료를 가장 많이 사들인 나라로 명과 인도가 꼽힐 정도였지. 말루쿠 제도에서 생산된 향신료를 자와 섬 사람들과 말레이 상인들이 믈라카로 가져오면, 인도 상인들이 그걸 사서 인도의 항구로 실어 갔어. 그리고 인도에서 내륙의 시장으로 다시 팔았지.

믈라카의 항구를 그린 기록화이다. 믈라카는 동남아시아를 오가는 여러 나라 배들이 편리하게 이용할 수 있는 항구 시설을 만드는 등 중개 무역으로 번영을 누렸다.

또 서쪽에서 인도양을 건너 믈라카에 도착한 인도의 후추와 유럽의 상품은 말루쿠 제도에서 실려 온 향신료와 함께 명나라 상인들의 손을 타고 중국으로 팔려 갔어. 이렇듯 믈라카 항구에서는 말루쿠 제도의 향신료는 물론이고, 수마트라의 금과 향이 나는 나무인 백단, 명의 비단과 도자기, 인도의 면직물 등이 모두 거래되었단다.

이 무렵 믈라카에 가장 많은 배를 보낸 나라는 인도였어. 매년 1,000여 명의 구자라트 상인이 믈라카를 방문했다는 기록이 남아 있지. 그러다 보니 이곳에 정착한 인도 사람도 많았어.

믈라카에 정착한 구자라트 상인들은 대개 종교를 힌두교에서 이슬람교로 바꾸었어. 그래서 이들은 동남아시아에 이슬람교를 퍼뜨리는 데 큰 역할을 했단다. 그 덕분에 말레이 반도와 수마트라를 시작으로 16세기에는 동남아시아의 섬 지역이 거의 다 이슬람의 영향을 많이 받았단다.

이렇게 인도의 구자라트 무슬림 상인들이 동남아시아에 전한 이슬람교는 토속 신앙과 전통문화, 먼저 퍼진 힌두교와 불교의 의식과 함께 오늘날까지 동남아시아의 문화에 큰 영향을 미치고 있지.

한편, 거의 100여 년 동안 번영하던 믈라카의 중개 무역은 1511년 믈라카 왕국이 무너지면서 막을 내렸어. 바스쿠 다가마가 인도양을 항해한 뒤 엄청난 이익을 남기자 포르투갈이 인도양 무역을 독차지하려고 중개 무역의 중요한 근거지인 믈라카를 공격했기 때문이야.

크리스트교를 믿는 포르투갈 인들은 무슬림 상인들을 푸대접했어. 그러자 무슬림 상인들이 인도네시아로 떠나 버려서 유럽 인들이 값비싼 향신료를 직접 찾아 나서게 되었지.

포르투갈이 믈라카에 세운 요새를 그린 기록화이다. 16세기 포르투갈은 향료 무역과 인도양 무역을 독차지하려고 믈라카를 공격해 손에 넣었다.

번영을 누리는 인도의 항구

열흘 만에 우리는 퀼론 시에 도착했다. 퀼론은 말라바르 지방에서 가장 훌륭한 도시로, 시장도 화려하다. 이곳 상인들은 재산이 많다. 어떤 상인은 화물이 실린 배를 통째로 사기도 하고, 자신의 집에서 직접 화물을 배에 싣기도 한다. 이곳에는 무슬림 상인이 많은데, 그중에 재산이 가장 많은 상인은 이라크 아와에서 온 알라우드 딘 알 아와지이다. (…) 이곳에 있는 대사원은 놀랄 만큼 크고 화려한 건물로, 무슬림 상인인 하와즈 무하드자브가 지었다. 퀼론은 말라바르 지방에서는 중국에 가장 가까운 도시여서 많은 사람이 중국에 다녀온다. 이곳에서 무슬림들은 귀한 존재로 존경받는다.

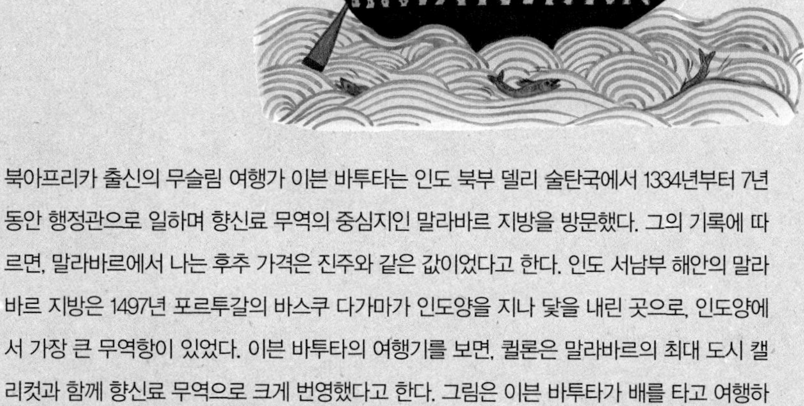

북아프리카 출신의 무슬림 여행가 이븐 바투타는 인도 북부 델리 술탄국에서 1334년부터 7년 동안 행정관으로 일하며 향신료 무역의 중심지인 말라바르 지방을 방문했다. 그의 기록에 따르면, 말라바르에서 나는 후추 가격은 진주와 같은 값이었다고 한다. 인도 서남부 해안의 말라바르 지방은 1497년 포르투갈의 바스쿠 다가마가 인도양을 지나 닻을 내린 곳으로, 인도양에서 가장 큰 무역항이 있었다. 이븐 바투타의 여행기를 보면, 퀼론은 말라바르의 최대 도시 캘리컷과 함께 향신료 무역으로 크게 번영했다고 한다. 그림은 이븐 바투타가 배를 타고 여행하는 모습이다.

이스탄불에 있는 성 소피아 성당의 내부.

일찍이 비잔티움 제국과 싸우며 용맹을 떨친 '튀르크 전사'들은 자신들을 '신의 종이자 신의 칼'이라고 생각했어. 그래서 유럽 크리스트교 나라들에 맞서 이슬람교를 지키고, 더 널리 퍼뜨리고자 끊임없이 노력했단다. 1300년 무렵부터 지중해를 장악하고 유럽과 서아시아, 북아프리카 세 대륙에 걸친 대제국을 이룬 오스만 제국의 600여 년 역사를 들여다보자꾸나.

이슬람 세계의 새 주인공, 오스만 제국

지중해의 새로운 강자로 떠오르다

앞에서 몽골 제국의 세 한국 가운데 하나인 일한국이 힘을 잃은 뒤 오스만 제국과 사파비 제국이 점차 세력을 키웠다는 이야기를 했지. 그리고 15세기 초 오스만 제국이 몽골 제국의 후계자라고 주장하는 티무르와 싸워서 크게 진 뒤 위기를 겪게 되었다는 이야기도.

그 뒤 오스만 제국이 다시 일어설 발판을 마련한 사람은 무라드 2세였어. 무라드 2세는 강력한 해군과 예니체리라는 정예 부대를 앞세워 베네치아, 헝가리, 비잔티움 제국과의 전투에서 모두 큰 승리를 거두었단다.

예니체리는 원래 무라드 1세가 자신을 지키기 위해 만든 호위 부대였어. 오스만 정부는 3년에서 5년마다 한 번씩 발칸 반도 여러 지역의 크리스트교 가정에서 똑똑한 소년들을 뽑아 예니체리로 훈련했어. 전쟁 포로로 잡힌 소년들을 예니체리 구성원으로 삼기도 했지.

이렇게 뽑혀 온 소년들은 제일 먼저 이슬람교로 종교를 바꾼 뒤 엄격한 군사 훈련과 튀르크 말과 풍습, 문화나 무기 다루는 기술 등을 배웠어. 철저하고 긴 교육 과정을 마친 소년들은 예니체리에 정식으로 배치되었어.

오스만 제국의 예니체리 부대이다. 예니체리 부대는 오스만 제국 최고의 정예 부대로, 충성심이 강하고 전쟁터에서 용감한 것으로 이름 높았다.

예니체리 병사는 엄격한 군대 규칙을 지키며, 알라와 술탄 외에는 그 누구에게도 복종하지 않았어. 이들은 최신식 화약 무기를 다루고 그에 맞는 전쟁 기술을 이용해 용맹하게 싸웠단다. 예니체리 부대의 활약에 유럽 나라들은 벌벌 떨었고, 오스만 제국의 영토는 나날이 넓어졌지.

그런데 크리스트교 가정의 똑똑한 소년들이 모두 예니체리가 되어 전쟁터에 보내진 것은 아냐. 오스만 제국은 특별히 뛰어난 자질을 보인 소년들을 따로 뽑아 궁전 학교에 보내 14년 동안 특수 교육을 받게 했어. 모든 교육 과정을 마친 이들은 술탄을 곁에서 돕거나 제국의 행정을 책임지는 관료가 되어 경험을 쌓았어. 이들 중 어떤 사람은 제국의 총사령관이나 재상의 자리까지 오르기도 했지.

오스만 제국에서는 튀르크 인이든 아니든, 무슬림이든 아니든 능력만 있으면 얼마든지 출세할 수 있었던 거야. 이러한 일이 가능했던 것은 오스만 제국의 '데브쉬르메' 때문이었어. 데브쉬르메는 다른 민족이나 종교를 믿는 사람들 가운데 우수한 사람을 뽑기 위해 마련한 제도야. 이 제도 덕분에 오스만 제국은 여러 민족과 다양한 종교를 믿는 사람들이 모여 사는 대제국으로 성장할 수 있었단다.

콘스탄티노폴리스를 점령하다

1453년은 오스만 인이나 유럽 인 모두에게 의미가 큰 해란다. 오스만 인들이 비잔티움 제국의 수도 콘스탄티노폴리스를 차지한 해거든. 콘스탄티노폴리스는 무려 1,000여 년이나 비잔티움 제국의 수도였어. 오스만 술탄들은 오랫동안 콘스탄티노폴리스를 정복하기 위해 여러 차례 공격했지만, 번번이 뜻을 이루지 못했지.

2중, 3중으로 둘러싸인 콘스탄티노폴리스의 성벽은 아무리 큰 대포로 공격해도 도저히 뚫을 수 없었어. 그나마 바다 쪽 성벽은 홑겹으로 되어 있었지만, 그만큼 수비가 철저했기 때문에 해안으로 접근하기도 쉽지 않았지. 오죽했으면 입구를 쇠사슬로 막아 놓은 바다 쪽으로 들어가기 위해 72척이나 되는 배를 밤새 산으로 옮겨 날라 바다에 다시 배를 띄우는 방법까지 동원했겠니!

오스만 제국의 메흐메트 2세가 콘스탄티노폴리스 성문으로 들어가는 모습을 그린 기록화이다.

하지만 오스만 제국이 대제국으로 발돋움하기 위해서는 콘스탄티노폴리스가 반드시 필요했어. 그래서 오스만 군인들은 메흐메트 2세의 지휘 아래 육지와 바다 양쪽에서 쉬지 않고 공격을 퍼부었어. 그 결과 오스만군의 끈질긴 공격에 지친 콘스탄티노폴리스 주민의 항복을 받아 냈지.

이로써 크리스트교 세계의 정신적 기둥 역할을 하던 비잔티움 제

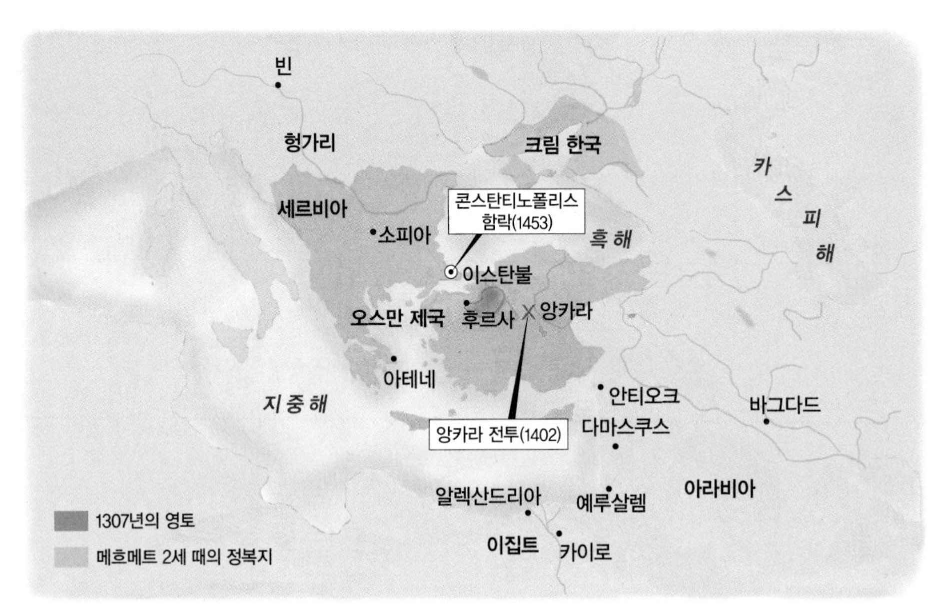

15세기 말 오스만 제국의 영토를 표시한 지도이다. 오스만 제국의 메흐메트 2세는 1453년 콘스탄티노폴리스를 차지해 오스만 제국이 지중해의 새로운 강자가 되는 발판을 마련했다.

국이 역사 속으로 사라졌어. 1,000여 년 동안 유럽의 동쪽에서 이슬람 세력이 넘어오지 못하게 막아 주던 방파제가 무너진 셈이지. 그 결과 유럽의 크리스트교 세계는 그 뒤 200여 년 동안 오스만 제국의 거센 공격에 시달려야 했단다.

그런데 혹시 무너진 비잔티움 제국의 학자들이 르네상스에 크게 이바지했다는 이야기를 들어 본 적 있니? 그들은 나라가 망하자 그리스, 로마 시대의 책과 문서, 문화유산을 가지고 유럽으로 피신해 갔어. 그리고 유럽에 새로운 문화를 전했지.

비잔티움 제국이 무너진 사건은 해상 무역에도 영향을 주었어. 이탈리아 도시 상인들이 오스만 정부에 세금을 바치고 지중해 상권을 독차지하자 다른 유럽 나라들은 인도와 동남아시아로 가는 다른 바닷길을 찾아 나섰고, 결과적으로 이전까지 몰랐던 새로운 바닷길을 개척해 유럽이 빠르게 성장하는 계기를 마련하게 되었거든.

이처럼 1453년 콘스탄티노폴리스의 함락은 역사적으로 매우 중요한 사건이었단다. 오스만 제국은 지중해의 새로운 강자로 떠올랐고, 유럽 여러 나라는 중세를 벗어나 새로운 시대를 향해 한 걸음 내딛게 되었으니 말이야.

그러면 이 위대한 일을 이룬 메흐메트 2세가 누군지 알아볼까? 메흐메트 2세는 젊은 나이에 술탄이 되었어. 그는 용맹한 이슬람 전사로서 콘스탄티노폴리스를 차지하기 위해 일찍부터 많은 준비를 했어. 보스포루스 해협 양쪽에 성채를 쌓고 대포를 설치하는 등 철저한 준비 끝에 1453년 5월 29일, 드디어 콘스탄티노폴리스를 차지했지. 그리고 훗날 정복자라는 뜻의 '파티히'라는 칭호와 함께 온갖 찬사를 받게 돼. 콘스탄티노폴리스를 차지한 메흐메트 2세는 가장 먼저 성 소피아 성당으로 향했어. 그곳에서 자신들을 지켜 준 알라께 감사 기도를 드리고, 유서 깊은 이 크리스트교 성당을 이슬람 사원으로 바꾸라고 명령했지.

하지만 메흐메트 2세는 종교와 문화가 다르다고 해서 무조건 파괴하는 것이 아니라 자신들의 전통과 어울려 함께 살아가는 방식을 택했어. 그래서 성당 벽면에서 찬란한 색채를 뿜어내는 모자이크화를 벗겨 내는 대신 그 위에 회칠을 해 가리는 정도로 성당을 고치도록 했어. 덕분에 지금은 박물관이 된 성 소피아 성당에 가면 그때의 모자이크화를 감상할 수 있단다.

성 소피아 성당
비잔티움 제국의 유스티니아누스 1세가 537년에 콘스탄티노폴리스에 세운 성당이다. '신성한 지혜의 교회'라는 뜻에서 하기아 소피아 성당이라고도 한다. 지름 33미터, 높이 56미터의 돔이 중심에 있고, 내부는 모자이크와 대리석으로 화려하게 덮여 있다. 그리스 정교의 중심이었으며, 로마의 아치 기술과 서아시아의 돔형 건축 기술을 합한 것이 특징이다.

다양한 종족과 민족이 공존하다

메흐메트 2세는 콘스탄티노폴리스의 새 주인이 되자 이곳을 오스만 제국의 수도로 삼고, 이름을 이스탄불로 바꾸었어. 그는 이스탄불을 다양한 사람이 어울려 사는 위대한 도시로 다시 만들고 싶었어.

메흐메트 2세는 이스탄불에 정착하려는 사람들에게 집과 땅을 주었어. 그리고 도시 중심가 곳곳에 이슬람 사원과 학교, 시장, 병원, 상인 숙소 등을 지어 살기 좋은 환경을 만들었단다. 그뿐 아니라 세금 제도를 정비해 상인과 장인들의 세금을 줄여 주는 등 경제에 활기를 불어넣는 정책을 폈어.

외국 상인들에게는 약간의 세금만 내면 오스만 제국에서 자유롭게 장사나 교역을 할 수 있는 특권을 줬어. 또 예전부터 지중해 중개 무역의 큰 축을 담당한 이탈리아 상인들에게는 그들만의 집단 거주지를 마련해 주어 안정된 생활을 할 수 있도록 했지.

하지만 종교와 언어, 문화가 다른 이 사람들이 모두 평화롭게 함께 살도록 하기 위해서는 뭔가 법적인 제도가 뒷받침되어야 했어. 그래서 메흐메트 2세는 '밀레트 제도'를 시행했단다. 밀레트란 터키 어로 '종교 공동체' 또는 '민족'을 뜻하는 말이야.

그래서 이스탄불에서는 이슬람교도, 그리스 정교도, 아르메니아 크리스트교도, 유대교도 들이 저마다 밀레트를 만들어 각자 예배당을 짓고 마을을 이루며 모여 살았어. 각 밀레트마다 대표하는 최고 성직자가 있었고, 예배를 드리는 날도 서로 달랐지. 결혼이나 교육 같은 일상생활과 법률, 재판 등도 밀레트 스스로 운영하게 했어.

메흐메트 2세는 이슬람교도와 관련된 재판이나 밀레트 사이의 다툼이 있을 때를 빼고는 밀레트 안에서 일어나는 일에 가능하면 간섭하지 않았어. 밀레트는 이렇게 자치권을 누리는 대신에 오스만 정부에 세금을 냈고, 술탄을 제국 최고의 통치자로 인정했단다.

또 메흐메트 2세는 다른 종교를 믿는 사람들에게 이슬람으로 종교를 바꾸라고 억지로 요구하지 않았어. 오히려 이슬람교를 믿지 않는 사람들도 술탄의 보호 아래 안전하게 살 수 있게 했지. 다만 종교가 다른 사람은 인두세라는 세금을 조금 더 내기만 하면 얼마든지 자신의 신앙과 관습을 지키며 자유롭게 살 수 있었어.

16세기 무렵 이스탄불의 모습을 그린 기록화이다. 메흐메트 2세는 여러 민족이 평화롭게 어울려 살도록 애썼고, 그 덕분에 이스탄불은 번영을 누리던 예전의 모습을 빠르게 되찾았다.

물론 원한다면 언제든지 이슬람교로 바꿀 수도 있었어. 이슬람교로 종교를 바꾸면 인두세를 내지 않아도 되었고, 높은 관직에도 오를 수 있었기 때문에 스스로 종교를 바꾸는 사람들도 적지 않았단다.

메흐메트 2세의 노력으로 이스탄불은 다시 예전처럼 10만 명 이상이 모여 사는 대도시가 되었고, 동서 교역의 중심지로 다시 태어났어. 이스탄불 시장은 비단길을 거쳐 온 동방의 진귀한 물건들과 지중해를 건너온 유럽의 상품들을 사고파는 세계 여러 나라 상인들로 활기가 가득했어.

그중에서도 베네치아 상인들은 오스만 정부와 협상해서 인도와 동남아시아에서 들어오는 물건들을 독차지해 팔 수 있는 권리를 얻었단다. 그 덕분에 그들은 엄청난 부

이스탄불의 시장 모습을 그린 기록화이다. 이스탄불은 아시아와 유럽을 잇는 교역 중심지여서 이스탄불 시장에는 아시아와 유럽 곳곳에서 온 여러 물건이 가득했고, 상인들로 늘 북적댔다.

를 쌓을 수 있었지.

오스만 상인들은 홍해를 통해 아라비아 및 동남아시아와 무역을 했어. 그리고 지중해와 흑해를 통해서는 유럽 일대와 중앙아시아 지역과 활발히 교역했고. 그 결과 이스탄불의 시장에는 세계 각지에서 실려 온 희귀한 물품들이 넘쳐났단다. 양탄자며 모피, 도자기, 금은 세공품, 보석, 화려한 직물 등 없는 것이 없었어.

또 유럽이나 아시아, 이집트에서 온 다른 나라의 상인들로 시장은 항상 시끌벅적했지. 그래서 시장 안에는 먼 곳에서 온 상인들이 묵을 수 있는 숙소와 식당, 공중목욕탕인 하맘 같은 편의 시설들이 마련되어 있었단다.

성전의 깃발은 펄럭이고 있다

우리 병사들은 하늘의 별보다 수가 많다.
온 힘을 다하여 알라의 이름과 오스만 튀르크 족의 영광을 위해 싸워라!
그러나 만약 신의 보살핌을 얻지 못해 전투에서 불리해지면 절대로
무리하지는 마라.
우리의 선조들도 몇 번이나 실패했다.
전투에서 물러나는 것은 수치가 아니다.
이 요새에는 몇 개월분의 식량이 있으며
우리 함대는 너희를 안전하게
옮겨 줄 수 있다.
결코 불필요한 희생을 치러서는
안 된다!

1453년 4월 2일, 메흐메트 2세가 콘스탄티노폴리스 공격을 선언하고 전투에 나서는 병사들에게 한 말이다. 메흐메트 2세는 공격 전에 계획을 철저하게 세웠고, 병사들의 불필요한 희생을 줄이려 애쓴 지혜로운 지도자였다. 메흐메트 2세는 두 달 동안의 격렬한 전투 끝에 5월 29일 마침내 콘스탄티노폴리스를 차지하는 데 성공했다. 그림은 메흐메트 2세의 술탄 즉위식이다.

르네상스 때 지은 이탈리아 피렌체의 대성당.

11세기부터 15세기까지 이탈리아 상업 도시들은 대단한 전성시대를 누렸어. 이들 도시의 상인들은 향신료를 비롯해 동쪽에서 온 상품을 사고파는 동방 무역으로 큰돈을 벌었어. 덕분에 피렌체와 베네치아를 중심으로 문화와 예술을 발전시킬 발판이 마련되었단다. 그렇게 해서 르네상스라 불리는 새로운 문예 부흥 운동이 일어날 수 있었지.

번영을 누리는 이탈리아 상업 도시

향신료 무역과 산업으로 번영하다

이탈리아 도시 상인들은 일찍부터 지중해를 누비며 교역으로 많은 부를 쌓았어. 비단, 도자기 등 여러 가지 상품을 사고팔았지만, 최고의 인기 상품은 향신료였어. 향신료는 강한 맛과 향을 지니고 있어 음식의 맛을 내는 데 주로 사용되는 식물성 재료들이야. 후추, 생강, 계피, 정향 등이 대표적인 향신료지.

고기를 즐겨 먹는 유럽 사람들에게 향신료는 음식을 만들 때 빠져서는 안 되는 재료였어. 게다가 유럽 사람들은 향신료를 곁들여 먹어야 체액의 균형을 맞출 수 있다고 생각했단다.

그런데 향신료는 주로 인도와 동남아시아에서 생산되었어. 하지만 이탈리아 도시의 상인들이 그곳까지 직접 갈 수는 없었단다. 유럽과 아시아 사이에 이슬람 세계가 있었거든. 무슬림 상인들은 이탈리아 상인들이 향신료가 나는 곳에서 직접 향신료를 사들이지 못하도록 길을 막았어. 그러니 이탈리아 도시 상인들은 중간 상인 역할을 하는 무슬림 상인을 통해 향신료를 비싼 값에 살 수밖에 없었어.

그러다 보니 당시 유럽에서 향신료는 금이나 은과 맞먹을 정도로 값비싼 사치품이었어. 그래도 유럽 사람들은 로마 시대부터 그 맛에 빠져 향신료를 사는 데 돈을 아끼지 않았단다. 그 덕분에 이탈리아 도시 상인들은 향신료 무역으로 큰 이익을 남겼어. 그리고 향신료 무역에서 앞서 나가기 위해 치열하게 경쟁했지.

처음에는 베네치아, 아말피, 피사, 제노바 상인들이 앞서 나갔어. 그러다가 15세기에 이르러 베네치아와 제노바 상인들이 차차 경쟁에서 이겨 향신료 수입을 독차지하게 되었어. 그 뒤 두 도시는 거대한 부를 쌓아 유럽 최고의 도시가 되었단다.

피렌체 등 북부 이탈리아 도시들은 향신료 무역뿐 아니라 산업으로도 앞서 나갔어. 견직물과 리넨, 모직물, 면직물 등을 생산하는 직물업이 크게 발달했었거든. 특히 피렌체는 유럽에서 제일가는 모직물 생산지로 이름을 날렸지. 밀라노에서는 직물업 외에도 갑옷과 무기 등을 생산하는 군수 산업이 발달해 크게 번창했어. 막대한 부를 쌓은 이들 도시의 상인 가운데는 은행가로 성공해 유럽 최고 갑부가 된 사람도 있단다.

이렇게 해서 유럽 곳곳의 상인들이 이탈리아 도시들로 모여들었어. 향신료와 고급

15세기 무렵 베네치아의 항구를 그린 기록화이다.
베네치아 상인들은 교역으로 벌어들인 많은 돈으로
예술을 후원하고, 화려한 건축물을 많이 세웠다.

직물, 무기류, 가죽 제품 그리고 유리 제품 등을 사기 위해서였지. 특히 동방의 향신료가 도착하는 11월 말이나 12월 초쯤이면 이탈리아 도시들은 유럽 전 지역에서 온 상인들로 넘쳐났어. 14세기와 15세기는 진정 이탈리아 도시들이 최고의 전성기를 누린 시대라고 할 수 있어.

그리스 문화를 발견하다

교역과 산업으로 번영을 누린 이탈리아 도시에서는 문화와 예술도 활짝 꽃을 피웠어. 저마다 자기네 도시의 부와 위상을 자랑하려고 문화와 예술에 많은 돈을 썼거든. 부유한 상인과 군주들도 자신들의 힘을 과시하고 이름을 높이기 위해 문예 활동과 재

주 있는 화가를 후원하고 웅장하고 화려한 건축물을 많이 지었지.

이 무렵 이탈리아에서 꽃피운 문화와 예술은 대부분 그리스 문화에 큰 영향을 받고 있었어. 당시 사람들은 자신들이 사는 세상보다 오래전에 사라진 그리스와 로마가 훨씬 더 찬란한 문명을 이룩했다고 생각했어.

실제로 로마 제국이 무너진 뒤 유럽에서는 10세기 무렵까지 종교와 관련 없는 문화와 예술 활동이 별로 대접을 못 받았어. 당시 사람들은 현재의 삶보다 죽은 뒤 천국에서의 삶을 더 중요하게 여겼거든.

그렇다고 해서 이 시기에 문화와 예술이 전혀 없었던 건 아니란다. 당시 유럽 인들도 나름대로 독특한 문화를 발전시켰으니까. 그래도 그리스와 로마 문화가 유럽 사회에서 관심을 끌지 못한 것은 분명해. 그때는 게르만 족의 침입과 잦은 전쟁 등 정치적 혼란이 이어진 데다 크리스트교가 사람들의 생활과 생각을 지배하고 있었거든.

15세기에 이탈리아 학자들은 그리스 학문과 문화를 연구하는 데 많은 노력을 기울였다.

그러다가 10세기 이후 그리스의 철학과 과학 등을 다룬 문서와 책이 이슬람 세계와 비잔티움 제국을 통해 조금씩 유럽 세계에 전해졌어. 이슬람 세계와 비잔티움 제국은 그리스의 옛 땅을 나누어 차지하고 있었던 까닭에 그리스의 학문과 문화에 관한 자료를 풍부하게 보관하고 있었단다.

특히 무슬림 학자들은 아바스 제

국 때부터 그리스의 철학, 과학 등 여러 분야에 관해 연구를 거듭했어. 그 덕분에 이븐 시나를 비롯해 뛰어난 학자들을 많이 길러 냈지. 그들이 쓴 책은 당시 유럽 학자들이 그리스 학문과 예술에 관심을 가지게 하는 데 크게 이바지했어.

처음에 유럽 학자들이 가장 관심을 기울인 것은 아리스토텔레스를 비롯한 그리스의 철학이었어. 그러다가 차츰 과학과 예술 등 다른 분야까지 관심을 두게 되었지. 이렇게 시작된 그리스 문화에 대한 관심은 12세기 무렵부터 막 세워지기 시작한 대학을 중심으로 유럽 곳곳으로 퍼져 나갔어.

르네상스 주요 인물과 작품

1321년 단테, 『신곡』 발표
1350년 페트라르카, 『칸초니에레』 완성
1351년 보카치오, 『데카메론』 발표
1504년 미켈란젤로, 「다비드상」 완성
1506년 다빈치, 「모나리자」 완성
1511년 라파엘로, 「아테네 학당」 완성

그렇다고 그리스 문화가 그 당시 모든 유럽 사람에게 큰 영향을 미친 것은 아니야. 다만 도시에 사는 사람들에게는 무척 빠르게 퍼졌단다. 특히 경제적인 번영과 함께 더 많은 자유를 누리기 원하던 이탈리아 도시 사람들을 금세 사로잡았지.

게다가 15세기 후반에 비잔티움 제국이 무너지면서 많은 학자가 이탈리아로 건너왔어. 이를 계기로 이탈리아의 여러 도시에서 그리스 문화를 배우자는 움직임이 마른 들판의 불길처럼 무섭게 번져 갔어. 그래서 이 무렵 사람들은 책, 그림, 조각, 건축물 등 그리스 작품을 앞다투어 수집해 집 안에 장식하고, 그리스의 생활과 문화를 따라 하는 것이 큰 유행처럼 되었단다.

이탈리아 사람들은 그리스 문화를 무작정 베끼는 데에만 머물지 않았어. 그들은 그리스 문화를 바탕으로 한층 새로운 문화를 만들어 냈지. 그 결과 예술뿐 아니라 학문과 종교에서도 많은 변화가 나타났어.

특히 천국의 삶보다 현재의 삶을 더 중요하게 여기고, 신에게 쏟던 관심을 인간에게 돌리는 학자들이 늘어났어. 그리고 신의 뜻에 따라 사는 것보다 인간 스스로 자신의 삶을 결정하고 자신의 능력을 마음껏 펼쳐야 한다는 생각이 사람들 사이에 차츰 커졌단다.

이러한 변화를 통틀어 르네상스라고 불러. 르네상스는 '재생'이나 '부활'을 뜻하는 프랑스 어야. 즉, 고전 문화가 다시 태어났다는 뜻이지. 그런데 이탈리아에서 시작된 르네상스를 왜 프랑스 어로 부르느냐고? 그건 르네상스에 처음 관심을 두고 연구한 사람이 프랑스 학자였기 때문이야.

새로운 예술이 꽃피다

앞에서 보았던 것처럼 르네상스를 이끈 나라는 이탈리아였고, 그 중심에는 피렌체가 있었어. 피렌체는 동방 무역과 함께 모직물 생산으로 크게 번성을 누리고 있었기 때문에 르네상스 문화와 예술을 꽃피우기가 아주 좋았단다.

피렌체에서는 정부와 대상인 그리고 '길드'라는 동업 조합들이 예술을 뒷받침했어. 특히 메디치 가문은 르네상스를 대표할 만한 예술가들에게 지원을 아끼지 않았어. 그 결과 단테, 페트라르카, 보카치오 등 14세기에 이탈리아 르네상스의 씨앗을 뿌린 예술가들이 모두 피렌체에서 활동했지.

다빈치, 미켈란젤로, 라파엘로 등도 16세기에 피렌체에서 활동한 대표적인 천재 예술가들이야. 이들은 피렌체 상인들뿐 아니라 유럽의 대제후들과 교황의 뒷받침으로 많은 예술 작품을 남겼어.

메디치 가문

이탈리아 중부 지방 피렌체 공화국의 상인 가문이다. 은행업으로 많은 재산을 모았으며, 막대한 부를 바탕으로 정치에 나서 피렌체 공화국을 다스리고, 문예 부흥 사업에도 큰돈을 쏟아부었다. 덕분에 르네상스가 열리기 시작했고, 꾸준히 예술과 문화를 보호하고 지원함으로써 이탈리아 르네상스 발전에 큰 공을 세웠다. 메디치 가문 출신이 유럽 여러 나라의 군주나 교황이 되기도 해 유럽 세계에 많은 영향을 끼쳤다.

이 천재 예술가들은 이전과는 다른 방식으로 그림을 그리고 조각을 만들었어. 사실 르네상스 이전 그림은 거의 모두 신앙심을 북돋우는 종교적인 내용을 다룬 것이었어. 예술가들은 현실의 모습을 있는 그대로 그리기보다 예수, 성모 마리아, 천국과 천사같이 종교적인 내용을 부풀리거나 상상해서 그렸단다. 그러다 보니 표현 방식이나 구성도 거의 정해져 있었어. 또 그림 속에서 누가 앞에 있고 뒤에 있는지 잘 드러나지 않았지. 즉, 원근감을 느낄 수 없었어.

하지만 르네상스 화가들은 달랐어. 르네상스 시기에 활약한 미켈란젤로와 다빈치 등은 종교적인 내용뿐 아니라 인간과 자연에 관심을 보이며 점차 평범한 인간과 풍경을 그리기 시작했어.

대제후와 부유한 상인들은 자신의 궁전이나 저택을 화려하게 장식하려고 이런 종류의 그림을 많이 주문했단다. 후원자들은 그림 속에 자신의 가족을 넣어 달라고도 했어. 어떤 화가들은 자신의 모습을 함께 그려 넣기도 했지. 아마 이 시기에 그려진 그림에서 숨은 인물 찾기 놀이를 해도 재미있을 거야.

르네상스 시기 화가들은 자유로운 표현 방식으로 그림을 그렸어. 특히 새로운 표현 기법인 원근법을 사용한 덕분에 그림에서 입체감을 느낄 수 있게 되었지.

원근법이란, 멀리 있는 물체를 작게 그리거나 희미하게 그려서 입체감을 표현하는 거야. 예를 들어, 원근법을 사용하지 않은 이집트 벽화 그림과 비교하면 그 차이를 쉽

레오나르도 다빈치의 「성 안나와 성모자」이다. 멀고 가까움을 표현하는 원근법이 잘 드러나 있다.

게 이해할 수 있을 거야.

한편, 르네상스 시대에는 교회도 많이 달라졌어. 교황이 군주들처럼 사치와 화려함을 좋아했지. 교황은 교황청을 화려하게 장식하려고 유명한 예술가들을 로마로 불렀어. 그 덕분에 로마는 피렌체의 뒤를 이어 르네상스 예술의 중심지로 이름을 떨치게 되었단다.

종합해서 이야기하면, 르네상스 시대는 고대 그리스와 로마 문화를 바탕으로 새로운 문화를 만들어 낸 변화의 시대였다고 볼 수 있어. 하지만 이런 변화를 과대평가해서는 안 돼. 왜냐하면 이런 변화를 이끈 것은 몇몇 도시와 앞서 가는 예술가들이었을 뿐, 사람들 대부분은 이러한 시대적 변화를 모르고 여전히 이전처럼 살아갔기 때문이야.

보티첼리의 「비너스의 탄생」이다. 이 작품에서 보티첼리는 여성의 벗은 몸을 처음 그려 큰 화제가 되었다.

인간은 자유로운 존재

신은 세상을 만든 마지막 날에 인간을 만들었다. (…) 신은 인간을 한 장소나 일에 묶어 놓지 않고, 원하는 대로 꿈꾸고 행동할 자유를 주었다. 최초의 인간인 아담에게 신이 말했다.

"나는 너를 세계의 중심에 있게 하였으니, 이것은 네가 쉽게 세계의 모든 사물을 관찰할 수 있게 하기 위해서이다. 나는 너를 하늘에 속하지도 않고, 땅에도 속하지 않는 존재로 만들었다. 또한 죽음에 처해 있지 않고, 그렇다고 영원히 사는 것도 아닌 존재로 만들었다. 이것은 오직 네가 자유롭게 삶을 만들어 가고, 스스로 어려움을 이겨 낼 수 있게 하기 위해서이다. (…) 오직 너 인간에게만 자기 생각에 따라 스스로 성장하고 발전할 수 있는 가능성을 주었으며, 너는 네 안에 우주 생명의 싹을 지니고 있다."

피코 델라 미란돌라의 『인간 존엄성에 관한 연설』 중 한 대목이다. 피코 델라 미란돌라는 인간이란 신이 만든 위대한 자연의 존재이며, 나아가 끝없이 발전할 가능성을 가진 자유로운 존재라고 주장했다. 이러한 주장은 사람마다 가지고 있는 재능을 높이 평가했던 당시 이탈리아 사회의 분위기와 통한다. 그때까지 중세 기독교 사회에서 인간이 죄를 타고난 존재라고 강조한 것과는 뚜렷하게 다른 생각이다.

르네상스를 꽃피운 거장들

13세기 무렵 르네상스의 기틀을 다진 사람은 단테, 보카치오, 페트라르카 같은 문학가들이야. 이들이 다진 르네상스의 자유롭고 창의적인 정신은 15세기 이후 다빈치, 미켈란젤로, 라파엘로 같은 거장들의 손끝에서 뛰어난 걸작으로 활짝 꽃을 피웠단다.

「**최후의 만찬**」 예수의 십자가 처형을 하루 앞두고 함께 식사하던 예수와 열두 제자를 그린 작품이야. 지금은 많이 훼손되었지만, 그림 속 인물들의 감정이 마치 동영상을 보듯 전해져 온단다.

「**모나리자**」 피렌체의 부자 상인 프란체스코 델 조콘다의 부인을 그린 초상화야. 어찌 보면 참 평범해 보이는데, '모나리자의 미소'가 보면 볼수록 신비로운 느낌을 풍기지.

레오나르도 다빈치

레오나르도 다빈치는 르네상스 초기의 대표적인 인물이라고 할 수 있어. 그는 추상적인 그림만 그리는 것에 그치지 않고, 실용적인 지식인이자 기술자로서 창의력을 맘껏 발휘했지. 하늘을 나는 비행기와 깊은 물속에서 자유롭게 움직이는 잠수함 설계, 건축과 도시 설계, 인체 해부학에 이르기까지 관심을 두지 않은 분야가 없을 정도였단다.

미켈란젤로

레오나르도 다빈치보다 23년 늦게 태어난 미켈란젤로는 위대한 조각가로 널리 알려져 있어. 하지만 사실 미켈란젤로는 유능한 건축가이자 천재 화가, 게다가 뛰어난 시인이기도 했어. 그는 열정적이고 창조적인 예술 활동으로 다빈치의 라이벌이라고 불릴 만큼 뛰어난 작품을 많이 남겼단다.

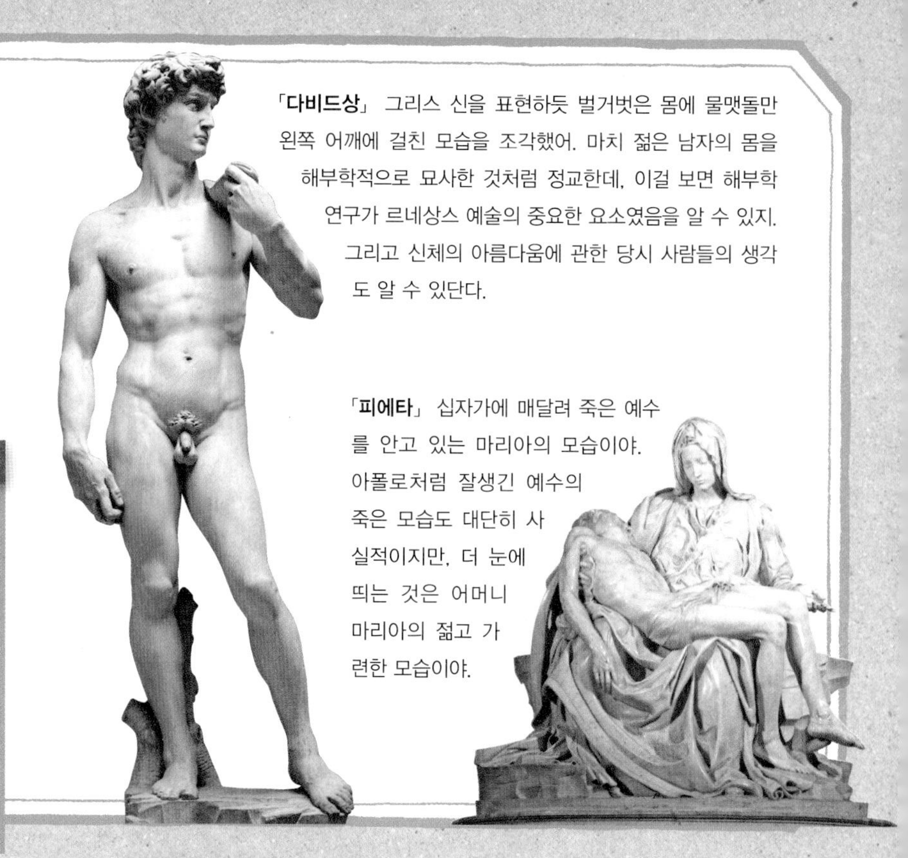

「다비드상」 그리스 신을 표현하듯 벌거벗은 몸에 물맷돌만 왼쪽 어깨에 걸친 모습을 조각했어. 마치 젊은 남자의 몸을 해부학적으로 묘사한 것처럼 정교한데, 이걸 보면 해부학 연구가 르네상스 예술의 중요한 요소였음을 알 수 있지. 그리고 신체의 아름다움에 관한 당시 사람들의 생각도 알 수 있단다.

「피에타」 십자가에 매달려 죽은 예수를 안고 있는 마리아의 모습이야. 아폴로처럼 잘생긴 예수의 죽은 모습도 대단히 사실적이지만, 더 눈에 띄는 것은 어머니 마리아의 젊고 가련한 모습이야.

라파엘로

라파엘로는 새로운 것을 창조하기보다 자신이 보고 느낀 모든 것을 받아들여 자기만의 방식으로 세련되게 표현하는 데 더 관심이 많았어. 그런 까닭에 그의 그림에서는 르네상스 시대에 발달한 예술적 특징을 모두 발견할 수 있지. 하지만 그는 그저 모방하는 차원에 그치지 않아서 그의 작품에서는 또 다른 새로움을 느낄 수 있단다.

「아테네 학당」 르네상스 시대에는 고대 그리스와 로마의 문명과 지식에 바탕을 둔 인문주의가 크게 유행했어. 이런 분위기에 따라 고대 그리스의 위대한 스승들이 한 자리에 모여 진리를 탐구하는 모습을 그린 작품이야.

「초원의 성모」 넓게 펼쳐진 초원을 배경으로 저 멀리 마을의 집들과 강, 산 등이 원근법으로 처리된 이 그림에는 아기 예수를 바라보는 성모의 마음이 섬세하게 표현되어 있어. 그리고 우아한 선과 밝고 따뜻한 색감이 평안한 느낌을 주지.

포르투갈 리스본에 세운 항해가들의 조각상.

지금으로부터 600여 년 전까지만 해도 유럽의 대부분 나라는 중국에서 지중해로 이어지는 비단길의 바깥에 있는 가난한 지역이었다고 할 수 있어. 그런데 1800년대에 이르면, 유럽이 아시아와 아프리카의 많은 나라를 식민지로 삼으면서 세계 대국으로 떠오르지. 이 엄청난 변화는 유럽 사람들이 아시아로 가는 바닷길을 찾아 나서면서 시작된단다.

해양 진출에 나선 유럽 나라들

포르투갈과 에스파냐가 새로운 뱃길을 열다

15세기에 가장 먼저 바닷길 개척에 나선 유럽 나라는 포르투갈과 에스파냐였어. 유럽 역사의 주인공으로 보통 손꼽는 영국이나 프랑스가 아니라서 조금 의아하지? 하지만 새로운 길을 찾아 나서는 데는 동기가 무엇보다도 중요하단다. 그리고 능력도 뒷받침되어야겠지. 포르투갈과 에스파냐는 두 가지 조건을 모두 갖춘 나라들이야.

두 나라는 이슬람 세력을 오랜 싸움 끝에 몰아냈지만, 모두 산이 많고 땅이 거칠어 농사짓기가 쉽지 않았어. 그래서 다른 나라와 교역에 관심이 많았지. 그 덕분에 일찍부터 어업과 항해술이 발달했고, 배 만드는 기술도 뛰어났어.

하지만 당시 황금 알을 낳는 거위로 여겨지던 지중해의 향신료 무역에는 끼어들 수 없었단다. 이탈리아 도시 상인들이 지중해 무역을 독차지하고 있었기 때문이야. 두 나라의 상인들은 지중해로 통하지 않고 향신료 무역을 할 수 있는 새로운 바닷길을 찾을 수밖에 없었어.

두 나라 중 먼저 움직인 쪽은 포르투갈이었어. 포르투갈의 엔히크 왕자가 보낸 탐험대는 15세기 초에 북아프리카의 상업 도시인 세우타를 차지했어. 그리고 이곳을 중심으로 아프리카 해안 지역을 따라 남쪽으로 내려가기 시작했지.

처음에는 사하라 사막 남쪽에 있는 금 산지로 직접 가는 것이 탐험 목표였어. 그런데 곧 아프리카를 돌면 아시아로 갈 수 있다는 이야기를 듣게 되었어. 그것은 정말 놀라운 정보였지. 이탈리아나 무슬림 상인들을 거치지 않고도 직접 인도로 가서 향신료를 사 올 수 있다는 뜻이거든. 그럴 수만 있다면 포르투갈 왕국은 유럽의 최고 부자 나라가 될지도 모르는 일이고.

어쩌면 전설로만 전해지는 사제 요한 왕국을 찾아볼 생각도 했을 거야. 당시 포르투갈 인들은 크리스트교 나라인 사제 요한 왕국의 힘을 빌리면 이슬람 나라들과의 전쟁에서 이길 수 있다고 믿었다니까 말이야.

그렇게 아프리카를 돌아 아시아로 가려는 포르투갈 탐험가들의 노력은 70여 년 동안 이어졌어. 그리고 1488년, 바르톨로메우 디아스가 마침내 아프리카 남쪽 맨 끝에 도착해 희망봉이라고 이름을 붙였지. 아시아로 갈 수 있다는 '희망'을 보았다는 뜻이란다.

엔히크 왕자

포르투갈의 왕 주앙 1세의 셋째 아들이다. 수도 리스본에 항해 학교를 세워 실력 있는 선원을 많이 길러 냈다. 여러 차례 아프리카에 탐험대를 보내고, 인도로 가는 바닷길을 개척하게 해 포르투갈이 다른 나라보다 바닷길 개척에 앞장서는 발판을 마련했다.

사제 요한 왕국

12세기에 유럽에 널리 퍼져 있던 전설 속의 나라로, 크리스트교 사제인 요한이 몽골과 에티오피아에 나라를 세웠다는 내용이다. 십자군 전쟁 때에는 있지도 않은 이 나라와 힘을 합쳐 이슬람 세력을 공격한다는 계획이 세워지기도 했다. 또한 15세기에 포르투갈과 에스파냐가 이 나라를 찾아 이슬람 세력에 함께 맞서겠다는 생각이 대항해 시대를 앞당기는 계기가 되기도 했다.

아프리카 남쪽 끝을 확인한 뒤부터는 모든 것이 거침없이 진행되었어. 동부 아프리카의 해안가에는 이미 여러 상업 도시들이 번창하고 있었고, 아랍 상인들이 드나들고 있었거든. 곧 바스쿠 다가마가 4척의 배를 이끌고 항해를 떠났어. 그는 희망봉을 돌아 동부 아프리카의 해안 도시들을 디딤돌로 삼으며 인도까지 가는 데 성공했어. 1498년, 마침내 유럽에서 아프리카를 돌아 인도로 가는 뱃길이 열린 거야.

아프리카 해안을 탐험하는 유럽 나라의 배를 그린 기록화이다. 15세기부터 포르투갈을 시작으로 유럽 나라들은 황금 등을 찾아 아프리카 탐험에 앞다투어 나섰다.

포르투갈의 성공 소식은 유럽 여러 나라를 깜짝 놀라게 했어. 특히 포르투갈의 이웃 나라이자 앙숙인 에스파냐 왕실이 크게 긴장했지. 에스파냐의 이사벨라 여왕은 그전부터 포르투갈이 앞서 나가는 것을 견제해야 한다고 생각한 것 같아. 그래서 고심 끝에 서쪽 방향으로 항해해 인도에 가겠다는 콜럼버스를 지원했단다.

1492년 8월, 콜럼버스는 3척의 배를 이끌고 서쪽으로 출발했어. 그 뒤 무려 70일을 바다에서 헤맸지. 콜럼버스 일행은 지옥 같은 여행 끝에 기적처럼 섬 하나를 발견했어. 콜럼버스는 그곳이 아시아 동쪽 끝의 섬인 줄 알고 인도라는 이름을 붙였단다.

하지만 곧 그곳이 인도가 아니라 이제껏 알려지지 않은 새로운 대륙이라는 사실이 밝혀져. 그리고 아메리카라고 불리게 되었지. 그중에 콜럼버스가 인도로 착각한 섬은 오늘날 서인도 제도라고 부른단다. 유럽 인들은 콜럼버스의 이 탐험을 '신대륙의

15세기 대항해 지도이다. 포르투갈과 에스파냐는 서로 경쟁하며 인도로 가는 새로운 바닷길 개척에 나섰다.

발견'이라고 하며 그 정신을 기념했어. 분명 대단한 모험이었으니까.

에스파냐의 도전은 여기서 끝나지 않았어. 에스파냐 왕실의 목표는 인도로 가는 것이었거든. 그래서 인도로 가는 바닷길을 찾으려고 탐험대를 계속 보냈지. 마젤란의 첫 세계 일주가 바로 이렇게 해서 시작되었어. 1521년 마젤란 일행은 남아메리카 대륙을 따라 남쪽으로 항해를 시작했어. 남아메리카 남쪽 끝에 있던 해협을 지나갈 때는 엄청난 폭풍을 만나기도 했지. 그 폭풍우를 넘어서자, 넓고 고요한 바다가 펼쳐졌단다. 마젤란은 이곳을 평화롭다는 뜻으로 태평양이라고 불렀다는구나.

마젤란 탐험대는 태평양을 가로질러 계속 나아갔어. 끝날 줄 모르는 항해 도중에 많은 선원이 배고픔과 질병으로 목숨을 잃은 끝에 마젤란 탐험대는 결국 필리핀에 도착했어. 이렇게 해서 마침내 유럽에서 서쪽으로 돌아 아시아로 가는 새로운 바닷길이 열렸단다.

해외 개척에 열을 올리다

포르투갈 상인들의 눈에 비친 인도의 모습은 어떠했을까? 당시 인도 남부의 항구 도시에는 주변 동남아시아 지역에서 생산한 여러 종류의 향신료가 활발히 거래되고 있었어. 항구에는 아시아 여러 곳에서 온 수많은 배가 정박해 있었고, 언어와 생김새가 다른 외국 상인들도 많이 모여들었지.

그래서 이곳 사람들은 낯선 사람들을 거리낌 없이 대했어. 포르투갈 상인들을 처음 봤을 때도 그리 경계하지 않았다고 해. 귀금속만 가지고 온다면 누구든 환영받았으니까.

그런데 포르투갈 왕실은 바닷길을 개척하더니 인도로 가는 길목에 있는 동아프리카 곳곳에 요새를 쌓고 대포를 설치했어. 페르시아 반도와 인도 그리고 믈라카 같은 중요한 상업 중심지와 바닷길 길목마다 상품 거래소인 상관을 세우고, 그 주변에 성채를 쌓았지.

그 결과, 포르투갈이 아프리카 남동부 모잠비크에서부터 일본 나가사키까지 설치한 상관만 모두 40곳에 이르렀어. 포르투갈 상인들은 이들 상관을 거점으로 인도와 주변 나라에서 엄청난 양의 향신료를 사들였어.

포르투갈 사람들의 향신료 욕심은 끝이 없었어. 이들은 심지어 오스만 제국과 맘루크 제국 상인들이 향신료를 사들이는 것을 막으려고 두 나라를 상대로 해전을 벌이기까지 했어. 지중해 무역을 막아 유럽 향신료 시장을 독차지하려는 의도였지. 비록 이 시도는 실패했지만, 포르투갈 왕국은 향신료를 대규모로 거래하며 상업 제국으로 우뚝 서게 되었단다.

반면 대서양 건너 아메리카에 도착한 에스파냐의 탐험가들은 향신료를 구경조차 할 수 없었어. 대신 황금이 가득한 제국에 대한 소문을 듣게 되었지. 사실 유럽 인들이 도착하기 오래전부터 아메리카에는 여러 문명이 발달해 있었어. 그중에서도 현재 멕시코 지역에 있던 아스테카 제국과 페루 지역에 있던 잉카 제국은 인구가 1,000만 명이 넘는 큰 나라들이었어. 바로 이곳에 있는 막대한 금과 은이 벼락부자를 꿈꾸는 에스파냐 모험가들을 유혹한 거야.

그런데 아스테카 제국은 불과 600여 명의 군사를 이끈 코르테스에게 그리고 잉카 제국은 180여 명의 병력을 이끈 피사로에게 어이없이 무너지고 말았어. 어떻게 이 큰 나라들이 겨우 그 정도 작은 규모의 군대에 무릎을 꿇었을까?

아스테카 제국은 나라가 커지는 과정에서 많은 적을 만들었어. 그리고 잉카 제국은 왕위 다툼이 심각했지. 이런 상황은 에스파냐 군인들에게 좋은 기회였어. 그 덕에 코르테스와 피사로 일행은 황제에 맞설 세력을 모을 수 있었거든.

아메리카의 아스테카 제국을 정복한 코르테스의 모습을 그린 기록화이다. 코르테스는 총으로 무장하고, 아스테카 제국을 순식간에 무너뜨린 뒤 아스테카 제국의 금과 재물을 마구 약탈했다.

그런데 에스파냐 인들은 아메리카에 대포와 총만 가져온 게 아니란다. 그들의 몸속에 숨어 있던 전염병 균이 배에 탄 사람과 함께 바다를 건너온 거지. 그래서 천연두, 홍역, 독감 등이 아메리카 대륙 전체로 퍼져 나가면서 새로운 전염병에 면역력이 없던 수많은 아메리카 사람이 목숨을 잃었어. 이 일은 역사상 가장 끔찍한 정복이라 할 수 있을 거야. 그 당시 아메리카 사람의 90퍼센트가 목숨을 잃었으니 말이야.

포르투갈과 에스파냐 해외 개척

1510년 포르투갈, 인도 고아 점령
1511년 포르투갈, 동남아시아 믈라카 점령
1519~1521년 에스파냐 코르테스, 아스테카 제국 점령
1531~1533년 에스파냐 피사로, 잉카 제국 점령
1549년 포르투갈, 브라질 차지

아메리카를 정복한 에스파냐 인들은 아메리카 사람들을 식인종이라 부르며 야만인으로 대했어. 또 그들의 종교와 전통을 무시하고 강제로 크리스트교를 믿도록 했지. 거부하는 아메리카 사람들은 마구 고문하고 죽였어. 에스파냐 인들은 "신도 이 못생긴 사람들을 버렸다."며 자신들의 잔인한 행동을 정당화했단다.

에스파냐는 1550년쯤 멕시코와 페루 등 아메리카 해안 지역을 지배하게 돼. 물론 내륙의 거대한 지역이 아직 정복당하지 않은 채 남아 있었고, 곳곳에서 원주민의 저항이 이어졌어. 하지만 아메리카에 금이 많다는 소문을 듣고 몰려드는 수많은 에스파냐 인을 막아 내기에는 힘이 모자랐단다.

에스파냐 인들은 멕시코와 페루 등 곳곳에서 원주민들의 땅과 재산을 빼앗았어. 그리고 거대한 농장을 만들어 원주민을 동원해 강제로 일을 시켰지. 또 속속 금광과 은광을 발견하고는 마구잡이로 캐냈어. 이렇게 모은 막대한 양의 농작물과 은은 모조리 에스파냐 항구로 실려 갔단다.

16세기와 17세기에 이룩한 에스파냐의 화려한 궁정, 유럽 최강의 육군 그리고 무적함대라 불리던 에스파냐 해군은 아메리카에서 약탈한 농작물과 은이 아니었다면 유지하기가 어려웠을 거야.

네덜란드가 해양 강국으로 새롭게 떠오르다

16세기 이후 포르투갈과 에스파냐는 대항해 시대를 이끌며 번영을 누렸어. 그러자 네덜란드, 영국, 프랑스 등 유럽의 다른 나라 왕들도 서둘러 아메리카와 아시아에 탐험대를 보내기 시작했지. 아메리카에서는 식민지를 마련하기 위해, 아시아에서는 향신료 거래를 독차지하기 위해 유럽 나라들 사이의 경쟁이 치열하게 벌어졌어.

이 나라들 가운데 17세기 들어 최강의 해양 국가로 떠오른 나라는 바로 네덜란드였어. 사실 네덜란드 인들은 유럽 최고의 조선술과 항해술을 자랑하며, 북쪽 바다의 해상 왕자로 세력을 뽐내고 있었어. 특히 유럽 각지에서 사들인 물건을 모양과 크기에 따라 포장을 달리해 다시 수출하면서 네덜란드의 항구들이 유럽의 중개 무역지로 이름을 떨치고 있었지.

그런데 네덜란드는 왜 더 빨리 아시아와 아메리카로 가지 않았을까? 가장 큰 이유는 그 먼 곳까지 갈 필요가 없었기 때문일 거야. 16세기 내내 네덜란드 인들은 에스파냐와 포르투갈 무역선들이 유럽으로 들여오는 물건들을 아무런 제약 없이 북유럽 지역에 가져와 팔 수 있었거든. 에스파냐 국왕의 지배를 받고 있던 네덜란드는 이 덕분에 크게 번영했지.

그러다가 종교의 차이에서 비롯된 갈등이 심각해지면서 네덜란드 인들이 에스파냐로부터 독립을 선언하게 돼. 그러자 에스파냐 국왕은 네덜란드 상인들이 에스파냐의 항구에 드나들지 못하게 해 버렸어.

게다가 포르투갈의 왕위마저 에스파냐 왕에게 넘어가면서, 포르투갈 상인들이 아시아에서 가져온 향신료를 네덜란드 상인들에게 내주지 않게 되었지. 이 때문에 네덜란드 인들은 큰 손해를 보았단다.

사정이 이렇게 되자 네덜란드 상인들도 아시아와 아메리카로 직접 가야겠다고 생

16세기 무렵 네덜란드의 상선이다. 네덜란드는 뛰어난 배 만드는 기술을 바탕으로 에스파냐, 영국 등과 경쟁하며 유럽의 해양 강국으로 성장했다.

각하게 되었어. 그런데 아시아와 아메리카로 가는 길을 개척하는 데는 돈이 무척 많이 들었어. 에스파냐와 포르투갈에서는 왕이 직접 탐험을 뒷받침했다고 했지? 그렇다면 왕의 도움을 받을 수 없었던 네덜란드 상인들은 이 문제를 어떻게 해결했을까?

네덜란드 정부는 동인도 회사라는 큰 회사를 차렸어. 그리고 상인들과 일반 시민에게 주식을 팔아 필요한 돈을 모았단다. 집에 여윳돈이 있던 거의 모든 사람이 이 주식을 샀다고 해. 최초의 주식회사가 바로 이렇게 해서 탄생한 거야.

동인도 회사는 17세기 내내 인도와 동남아시아 곳곳에 지점을 설치하고, 유럽으로 향신료를 수입했어. 네덜란드 인들은 이런 방식으로 북아메리카와 남아메리카 그리고 아프리카에도 식민지를 만들었고, 큰 이익을 냈지. 그 덕분에 네덜란드의 암스테르담을 중심으로 여러 도시가 크게 번창했어.

암스테르담의 상품 거래소와 네덜란드 상인들이다. 암스테르담은 은행과 상품 거래소 등 상인들이 편리하고 공정하게 거래할 수 있는 여러 기관을 갖춰 유럽 상업과 교역의 중심지가 되었다.

그러자 유럽 각지에서 상인들이 몰려들었고, 여러 종류의 화폐가 널리 쓰였지. 암스테르담 시는 화폐가 너무 다양해서 생기는 불편을 막기 위해 고심했어. 그리고 유럽에서 처음으로 은행을 세우기로 했단다. 은행에서는 입금된 화폐의 귀금속 양을 재서 그 액수만큼 암스테르담 화폐로 인정해 주었어. 이 화폐가 워낙 믿을 만해서 상인들의 거래에 큰 도움을 주었다고 해. 은행은 큰 액수를 거래하기 좋게 수표를 발행하기도 했고, 유럽 여러 곳으로 돈을 보내 주는 일도 했어. 그러면서 암스테르담은 국제적인 금융 중심지로 떠오르지.

암스테르담에는 이 밖에도 상품 거래를 위한 편의 시설이 많았어. 대표적인 것이 상품 거래소야. 이곳에서는 거래되는 상품의 이름과 가격을 공개적으로 게시해 상인들이 공정하게 거래할 수 있게 해 주었어. 그리고 주식과 채권 거래를 돕는 증권 거래소도 세워졌지. 보험 회사들도 생겨나서 폭풍우와 해적을 만날 때 생길 수 있는 손해를 줄여 주었어. 암스테르담은 이 모든 것을 빠르게 갖춰 나가면서 크게 번창했단다.

가장 잔인한 침략의 희생양

이 수많은 사람(인디언)은 신이 만든 존재이기에 나쁜 일을 꾸미거나 저지르지 못한다. 참을성 많고, 온순하고, 평화로운 이 사람들은 에스파냐 인을 모시는 데에도 나쁜 마음을 먹거나 맞서려는 생각이 없다. 이들은 매우 순하며, 고된 일을 하기에는 몸이 너무 약하다. 이들은 가난하지만 부지런하다. 이들은 헛된 부를 좇지 않으며, 으스대거나 지나친 욕심을 부리지 않는다. (…) 이렇듯 착하고 조용한 양들에게 에스파냐 인은 지난 40년 동안 너무나도 잔인한 호랑이, 늑대, 사자였다. 에스파냐 인은 이 가엾은 사람들을 죽이는 데 거리낌이 없었다. (…) 결국, 모든 섬에서 원주민이 완전히 사라져 버렸다.

바르톨로메 데 라스카사스가 쓴 책『인디언들의 눈물』에 나오는 내용이다. 라스카사스 신부는 젊은 시절에 정복자로 아메리카 대륙에 건너갔다. 그는 그곳에서 에스파냐 인들이 원주민에게 몹쓸 짓을 저지르는 것을 본 뒤, 신부가 되어 평생 아메리카 대륙의 원주민을 보호하는 데 온 힘을 기울였다. 하지만 에스파냐 인들은 계속해서 원주민을 괴롭혔다. 결국, 유럽 인이 아메리카 대륙으로 건너간 지 100년도 채 안 되어 아메리카의 원주민 90퍼센트가 목숨을 잃고 말았다. 사진은 인디언 동료와 함께 있는 라스카사스 신부를 그린 벽화이다.

시대의 문제를 고민한 지식인들

양명학을 만든 왕수인 (1472~1528?)

명나라의 학자들에게 큰 영향을 끼친 양명학을 완성한 사람이다. 28세에 과거에 합격하여 관직을 맡았지만 35세 때 힘 있는 환관의 미움을 받아 구이저우 성의 보잘것없는 관리로 쫓겨났다. 이때 왕수인은 직접 농사를 지으며 주변 사람들을 깨우쳐 주었는데, 그의 바르고 어진 행동에 감동한 사람들이 집을 지어 주었다. 이 집이 바로 용장 서원이며, 왕수인은 이곳에서 양명학을 완성했다.

교회의 타락을 비판한 에라스뮈스 (1466~1536)

네덜란드의 인문학자로, 1492년에 성직자가 되었으며, 1495년부터 파리 대학에서 신학을 공부했다. 1511년 『우신예찬』을 펴내 철학자와 신학자의 헛된 논쟁과, 교황과 성직자의 위선 등을 매섭게 나무랐다. 종교 개혁에는 찬성했지만, 루터가 따로 종파를 만드는 데는 반대했다. 즉, 에라스뮈스는 가톨릭교회의 잘못을 꾸짖는 데는 찬성했지만, 가톨릭교회를 저버리지는 않았다.

근대 정치학의 아버지 마키아벨리 (1469~1527)

이탈리아의 외교 사절로서 여러 군주를 만났다. 그러면서 새로운 시대에는 어떤 정치를 해야 할 것인지에 대해 진지하게 생각했다. 외교관 생활을 마친 뒤에 자신의 경험을 바탕으로 『군주론』과 『로마사론』 등의 책을 썼다. 마키아벨리는 『군주론』에서 내전과 외세의 침략에 시달리는 이탈리아를 통일하려면 나라를 강력하게 다스릴 군주가 필요하다고 주장했다.

억압이 없는 유토피아를 주장한 토머스 모어 (1478~1535)

영국의 정치가로, 젊은 시절 법학을 공부해 1494년에 법관이 되었다. 1515년에 교역 문제로 네덜란드에 건너가 뛰어난 수완을 발휘했는데, 이 시기에 이상적인 사회에 관한 이야기를 담은 책 『유토피아』를 쓰기 시작했고, 이듬해 영국으로 돌아와 완성했다. 토머스 모어는 영국의 헨리 8세에게 신임을 받았지만, 1534년에 헨리 8세가 '교회의 우두머리는 왕'이라고 정한 법에 반대하다가 런던타워에 갇혀 이듬해 처형당했다.

조선 성리학을 발전시킨 이황 (1501~1570)

조선의 성리학을 크게 발전시킨 학자이다. 젊은 시절 과거에 급제해 관직 생활을 시작했는데, 당파 싸움이 심해지자 1545년에 벼슬을 그만두고 고향으로 내려가 학문을 연구하며 제자를 가르치는 데만 힘썼다. 성리학을 깊이 연구하여 체계적으로 정리했으며, 향약을 널리 퍼뜨려 성리학의 가르침을 백성 사이에 뿌리내리게 했다.

성리학을 거부한 이지 (1527~1602)

명나라 말기의 학자로, 자신이 살던 시대의 사회 문제에 대해 깊이 고민했다. 이지는 유학, 불교, 도교의 가르침이 큰 차이가 없다고 주장하며 진실한 도를 찾으려 애썼다. 그리고 지나치게 윤리와 규범만 따지는 성리학이 시대에 맞지 않다며 비판하고, '입는 것, 먹는 것'이 윤리의 근본이라 보았다. 이지의 이런 주장은 다른 학자들의 큰 반발을 가져왔고, 결국 그는 감옥에 갇힌 후 스스로 목숨을 끊었다.

역사용어풀이

중화 체제(中華 體制 : 가운데 중, 중국 화 / 화족 화, 몸 체, 자를 제) 중국 사람들이 자기 나라를 세계의 중앙에 있는 가장 문명한 나라라는 뜻으로 이르는 말. (47쪽)

책봉(冊封 : 칙서 책, 봉할 봉) 황제나 임금이 왕세자, 세손, 비, 빈 등의 지위에 봉하여 세우는 일을 이르던 말. (47쪽)

종주국(宗主國 : 으뜸 종, 임금 주, 나라 국) 여러 나라 중 가장 으뜸의 위치에 있는 나라. (48쪽)

사대부(士大夫 : 선비 사, 큰 대, 지아비 부) 선비와 높은 벼슬아치를 아울러 이르던 말. '양반층'을 일반 평민층에 대비하여 이르는 말. (50쪽)

해금 정책(海禁 政策 : 바다 해, 금할 금, 정사 정, 꾀 책) 자기 나라의 해안에 외국의 배가 들어오거나 고기잡이를 하는 것을 금함. (52쪽)

밀무역(密貿易 : 숨길 밀, 무역할 무, 바꿀 역) 세관을 통하지 않고 법을 어기면서 비밀리에 물건을 사고파는 활동. (53쪽)

향신료(香辛料 : 향기 향, 매울 신, 재료 료) 음식물에 향기롭거나 매운맛을 더하는 조미료. 고추, 후추, 마늘, 파, 깨, 겨자 따위를 이르는 말. (63쪽)

자치권(自治權 : 스스로 자, 다스릴 치, 권리 권) 국가나 공공 단체 특히 지방 자치 단체가 자치 행정을 할 수 있는 권리. (74쪽)

인두세(人頭稅 : 사람 인, 머리 두, 세금 세) 성인이 된 모든 사람에게 능력의 차이를 고려하지 않고 일정하게 매기는 세금. (74쪽)

동방 무역(東方 貿易 : 동녘 동, 방위 방, 무역할 무, 바꿀 역) 십자군 전쟁 이후, 지중해의 여러 지역과 아시아 여러 지방 사이에 행해진 무역. (84쪽)

대제후(大諸侯 : 큰 대, 모두 제, 귀족 후) 일정한 영토를 가지고 그 영토 안의 백성을 다스리던 제후 가운데 세력이 큰 제후. (84쪽)

원근감(遠近感 : 멀 원, 가까울 근, 느낄 감) 멀고 가까운 것에 대한 느낌. (85쪽)

입체감(立體感 : 설 입, 몸 체, 느낄 감) 위치와 넓이, 길이, 두께를 가진 물체에서 받는 느낌. (85쪽)

상관(商館 : 장사 상, 집 관) 큰 규모로 경영하는 상점. (95쪽)

3 이슬람과 유럽 세계의 변화와 발전

1517	1520	1526	1536	1556	1562
신성 로마 제국, 루터 종교 개혁 시작	오스만 제국, 술레이만 1세 즉위	무굴 제국 건국	프랑스, 칼뱅 종교 개혁 운동 시작	무굴 제국, 악바르 즉위	프랑스, 위그노 전쟁 시작

황금시대를 맞은 오스만 제국

세 대륙에 걸친 대제국을 건설하다
슐레이만, 제국의 통합과 번영을 이끌다
문화와 예술이 다양하게 발달하다
[역사 타임캡슐] 출신보다 능력이 중요해

무굴 제국의 번영

무굴이 인도를 차지하다
무굴 제국이 번영을 누리다
최고의 번영 뒤에 분열이 찾아오다
[역사 타임캡슐] 종교를 차별하지 마라!

유럽을 뒤흔든 종교 개혁

종교 개혁의 깃발을 들다
종교 전쟁이 불붙다
크리스트교인, 국민이 되다
[역사 타임캡슐] 교황은 벌을 없애 줄 권한이 없다

유럽 세계를 바꾼 30년 전쟁

유럽 최대의 제국이 등장하다
유럽의 여러 나라가 합스부르크 제국에 도전하다
30년 전쟁으로 유럽의 영역이 정해지다
[역사 타임캡슐] 전쟁 중에도 법을 지켜야 한다

[세계사 사전] 유럽의 종교 개혁가들

1588
에스파냐, 무적함대 패배

1598
프랑스, 낭트 칙령 발표

1602
네덜란드, 동인도 회사 설립

1618
유럽, 30년 전쟁 시작

배에 탄 술탄을 묘사한 오스만 제국의 황금 조각상.

16세기에 오스만 제국은 아시아, 아프리카, 유럽에 걸친 대제국이 되었어. 동지중해를 오스만 제국의 호수라고 할 만큼 어마어마한 제국이었지. 그리고 페르시아의 문화, 튀르크의 기질, 아라비아의 전통을 이슬람 정신으로 버무려 거대한 오스만 문화를 발달시켰어. 그럼 오스만 제국의 황금시대를 이끈 슐레이만 시대로 떠나 볼까?

황금시대를 맞은 오스만 제국

세 대륙에 걸친 대제국을 건설하다

비잔티움 제국을 무너뜨리고 오스만 제국을 지중해의 강자로 바꾼 메흐메트 2세는 15세기 말인 1481년에 세상을 떠났어. 그 뒤 오스만 제국의 정복 전쟁은 메흐메트 2세의 손자 셀림 1세 때 더 활발해졌단다.

1512년에 술탄이 된 셀림 1세는 제일 먼저 오늘날 이란의 북서부 지역을 서둘러 차지했어. 당시 그곳에는 사파비 제국이 자리 잡고 있었지.

사파비 제국은 이스마일 1세가 1502년에 세운 나라야. 서쪽으로는 유프라테스 강, 동쪽으로는 아프가니스탄에 이르는 대제국이었지. 그리고 시아파 이슬람교를 국교로 삼고, 페르시아 특유의 문화를 발전시키고자 노력했어.

셀림 1세는 술탄이 되기 전부터 나날이 강해지는 사파비 제국을 눈엣가시처럼 여겼어. 두 나라 모두 이슬람 제국이었지만 오스만 제국은 수니파 중심의 나라인데, 사파비 제국은 수니파와 앙숙인 시아

시아파와 수니파

이슬람교는 무함마드가 죽은 뒤 후계자를 둘러싼 다툼이 생겨 여러 파로 나뉘었다. 그 중에 수니파와 시아파가 가장 대표적이다. 둘 다 교리에서는 큰 차이가 없지만 무함마드의 정통 후계자 문제에서 가장 큰 차이가 드러난다. 수니파는 처음 4명의 칼리프를 무함마드의 후계자로 인정하지만, 시아파는 무함마드의 사위였던 알리와 그 후손들만 정통 후계자로 인정한다.

파가 중심인 나라였거든. 그러니 영토를 지키는 것도 급하지만, 시아파가 오스만 제국에 들어와 힘을 키우지 못하도록 아예 싹을 잘라야 한다고 생각했어.

셀림 1세는 1514년에 군대를 이끌고 사파비 제국으로 쳐들어갔어. 그리고 이스마일 1세의 군대와 싸워 크게 이겼지. 사파비 제국을 물리친 셀림 1세는 자신만만하게 북아프리카의 맘루크 제국을 공격했어. 그렇잖아도 기울어 가던 맘루크 제국은 셀림 1세의 공격에 힘없이 무릎을 꿇고 말았어.

셀림 1세는 큰 어려움 없이 맘루크 제국이 다스리던 시리아와 이집트의 카이로를 차지해 홍해를 손에 넣었어. 그 뒤 시리아와 이집트는 400여 년 동안 오스만 제국의 지배 아래 놓이게 되었지.

이때 셀림 1세는 맘루크 제국에 머물던 칼리프를 대신해 자신이 이슬람 세계의 최고 지도자인 칼리프 자리에 올랐어. 이로써 오스만 제국의 술탄은 1924년 칼리프 제도가 없어질 때까지 이슬람 세계의 종교와 정치를 모두 대표하게 되었단다.

슐레이만, 제국의 통합과 번영을 이끌다

1520년, 셀림 1세의 뒤를 이어 슐레이만 1세가 오스만 제국의 새로운 술탄이 되었어. 스물다섯 살의 젊은 나이였던 슐레이만 1세는 모든 일에 자신만만했고, 영토를 넓히는 일에 관심이 많았어.

슐레이만 1세는 술탄이 되자마자 동유럽의 베오그라드, 동지중해의 로도스 섬, 헝가리를 차례로 공격해 차지했어. 이 소식에 다른 유럽 나라들은 오스만 제국이 언제 자신들을 공격해 올지 몰라 두려움에 떨었단다.

그런데 싸울 때마다 승리를 거두며 유럽을 떨게 한 슐레이만 1세도 이기지 못한 싸움이 있어. 1529년 8월, 당시 유럽의 강자였던 합스부르크 제국의 수도 빈을 에워싸고 거세게 공격했지만, 뜻을 이루지 못했지. 날씨도 안 좋고 식량과 군수품마저 바닥났거든.

하지만 술레이만 1세는 정복 전쟁의 고삐를 늦추지 않았어. 사파비 제국을 다시 공격해 바그다드를 손에 넣었고, 아라비아 반도 남부와 페르시아 만까지 영토를 넓혔어. 또 이 무렵 아프리카 북부의 튀니지와 알제리도 정복했고, 아나톨리아 동북부 지역도 차지했어.

그뿐 아니야. 해군을 키워 바다 쪽으로도 뻗쳐 나갔는데, 에게 해의 섬 대부분은 물론이고 키프로스와 크레타 섬도 차지했지. 그 뒤로도 정복 활동을 멈추지 않은 술레

오스만 제국의 정복 전쟁을 그린 기록화이다. 술레이만 1세는 지중해와 유럽 여러 나라를 정복해 오스만 제국을 거대한 제국으로 키웠다.

이만 1세는 46년 동안에 무려 열세 차례나 직접 원정에 나섰어.

술레이만 1세가 나라를 다스리는 동안 오스만 제국은 동지중해를 둘러싸고 있는 아시아와 유럽, 아프리카에 걸친 대제국이 되었단다. 그리고 그 땅에는 튀르크 인을 포함해서 유대인, 그리스 인, 슬라브 인, 아랍 인 등 다양한 민족 2,000여 만 명이 살았지.

술레이만 1세는 민족, 종교, 인종에 상관없이 모든 백성에게 존경받는 군주가 되려고 애썼어. 그리고 서로 다른 종교, 언어, 풍습, 문화의 차이 때문에 백성이 다투고 갈등하는 걸 원치 않았단다. 그래서 술레이만 1세는 모든 백성에게 똑같이 적용할 평등하고 공정한 법이 있어야 한다고 생각했어. 그렇게 해서 만든 것이 바로 『술레이마니예 법전』이야.

그리고 술레이만 1세는 제국의 영토를 크게 직할지, 자치 지역, 속국으로 나누어 다스렸어. 수도인 이스탄불과 가까운 직할지에는 지방관을 보내 세금을 거두고 재판 등을 맡아 처리하게 했지.

북아프리카의 이집트처럼 이스탄불에서 멀리 떨어져 있지만 중요한 지역은 자치 지역으로 삼아 총독을 임명해 다스렸어. 총독은 술탄에게 복종했지만, 지방관과 비교하면 많은 권한을 갖고 있었단다. 속국은 오스만 제국이 정복한 땅인데, 군주만 지명할 뿐 다른 부분은 간섭하지 않았어.

술레이마니예 법전
술레이만이 이전부터 내려오는 여러 법령을 정리하고, 어떤 법령은 새로 만들어 넣었다. 조세, 행정, 군사 제도, 지방 치안과 형벌 등 제국을 다스리는 데 필요한 모든 분야가 꼼꼼하게 정리되어 있다. 이 법전은 오스만 제국을 다스리는 기본 틀이 되었다.

넓은 제국을 잘 다스리려면 무엇보다 나라 살림이 튼튼해야 했겠지? 술레이만 1세는 각 지역에 관리를 보내 가구 수와 가축 수를 꼼꼼히 조사하고 이를 토대로 장부를 만들었어. 이 자료는 세금을 매기고 필요한 병사를 모집하는 데 중요한 기준이 되었단다.

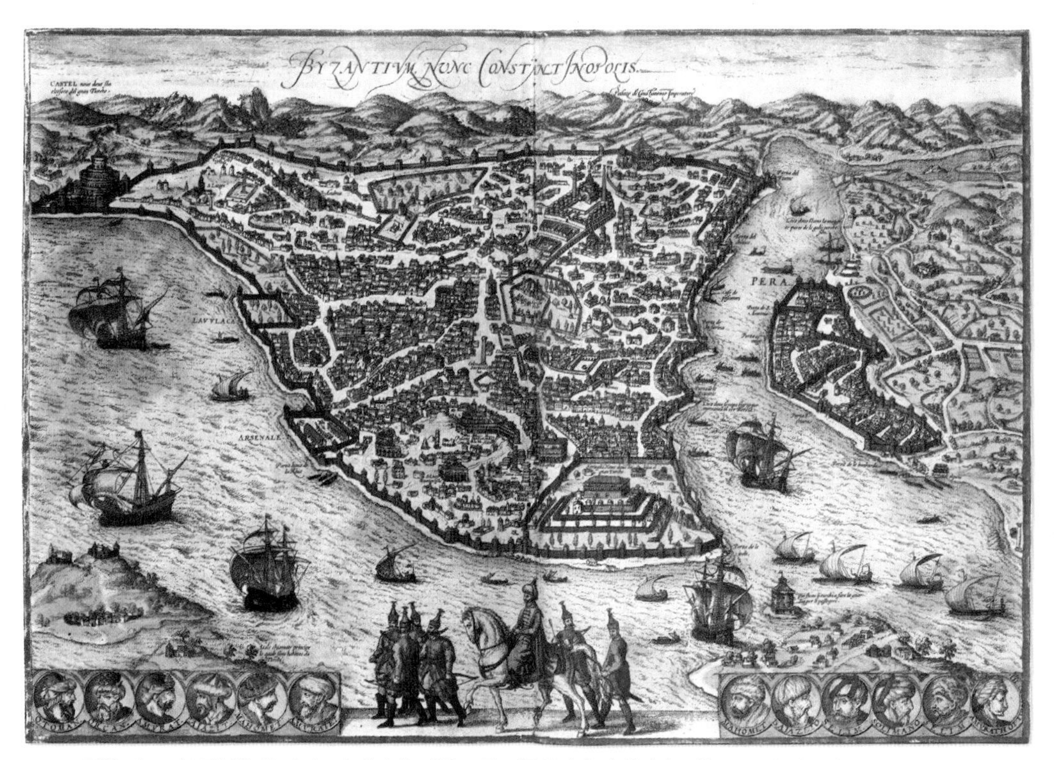

말을 타고 이스탄불을 살펴보는 술레이만 1세를 그린 기록화이다. 술레이만 1세는 오스만 제국의 영토를 넓히고, 문화와 경제를 발전시키는 등 오스만 제국의 전성기를 이끌었다.

또 술레이만 1세는 재무부, 사법부, 외무부 등 부처별로 전문 관료를 키워 효율적으로 행정을 처리했어. 특히 누군가를 관직에 임명할 때 출신, 신분, 종교 따위는 따지지 않았어. 능력만 있으면 그 사람이 튀르크 인이나 무슬림이 아니라도 얼마든지 높은 자리에 오를 수 있게 했지.

술레이만 1세 때 오스만 제국은 정치가 안정되고 경제도 크게 발전했어. 백성의 생활도 무척 평안했단다. 오스만 인들은 법에 따라 공정하게 나라를 다스린 술레이만 1세를 기려 그를 '카누니'라고 불렀어. 카누니는 '법을 만드는 사람'이라는 뜻이야.

오스만 제국의 정복 전쟁과 침략에 시달리던 당시 유럽 인들조차 술레이만 1세를 훌륭한 통치자라 칭찬하며 '위대한 술탄'이라 불렀다는구나.

문화와 예술이 다양하게 발달하다

술레이만 1세는 훌륭한 통치자인 동시에 뛰어난 시인이자 학자였고, 예술과 건축의 든든한 후원자이기도 했단다. 그래서 여러 지역 출신의 예술가들과 학자들이 이스탄불로 모여들었어.

그들은 서로의 생각을 주고받으며 오스만 문화와 예술을 더욱 발전시켰어. 그래서 이슬람 신학, 천문학, 수학, 의학, 역사, 지리 등 다양한 학문이 발전했고, 건축, 그림, 서예, 타일, 직물, 금속 공예 등에서 뛰어난 예술 작품이 수도 없이 탄생했지. 즉, 술레이만 1세가 다스린 시기는 오스만 문화가 절정에 이른 황금시대였어.

이처럼 오스만 제국에서 다양한 학문과 예술이 발달한 까닭은 뭘까? 오스만 제국이 자리 잡은 땅은 원래 고대 메소포타미아 시대부터 다양한 문명이 꽃피고, 아시아와 유럽이 활발하게 교류해 오던 곳이었단다. 그리고 그리스 인, 튀르크 인, 아랍 인, 유대인, 유럽 인 등 고유의 전통과 종교를 가진 여러 민족이 함께 살았던 땅이기 때문이야.

술레이만 1세는 종교와 인종, 민족을 차별하지 않고 능력에 따라 나랏일을 맡겼다.

그래서 오스만 제국의 문화와 예술은 페르시아와 서아시아, 아랍, 비잔티움의 예술 양식을 바탕으로 하면서 이슬람교와 튀르크의 특색을 더해 발전했어. 즉, 다양한 지역의 문화적 특색과 전통이 오스만 예술에 녹아 있지.

모스크

아랍 어의 마스지드에서 유래했다. 마스지드는 '이마를 땅에 대고 절하는 곳'을 뜻한다. 모스크에는 긴 복도가 있고, 안뜰에 몸을 깨끗하게 하는 샘물이 있다. 건물 안에는 메카를 향해 예배 드리는 방과 설교사를 위한 높지막한 단이 놓여 있다. 모스크의 본 건물 한쪽에는 1~6개의 뾰족한 탑이 높이 솟아 있다.

슐레이만 1세 시대에 오스만 제국에서 가장 뛰어난 예술가로는 미마르 시난을 꼽을 수 있을 거야. 미마르 시난은 당시 유럽 세계에까지 이름을 떨친 유명한 건축가란다. 그는 당당하고 웅장한 자태를 뽐내는 여러 건축물을 지었어.

시난은 오스만 제국 곳곳에 모스크, 다리, 저수지, 목욕탕 등 죽을 때까지 무려

성 소피아 성당을 그린 오스만 제국의 그림이다. 오스만 제국의 그림은 다양한 예술 양식을 바탕으로 하면서 튀르크의 특색이 살아 있다.

미마르 시난이 지은 슐레이마니예 사원이다. 미마르 시난은 오스만 제국 최고의 건축가로 슐레이만 1세의 신임을 받으며 뛰어난 건축물을 많이 지었다.

300개가 넘는 건축물을 남겼단다. 이것은 모두 슐레이만 1세의 든든한 뒷받침이 있었기 때문에 가능한 일이었지.

시난이 지은 건축물 가운데는 이슬람 사원인 모스크가 많아. 그중에서도 슐레이만 1세 때 지은 슐레이마니예 사원과 슐레이만 1세가 죽은 뒤 지은 술탄 아흐메트 사원이 대표적이야.

그런데 오스만 제국의 이슬람 사원들은 단순히 종교 생활만을 위한 공간이 아니었단다. 오스만 인들은 모스크 곁에 '메드레세'라고 부르는 이슬람 신학교, 순례자를 위한 숙박소, 공동 취사장, 병원, 대상 숙소 등도 함께 지었어. 이렇게 모스크와 시장, 공공 교육 기관과 자선 기관 등으로 이루어진 대규모 공공 복합 단지를 '퀼리예'라고 해.

퀼리예에는 생활하는 데 필요한 모든 시설이 갖추어져 있었고, 사람들은 이곳을 중심으로 생활을 꾸려 나갔어. 이처럼 오스만 인들은 건축물을 지을 때 그 아름다움뿐 아니라 실용성도 매우 중요하게 생각했단다.

출신보다 능력이 중요해

오스만 제국에서는 양, 소, 말 등을 기르는 사람의 자식이 술탄 밑에서 나랏일을 돌보는 최고의 자리에 오르는 일이 많다. 그들은 자신이 농사꾼이나 목동의 자식인 것을 부끄러워하지 않는다. 오히려 조상의 덕을 본 것이 적으면 적을수록 자랑스럽게 여긴다. 그들은 뛰어난 능력이란 가문을 따라 전해지는 것이 아니라, 하늘이 내린 자질과 끊임없는 노력의 결실이라고 생각한다. 튀르크 사람들에게 높은 지위나 관직은 그저 능력과 업적에 따른 대가일 뿐이다. 이것이 바로 튀르크 인이 하는 일이 모두 잘되고, 그들이 세계를 다스리며 매일 그 영역을 넓혀 갈 수 있는 까닭이다. 그런데 우리의 방법은 전혀 다르다. 우리는 능력과 상관없이 좋은 집안에서 태어나야만 높은 관직에 오를 수 있다.

16세기 중엽 술레이만 1세 때, 합스부르크 제국의 대사 오귀엘 드 뷰즈벡이 오스만 제국을 방문했다. 그는 오스만 제국이 능력 중심으로 관리를 뽑는 것을 인상 깊게 보았다. 그리고 신분을 중요하게 따지는 유럽 나라들의 모습과 비교하며, 오스만 제국이 세계를 다스리게 된 까닭을 공정하고 평등하게 관리를 뽑는 제도에서 찾았다.

인도 델리에 있는 무굴 제국 시대의 자마 마스지드.

술레이만 1세가 오스만 제국의 황금시대를 이끌 때, 인도에는 새로운 이슬람 나라가 등장했어. 바로 무굴 제국이야. 무굴 제국은 악바르 황제를 거치며 세계에서 가장 부유한 나라로 이름을 떨쳤고, 이슬람과 인도 문화가 어우러진 독특한 문화를 이루어 냈지. 인도가 자랑하는 아름다운 세밀화가 발달하고 타지마할이 세워진 시기가 바로 무굴 제국 때란다.

무굴 제국의 번영

무굴이 인도를 차지하다

"탕, 탕, 탕!"

"쾅, 쾅!"

16세기 초 중앙아시아에 살던 바부르는 포병대와 기병대를 앞세우고 인도 북부에 자리 잡은 델리 술탄국에 쳐들어갔어. 앞에서 본 남부의 힌두 제국 비자야나가르가 무너지기 4년 전이었지.

무슬림인 바부르는 오랫동안 거친 중앙아시아의 산악 지대에서 인도를 정복할 야망을 키웠어. 그는 후추와 옷감을 가득 싣고 인도에서 온 낙타 대상을 본 적이 많았거든. 또 조상인 티무르가 인도에서 엄청난 재물을 약탈했다는 사실도 잘 알고 있었지. 바부르는 델리 술탄국의 풍부한 자원과 부를 가지고 싶었던 거야.

바부르 군대의 침입에 델리 술탄국의 마지막 술탄은 100마리의 코끼리 부대와 10만 명이 넘는 군대로 맞섰어. 하지만 풍요로운 인도에 살면서 세상이 빠르게 변하는 것에 무뎠던 술탄의 군대는 최신 무기인 대포와 총을 앞세운 바부르의 군대를 이길 수가 없었단다. 바부르는 불과 반나절 만에 델리 술탄국의 군대를 물리치고 인도 역사를 바꾸었어.

'사자'라는 뜻의 이름을 가진 바부르는 스스로 인도의 황제라고 선언하고, 아그라를 수도로 삼아 무굴 제국을 세웠어. 무굴은 페르시아 어로 '몽골'을 이르는 말이야.

하지만 중앙아시아에서 여러 부족이 오랫동안 싸우면서 몽골 족은 튀르크 족과 피가 많이 섞였어. 그래서 15세기에서 16세기의 무굴 인은 언어와 신체적인 특징이 몽골보다 튀르크 인에 가까웠단다. 그리고 바부르는 튀르크 족 출신이면서 몽골 족의 영웅 칭기즈 칸을 존경했던 티무르의 후손으로 알려졌지.

바부르가 델리 술탄국을 정복하자 부하들은 더운 인도를 떠나 시원한 고향으로 돌아가자고 요구했어. 바부르는 "왜 이 부유한 나라를 포기하려는가?"라고 되물었지. 그러고는 자신의 전리품을 부하들에게 나눠 주며 그곳에 머물기를 설득했어.

티무르, 바부르, 후마윤을 함께 그린 초상화이다. 무굴 제국을 세운 바부르는 티무르의 후손으로 알려졌다.

그 뒤 바부르 황제는 인도에 머물며 델리 부근에서 끈질기게 저항하는 강한 힌두 세력을 누르고, 영토를 동부 지방까지 넓혀 무굴 제국의 기초를 다졌단다. 그런데 바부르 황제는 안타깝게도 병에 걸려서 무굴 제국을 세운 지 4년 만에 죽고 말았어.

그 뒤를 이은 후마윤 황제는 영토를 더 넓히려다가 동부 지방에 근거를 둔 아프가니스탄의 이슬람 세력에게 쫓겨 도망자 신세가 되었어. 후마윤 황제가 페르시아 군주의 도움으로 무굴 제국의 옛 땅을 되찾은 것은 1555년이야. 이후 무굴 제국은 후마윤 황제의 아들인 악바르 황제 때 나라의 기틀을 단단하게 다지며 전성기를 누리게 된단다.

무굴 제국이 번영을 누리다

무굴 제국의 3대 황제인 악바르는 고대 마우리아 제국의 아소카 황제와 함께 인도 역사상 가장 훌륭한 지도자로 꼽혀. 그 까닭이 뭘까? 악바르 황제가 너그러운 마음과 현명한 정책으로 백성을 통합하고 나라를 잘 다스렸기 때문이야.

1556년, 악바르는 열네 살의 어린 나이에 황제가 되었어. 처음에는 나이 많은 재상의 도움을 받아 나라를 다스려야 했지. 그러다가 청년이 된 뒤에는 직접 나라를 다스리며 영토를 넓히는 일에 힘을 쏟았어.

하지만 악바르는 힘으로 영토를 얻는 것보다 사람의 마음을 얻는 것이 더 소중하다는 것을 잘 알고 있었어. 그는 이슬람교를 믿지 않는 사람들에게 거두는 인두세를 없앴어. 그리고 라지푸트 등 힌두 세력과 손을 잡았고, 무슬림이 독차지하던 높은 관직에 힌두교를 믿는 사람들을 앉혔어. 인도인들은 이런 황제를 침입자의 후손이 아니라 '우리들의 황제'로 받아들였지.

악바르 황제는 농민들이 안심하고 농사지을 수 있도록 여러 정책을 폈어. 저수지를 많이 만들고, 돈이 필요한 농민에게는 나라에서 돈을 빌려 주기도 했어. 덕분에 면화를 비롯해 농산물의 수확이 크게 늘었고, 농민의 살림살이도 훨씬 나아졌단다.

라지푸트

5세기 중기에 중앙아시아에서 인도 북서부에 침입하여 정착했다. 그 뒤 '신의 전사'라고 불리며 외부 세력의 침략으로부터 힌두교를 보호했다. 하지만 8~12세기에 여러 세력이 나라를 세워 서로 다투는 바람에 힘이 약해졌다. 결국, 13세기 초 델리에 이슬람 나라가 들어서고, 1526년 무굴 제국이 그 뒤를 잇는 동안 이 나라들과 협력하며 세력을 유지했다.

또 항구와 도로망을 정비해 해외 무역을 적극 뒷받침하고, 상인이 마음껏 장사할 수 있게 했어. 그래서 상인들은 인도양을 누비며 후추 등의 향신료, 질 좋은 옷감과 철강 제품 등을 유럽과 이슬람 세계에 수출해 큰 이익을 남겼지.

농업과 상공업이 발달하자 시장과 도시가 발달했어. 수도인 아그라를 비롯해 델리와 항구 도시 수라트 등 인구 20만 명이 넘는 도시가 인도에 9개나 있었지. 목화를 가공하는 노동자만 6만 명 가까이 모여 사는 도시도 있었다고 해.

악바르 황제가 다스리는 동안 무굴 제국의 부와 번영은 유럽에 널리 알려졌어. 15세기 말 바스쿠 다가마가 인도 서해안을 처음 방문한 뒤 많은 포르투갈 상인과 선교사가 인도를 찾았어. 그들을 통해 악바르 황제와 무굴 제국에 대한 이야기가 유럽에 널리 퍼졌어. 그래서 영국의 엘리자베스 여왕을 비롯한 유럽의 여러 나라 왕들은 교역을 허락해 달라고 외교 사절을 보내기도 했단다.

무굴 제국은 악바르 황제가 죽은 뒤에도 계속 번영했어. 특히 악바르 황제의 손자인 샤자한은 '세계의 황제'라 불리며 호화롭고 사치스러운 생활을 했는데, 이슬람 세계는 물론 유럽 세계에까지 그 이름을 떨쳤단다.

샤자한은 특히 예술적 감각이 뛰어난 황제였어. 그는 악바르 황제가 쌓아 놓은 재물을 바탕으로 훌륭한 건축물을 많이 지었어. 그중에 가장 아름다운 건물이 오늘날 인도의 상징이 된 타지마할이야.

샤자한 황제는 타지마할을 짓는 데 어마어마한 돈을 들였어. 건축을 좋아한 그는 나중에 수도로 삼은 델리에도 그만큼의 돈을 들여 웅장한 왕궁을 세웠고, 그 앞에 우아한 모스크도 지었단다. 게다가 온통 다이아몬드와 사파이어, 루비와 진주로 꾸민 화려한 공작 의자도 만들어 무굴 제국의 부를 뽐냈지.

샤자한 황제 시절에 수도인 델리는 프랑스의 수도인 파리와 비슷한 크기였지만, 인구는 약 50만 명으로 거의 5배 가까이 되었어. 그리고 세계 모든 곳에서 온 진귀한 물건과 오스만, 이집트, 아랍 상인은 물론 영국과 네덜란드에서 온 상인들로 붐비는 국제적인 도시로 이름을 떨쳤단다.

무굴 제국을 찾은 건 상인들만이 아니야. 서아시아의 많은 무슬림 학자와 예술가들도 부유한 무굴 제국으로 모여들었어. 덕분에 샤자한 황제의 궁정에는 페르시아에서 온 유명한 시인과 화가들이 늘 북적였어. 이슬람 세계의 많은 건축가와 기술자들도 삶의 터전을 이곳으로 옮겨 왕궁과 모스크, 묘지 건축과 정원을 지었단다. 그러면서 무굴 제국의 독특한 문화와 예술이 활짝 꽃을 피웠지.

타지마할이다. 샤자한이 죽은 부인을 기리고자 세웠다. 무굴 제국의 번영을 잘 보여 주는 대표적인 건축물로, '대리석으로 만든 보석'이라는 평가를 받는다.

최고의 번영 뒤에 분열이 찾아오다

샤자한의 아들인 아우랑제브는 1658년에 아버지를 몰아내고 이듬해 황제 자리에 올랐어. 아우랑제브 황제는 이슬람교의 율법을 매우 충실하게 따르는 무슬림이었어. 그는 아버지와 달리 이슬람 율법에 따라 검소하고 소박한 생활을 했어. 그리고 무굴 제국을 진정한 이슬람 나라로 바꾸려고 애썼단다. 그러면서 무슬림이 아닌 사람들에게도 너그러운 정책을 펼친 악바르 황제와 달리 여러 차별 정책을 시행했어.

아우랑제브 황제는 무슬림이 아닌 사람들에게 인두세를 다시 거두고, 성지 순례를 다니는 힌두교도에게는 순례세를 새로 거두었어. 또 무슬림이 아닌 사람은 높은 관직에서 모두 내쫓았어. 그뿐 아냐. 이슬람교가 아닌 종교의 행사를 금지하고 사원까지 파괴했지. 또 여러 차례 정복 전쟁을 벌여 인도 남부의 힌두 세력과 나라를 굴복시키며 영토를 넓혀 갔단다.

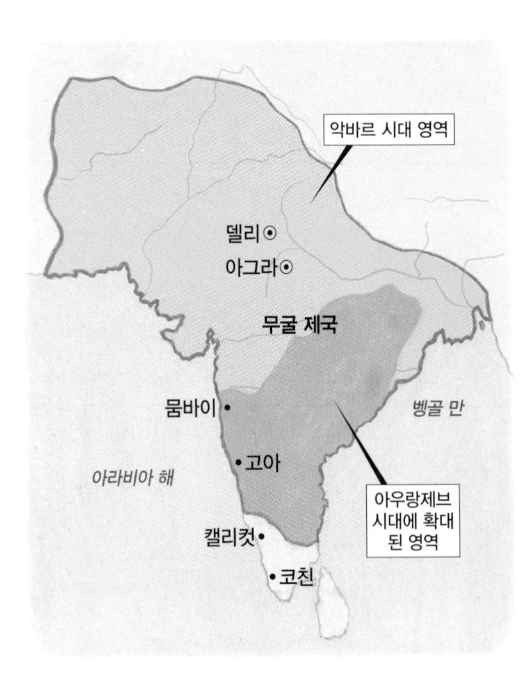

17세기 무굴 제국의 영토 지도이다. 무굴 제국은 아우랑제브 황제 때 인도 남부 지역까지 차지했다.

무슬림이 아닌 인도 사람들은 아우랑제브 황제의 이런 정책에 많이 놀랐어. 힌두교도이지만 무굴 제국에 협력을 아끼지 않았던 라지푸트의 귀족들은 무굴 제국에 등을 돌리고 말았지. 게다가 힌두교를 믿는 데칸 지방의 마라타 부족은 무굴 제국의 지배를 거부하며 저항했어. 북부 벵골 지방에서 세력을 넓힌 시크교도들도 종교를 차별하는 아우랑제브 황제에게 반기를 들었어.

그중에서 아우랑제브 황제에게 가장 강력하게 맞선 것은 시바지가 이끄는 마라타 부족이었어. 시바지는 스무 살에 아우랑제브 황제의 종교 차별 정책에 맞서 싸우기로 뜻을 세웠어. 그리고 '동에 번쩍 서에 번쩍' 하며 데칸 지방의 산악 지대에서 세력을 키웠단다. 그러다가 1674년에 마라타 왕국을 세우고 아우랑제브 황제에게 본격적으로 맞섰지.

시크교

15세기 말, 나나크가 힌두교와 이슬람교를 조금씩 합쳐 만든 종교이다. 나나크는 모든 종교가 하나라고 하면서 다른 종교를 너그럽게 대할 것을 주장했다. 카스트 제도를 인정하지 않았고, 종교 의식과 우상 숭배를 거부했다. 이웃에 봉사하고 술, 담배를 멀리하라고 가르쳤다.

시바지는 데칸의 가파른 산악과 요새를 가볍게 넘나들며 무굴 제국의 요새를 하나씩 빼앗아 세력을 넓혀 갔어. 그는 아우랑제브 황제의 종교 차별 정책에 고통받던 많은 사람의 영웅이 되었단다.

시바지의 동에 번쩍 서에 번쩍 하는 활약에 무굴 제국의 정부군은 제대로 손을 쓰지 못했어. 참다못한 아우랑제브 황제는 몸소 군대를 이끌고 시바지와 마라타 세력을 누르러 갔어.

하지만 시바지는 아우랑제브 황제가 지휘하는 대규모 진압 작전에도 물러서지 않고 용감하게 싸웠단다. 그 과정에서 아우랑제브 황제와 평화 조약을 맺으려다 감옥에 갇힌 뒤 빨래 바구니에 숨고 하인으로

아우랑제브의 초상화이다. 아우랑제브는 독실한 무슬림으로 무굴 제국을 철저한 이슬람 나라로 만들기 위해 노력했다. 하지만 아우랑제브의 지나친 이슬람교 중심 통치는 힌두 세력의 반발을 불러 무굴 제국이 분열하는 씨앗이 되었다.

변장해 감옥을 감쪽같이 탈출하는 흥미진진한 이야기를 남기기도 했어.

시바지가 죽은 뒤에도 마라타 족은 저항을 멈추지 않았어. 결국, 무굴 제국은 30년 가까이 이어진 긴 전쟁을 치르느라 풍성했던 나라 살림이 거의 바닥나고 수많은 생명이 사라졌어. 끈질긴 마라타의 저항에 두 손을 든 아우랑제브 황제도 수도인 델리로 돌아오는 길에 죽고 말았단다.

아우랑제브 때 무굴 제국은 가장 넓은 영토를 자랑했어. 하지만 그것은 모래 위에 쌓은 성에 지나지 않았어. 아우랑제브 황제가 죽자마자 정복한 땅에서 반란이 끊이지 않았고, 무굴 제국의 영토는 갈수록 줄어들었지. 게다가 황제 자리를 둘러싸고 후계자 싸움이 끊이지 않아 무굴 제국은 빠르게 기울어 갔단다.

말 탄 시바지와 그의 부하들이다. 시바지는 마라타 동맹의 지도자로, 아우랑제브의 종교 차별 정책에 맞서 힌두 세력을 이끌고 싸웠다.

종교를 차별하지 마라!

- 모든 백성의 종교적 감성과 의례를 주의 깊게 살펴 공정하게 대하라. 토착민의 마음을 얻으려면 소를 죽이지 마라. 어떤 종교 사원도 파괴하지 말고, 제국의 평화를 지키려면 모든 사람을 공평하게 대하라. 이슬람은 사랑과 너그러움을 통해서 더 널리 퍼질 것이다. 무슬림끼리 편을 가르지 마라. 다양한 계절이 있는 것처럼 백성의 생각도 다양하다는 사실을 마음에 새기라.

- 지금까지 나는 나와 신앙이 다른 사람들을 억누르며 나와 같게 만들려고 했다. 그러면서 이를 신에 대한 무슬림의 의무라고 생각했다. 그러나 지식을 쌓아 가면서 나는 후회하게 되었다. 강제로 종교를 바꾼 사람이 어떻게 진실한 신앙생활을 할 수 있겠는가?

첫 번째 글은 바부르가 후손들에게 남긴 말이고, 두 번째 글은 악바르가 남긴 말이다. 무굴 제국을 세운 바부르는 이슬람교 신자끼리 편을 가르지 말고, 힌두 세력을 끌어안는 정책을 펴도록 후손에게 당부했다. 그의 뜻에 따라 손자인 악바르는 힌두 세력을 너그럽게 대했고, 이런 정책 덕분에 무굴 제국은 평화와 번영을 누릴 수 있었다. 역사를 들여다보면 진리는 하나라고 주장하며 자신과 다른 종교를 짓밟는 일은 다툼을 부추길 뿐이었다. 이와 반대로 자기와 다른 생각이나 신앙을 가진 사람을 더 넓은 마음과 열린 생각으로 대할 때, 모두가 평화롭게 어울려 살 수 있다는 것을 역사는 가르쳐 준다.

마르틴 루터가 사제로 일하던 비텐베르크 성당의 입구.

이슬람 세계의 오스만과 무굴 제국이 여러 종교를 끌어안으며 평화를 누리는 동안, 유럽은 매우 혼란스러운 시기였어. 16세기 초, 마르틴 루터가 종교 개혁의 불을 지핀 뒤, 종교 개혁을 찬성하는 쪽과 반대하는 쪽이 서로 미워하며 싸웠거든. 그럼 150년 가까이 유럽을 뒤흔든 종교 개혁과 이를 둘러싼 전쟁이 유럽 세계를 어떻게 바꾸었는지 알아보자꾸나.

유럽을 뒤흔든 종교 개혁

종교 개혁의 깃발을 들다

14세기 무렵 유럽은 엄청난 혼란에 빠져 있었어. 대기근, 전염병, 농민 반란, 전쟁 등이 잇달아 발생하면서 많은 사람들이 죽었지. 사람들은 그런 모습을 보며 큰 불안을 느꼈단다. 그런데 교회와 성직자들은 사람들을 안심시키기는커녕 그걸 이용하여 돈을 벌고 있었어. 교회가 면벌부라는 문서를 팔면서, 이것을 사면 죄를 용서받고 지옥에도 가지 않는다고 선전했거든. 교황과 성직자들은 면벌부를 팔아 모은 돈으로 화려한 성당 건물을 짓고, 사치스러운 생활을 일삼았지.

그 바람에 곳곳에서 교회를 비판하는 목소리가 거세졌어. 신성 로마 제국의 성직자인 루터도 그중 한 사람이었단다. 그는 하느님의 말씀을 담은 『성서』의 중요성을 강조했어. 그리고 오직 하느님에 대한 믿음과 자비로운 하느님의 은총만이 인간을 구원할 수 있다고 말했어. 이 말은 사제가 곧 하느님의 말씀을 전하는 자이며, 종교 의식에 참여해야

신성 로마 제국

962년 오토 1세가 헝가리의 침입을 물리친 뒤 교황으로부터 로마 황제의 왕관을 받으면서 로마 제국이라는 이름을 사용했다. 12세기 무렵 교황과 다투는 과정에서 '신성한'이라는 단어를 앞에 붙이게 되었는데, 신성 로마 제국이라는 이름을 공식적으로 쓴 것은 13세기 무렵으로 본다. 오늘날의 독일, 오스트리아와 그 주변이 당시 신성 로마 제국의 영토였으며, 한때는 남부 이탈리아까지도 포함했다.

만 구원받는다는 교황의 가르침을 인정하지 않는 주장이었지.

하지만 교황과 교회는 이런 비판의 목소리에 전혀 귀를 기울이지 않았어. 결국 1517년 10월 31일, 루터는 오늘날 독일의 비텐베르크 성에 있는 한 교회 문에 종이 한 장을 붙였어. 그 종이에는 면벌부가 왜 인간의 죄를 줄여 줄 수 없는지를 95개 조항에 걸쳐 지적하며 교회와 성직자를 비판한 내용이 적혀 있었지.

로마 교황은 루터를 성직자 자리에서 서둘러 내쫓고, 온갖 방법을 동원해 그의 입을 막으려고 했어. 그러나 루터의 비판문은 인쇄되어 순식간에 많은 사람에게 퍼져 나갔단다. 신성 로마 제국의 귀족들도 루터의 주장에 고개를 끄덕였어. 그리고 수많은 설교자가 글을 읽지 못하는 사람들에게까지 루터의 이야기를 전했어.

마르틴 루터가 교황의 파문장을 불태우는 장면을 그린 기록화이다. 루터가 '95개조'를 발표하자 로마 교황은 루터의 성직자 자격을 취소한다는 파문장을 보냈고, 루터는 파문장을 불태워 종교 개혁에 대한 자신의 의지를 밝혔다.

이제 종교 개혁을 막을 방법은 없었어. 급기야 로마 교황을 따르는 세력과 루터를 따르는 세력 사이에 전투까지 벌어졌지. 싸움은 끝이 나지 않았고, 결국 서로 인정하는 것 외에 다른 도리가 없었어. 이렇게 해서 '루터교'라는 새로운 크리스트교 교파가 생겨났단다. 이로써 유럽의 종교적 통일성이 깨진 거야.

유럽의 종교 개혁가

1330?~1384년 위클리프(영국)
1372?~1415년 얀 후스(체코)
1483~1546년 마르틴 루터(독일)
1484~1531년 츠빙글리(스위스)
1490?~1525년 토머스 뮌처(독일)
1509~1564년 장 칼뱅(프랑스)

루터의 소식은 신성 로마 제국을 넘어 유럽의 다른 나라로 빠르게 퍼져 나갔어. 유럽 여기저기서 루터의 종교 개혁 주장에 뜻을 함께하는 사람들이 생겨났지. 그 가운데 장 칼뱅이라는 프랑스 사람이 있었어. 칼뱅은 프랑스에서 종교 개혁을 주장하다 체포될 처지가 되자 스위스로 건너가 제네바에 정착했지. 그 뒤 목사가 된 칼뱅은 제네바 시민을 상대로 더욱 힘차게 종교 개혁 운동을 펼쳤어.

칼뱅은 신의 뜻에 따라 사치를 부리거나 낭비하지 말라고 가르쳤으며, 술을 마시고 주정을 일삼는 생활을 비난했지. 그런데 루터가 현실 속에서 겪는 고난과 시련을 참고 견뎌야 한다고 주장한 반면 칼뱅은 하느님을 위해 그런 고난과 시련을 적극적으로 이겨내야 한다고 말했단다. 이렇게 적극적인 삶을 사는 것이야말로 하느님이 이미 그 사람을 구원하기로 했다는 증거라고 사람들을 격려했어. 또 안식일을 지키는 문제에 대해서도 루터에 비해 훨씬 엄격했고, 교회 행정과 예식에 있어서도 루터와 달리 칼뱅은 가톨릭의 냄새가 나는 것은 다 거부했지.

칼뱅의 교리는 특히 도시 사람들에게 환영을 받았어. 상업 활동으로 재산을 모으는 것은 죄를 짓는 일이라고 말하는 가톨릭과 달리, 칼뱅은 열심히 일해 부자가 되는 것은 근검절약을 실천한 대가라며 긍정적으로 바라보았거든. 이렇게 해서 칼뱅은 장로교의 시조가 되었단다. 유럽에 또 하나의 크리스트교 교파가 생긴 거야.

곧 영국, 프랑스, 스코틀랜드, 네덜란드 등 유럽 각지에서 칼뱅을 따르는 사람들이 생겨났어. 청교도, 위그노, 장로파, 고이젠 등 여러 이름으로 불리긴 했지만, 모두 칼뱅을 따르는 세력이야. 이들은 로마 교황과 가톨릭교회 성직자들에게 의미 없는 종교 의식과 권위만 앞세우는 사제 제도를 없애라고 요구했고, 가톨릭의 부패를 바로잡도록 항의했어.

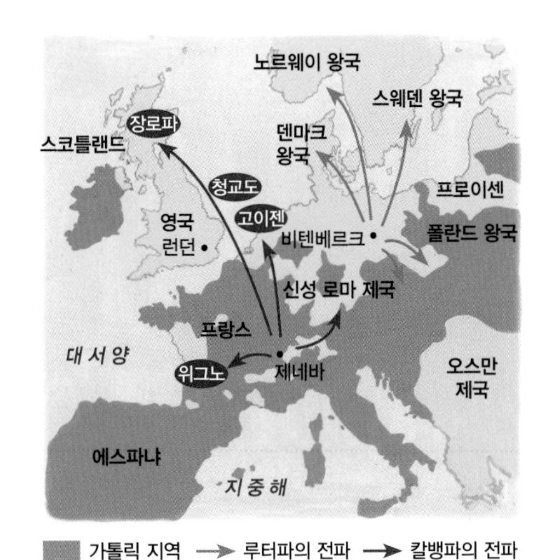

종교 개혁 운동이 유럽 여러 나라로 퍼져 가는 모습을 담은 지도이다.

교황과 그를 따르는 성직자들은 이 상황에 적극 맞섰어. 안으로는 그동안 비판의 대상이 되어 왔던 교회의 사치와 부패를 없애고자 애쓰고, 가톨릭의 사제 제도를 더욱 굳건히 했어. 그리고 밖으로는 루터와 칼뱅을 따르는 사람이 더 늘어나는 것을 막고, 가톨릭 세력이 똘똘 뭉쳐 종교 개혁을 주장하는 사람들을 억눌렀어.

종교 개혁을 주장하는 세력도 서로 힘을 합쳐 가톨릭의 반격에 거세게 맞불을 놓았어. 그 결과, 곳곳에서 두 세력 사이에 심각한 다툼이 일어났고, 심지어 서로 자신들이 옳다며 전쟁을 벌이기 시작했지. 종교 전쟁이 일어난 거야.

종교 전쟁이 불붙다

마르틴 루터가 '95개조'를 발표한 뒤로 약 150년 동안 유럽 인들은 종파가 다르다는 이유로 상대를 해치는 끔찍한 전쟁을 벌였어. 하느님을 섬기는 방식이 서로 다를 수 있다는 사실을 인정하지 않았던 거야. 서로 하느님의 뜻에서 벗어난 행동을 한다며 손가락질하고, 피가 피를 부르는 잔인한 전쟁을 계속했지. 예전에 무슬림 세력을 상대로 벌인 십자군 전쟁처럼 하느님을 기쁘게 하는 것이라 여기면서 말이야.

신성 로마 제국에서 루터의 종교 개혁 주장에 찬성하는 세력과 반대하는 세력 사이에 전쟁이 벌어진 이야기는 앞에서 했지? 얼마 안 가 이웃 나라 프랑스에서도 종교 개혁을 둘러싸고 전쟁 분위기가 무르익어 갔어. 위그노 세력이 급속히 성장하고 일부 대귀족들마저 칼뱅교를 믿기 시작했거든.

불안해진 프랑스의 가톨릭 귀족들은 위그노 신자들의 모임에 들이닥쳐 수많은 사람을 마구 죽이고 다치게 했어. 위그노 귀족들은 이에 대한 보복을 잊지 않았지. 이런 충돌이 쌓이고 쌓여 마침내는 전쟁으로 발전했어.

그런데 거기에는 종교 개혁을 둘러싼 갈등 이외에 다른 까닭도 있었단다. 프랑스의 왕들이 잇달아 후손을 남기지 않은 채 세상을 떠나면서, 누가 왕이 될 것인가를 두고 귀족들 사이에 세력 싸움이 일어난 거야. 가톨릭을 믿는 샤를 9세는 자신의 누이동생을 위그노파의 귀족과 결혼시켜 갈등과 미움으로 갈라진 나라를 통합하려고 애썼어.

그런데 가톨릭교도들은 결혼식을 축하하러 온 위그노파 축하객들을 갑자기 공격해 죽여 버렸어. 그날 밤 파리에서만 3,000여 명이 목숨을 잃었어. 이후 며칠 동안 지방 곳곳에서 비슷한 일이 벌어져 도시와 집들이 불타는 등 난동이 이어졌단다.

'성 바르톨로메오 축일의 학살'이라 불리는 이 사건으로 전국에서 1만여 명의 위그노파가 목숨을 잃었어. 두 세력이 서로 얼마나 미워하는지 잘 보여 주는 사건이었지.

그 뒤 가톨릭 왕들이 잇달아 죽고, 위그노파인 앙리 드 나바르가 왕이 되었어. 가톨릭을 믿는 사람들은 혹시 왕이 보복하지 않을까 두려워했지. 특히 파리 시민은 왕이 들어오지 못하도록 도시 입구를 막고 위그노파 왕을 거부했어.

앙리 왕은 결단을 내려야 했어. 자신의 신앙을 포기할 것인가, 왕위를 포기할 것인가. 결국, 앙리 왕은 프랑스의 왕으로 인정받고 나라의 평화를 되찾기 위해 자신이

성 바르톨로메오 축일의 학살 장면을 그린 기록화이다. 프랑스의 가톨릭교도들은 프랑스 신교도인 위그노파를 습격해 수백 명을 죽였다.

종교를 바꾸겠다고 선언했어.

어렵게 왕이 된 앙리는 기나긴 종교 전쟁을 끝내기로 결심했어. 그래서 프랑스 안에 위그노의 신앙 자유 지역을 만들어 주는 대신 프랑스의 국교는 가톨릭으로 정하는 낭트 칙령을 발표했어. 오랜 전쟁으로 지칠 대로 지친 두 세력은 앙리 왕의 제안을 받아들일 수밖에 없었어. 그렇게 해서 프랑스 종교 전쟁은 시작한 지 36년 만에 끝났단다.

이런 종교 전쟁은 가톨릭 나라에서만 벌어진 것이 아니야. 때로는 영국, 네덜란드 같은 신교도 나라에서도 일어났어. 신교 세력 안에 여러 종파가 생기면서 종파 사이의 차이를 인정하지 않았기 때문이지.

유럽의 종교 전쟁은 신앙의 자유를 얻기 위한 싸움으로 시작해서 점차 권력 문제 등과 엉키면서 더욱 복잡해졌어. 그러다 보니 전쟁이 끊이지 않았고, 그동안 도시와 마을이 파괴되고 수많은 사람이 죽고 다쳤단다.

크리스트교인, 국민이 되다

종교 개혁과 종교 전쟁이라는 큰 홍역을 치르면서 유럽에서 가톨릭교와 신교를 믿는 지역이 뚜렷하게 나뉘었어. 대체로 북부 독일, 영국, 네덜란드 같은 북서부 유럽 지역에서는 신교 세력이 강했던 반면 에스파냐, 이탈리아, 프랑스 등 남서부 유럽 지역에서는 가톨릭이 우세했지. 어느 나라 사람이냐에 따라 종파가 달라진 거야. 네덜란드 인들은 장로교도이고, 영국인들은 국교도였으며, 프랑스 인들과 에스파냐 인들은 가톨릭교도가 된 거야.

그렇다면 종교 개혁의 결과는 유럽 인이 믿는 크리스트교의 종파가 다양해졌다는 것뿐일까? 그렇지 않아. 종교 개혁 뒤에 누구도 예상하지 못한 일이 일어났거든.

각 나라의 종교 지도자들이 교회에서 설교할 때 왕이 하느님을 대신해 세상을 다스린다고 가르치기 시작한 거야. 왕의 권력은 하느님이 주신 것이기에, 왕에게 충성하지 않는 것은 하느님의 뜻을 따르지 않는 것과 같다는 주장이야.

교회가 왕을 지지해 주는 대신 왕은 교회의 보호자가 되었어. 그래서 교회 지도자들에게 많은 특권을 주었고, 다른 종파는 탄압했어. 결국, 나라마다 유일하게 인정받는 국교가 정해졌고, 교회는 왕의 권력을 강화하는 데 아주 큰 공을 세우게 된단다.

또 한 가지 놀라운 변화는 각국의 백성이 나라별로 뭉치기 시작했다는 거야. 하나의 나라가 하나의 종교를 갖게 되면서, 이것이 밖으로는 외세를 막아 내고, 안으로는 하나로 뭉치게 만든 거지. 이것을 약간 어려운 말로 '국민 정체성'이라고 해. 한 나라의 국민이 다른 나라의 국민과 다르다고 여기게 만드는 고유한 성격 같은 것이지.

예를 들어 위그노 전쟁으로 여러 갈래로 찢어진 프랑스는 앙리 왕이 가톨릭을 국교로 정한 뒤 백성이 가톨릭을 중심으로 더욱 똘똘 뭉쳤어. 그러면서 왕의 힘이 강해지고, 왕을 중심으로 하는 강력한 통일 국가로 발전했단다. 영국에서는 가톨릭에 반대

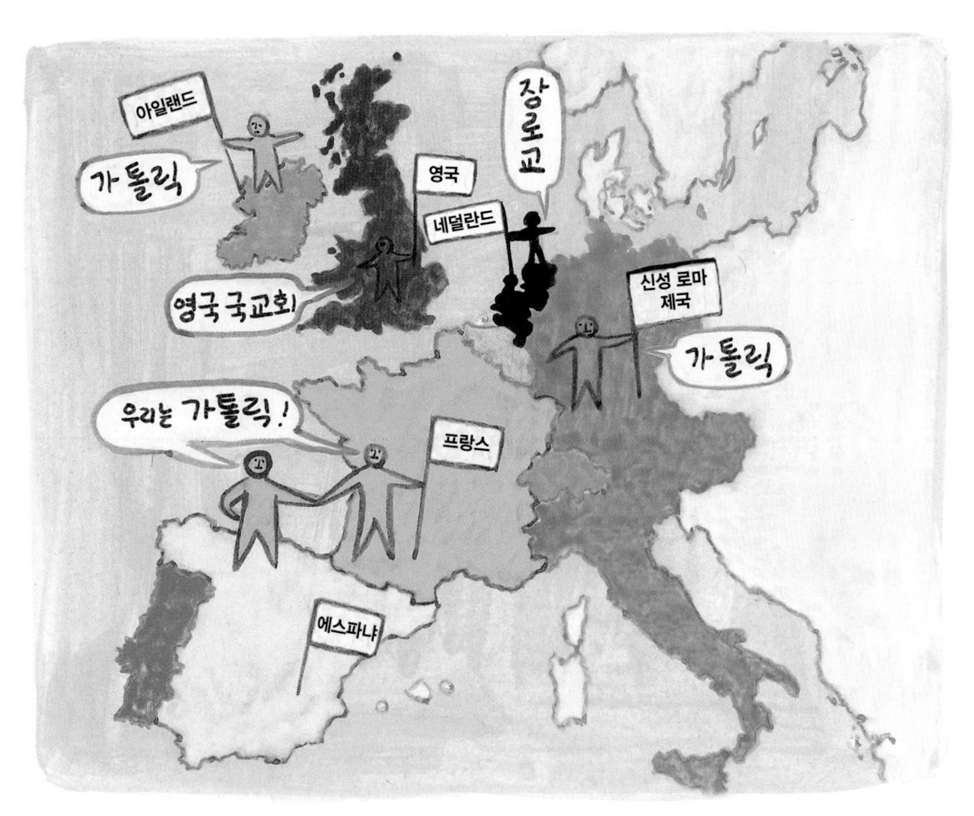

16세기와 17세기 종교 전쟁을 치르는 동안 유럽 나라 백성은 점차 종교를 중심으로 뭉치기 시작했다.

해 만든 영국 국교회를 중심으로 백성이 힘을 하나로 합쳤어. 즉, 영국 국교회가 영국 사람들의 국민 정체성을 만들고 강한 나라로 발전하는 데 큰 밑거름이 된 거지.

그 밖에도 비슷한 예는 아주 많아. 칼뱅주의는 네덜란드의 여러 도시로 하여금 에스파냐의 지배에서 벗어나 독립을 이루게 했어. 수백 년 동안 영국의 지배에 맞서 싸운 아일랜드 인과 스코틀랜드 인에게도 신앙은 매우 중요했단다.

이처럼 유럽 세계는 종교 개혁을 둘러싸고, 오랜 전쟁을 치르는 동안 크게 바뀌었어. 이제 유럽 인은 각각 에스파냐 인, 포르투갈 인, 네덜란드 인, 프랑스 인, 영국인으로 자신들을 구별해 생각하기 시작했어. 크리스트교를 믿는 하나의 유럽 사람이 아니라 국가와 민족에 따라 서로를 구분하는 '국민'이 탄생한 것이지.

교황은 벌을 없애 줄 권한이 없다

1조. 우리의 구세주이며 스승인 예수가 "잘못을 뉘우치라."고 말했을 때, 예수는 신도들의 삶 자체가 뉘우치는 삶이기를 바란 것이다.

2조. 이 말을 사제에게 잘못을 고백하고 용서받는 고해 성사를 가리키는 것으로 풀이해서는 안 된다.

5조. 교황은 자신의 권위와 교회법에 따라 내리는 벌 이외에는 어떠한 벌도 마음대로 없애 줄 권한이 없다.

36조. 진정으로 잘못을 뉘우친 크리스트교인은 면벌부가 없어도 잘못을 완전히 용서받고 벌 받지 않을 권리가 있다.

40조. 진정으로 잘못을 뉘우친 크리스트교인은 자신의 잘못에 따르는 벌을 기꺼이 받으려 한다. 그런데 면벌부를 사서 벌을 피한다면 사람들이 벌에 무뎌지고 벌을 미워하게 된다.

62조. 예수의 거룩한 가르침과 은혜와 사랑이 바로 교회의 참된 보물이다.

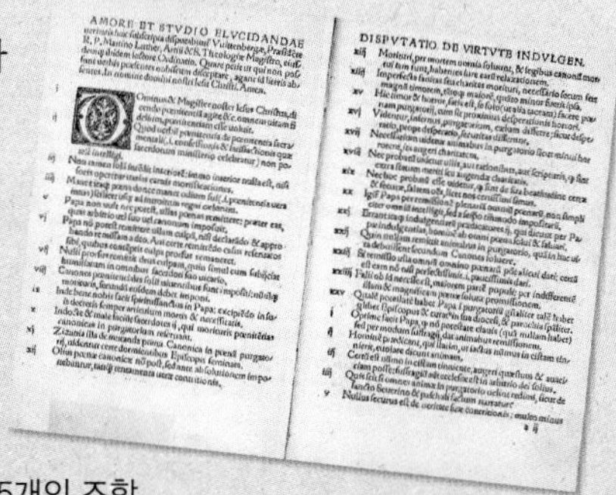

1517년 마르틴 루터는 가톨릭교회가 면벌부를 파는 것에 반대하기 위해 비텐베르크 교회에 95개의 조항으로 된 글을 써 붙였다. 교황에게는 인간의 죄를 용서하고 벌을 없애 줄 권한이 없음을 조목조목 비판하고, 크리스트교 신자들에게 면벌부를 강제로 판 성직자와 설교사들을 처벌하라고 주장했다. 하지만 교황이 마르틴 루터의 뜻을 받아들이지 않으면서, 결국 '95개조'는 16세기 유럽 종교 개혁의 불씨가 되었다. 사진은 '95개조' 인쇄물이다.

17세기 유럽의 대포와 포탄.

유럽 세계가 종교 개혁과 종교 전쟁으로 몸살을 앓는 동안, 유럽에서 가장 강한 나라는 합스부르크 제국이었어. 신성 로마 제국과 에스파냐를 비롯해 유럽을 거의 절반 가까이 다스린 대제국이었지. 하지만 16세기와 17세기에 합스부르크 제국은 최고의 영광과 좌절을 동시에 맛보며 점차 힘을 잃어 갔단다.

유럽 세계를 바꾼 30년 전쟁

유럽 최대의 제국이 등장하다

16세기 초 유럽에서는 놀랄 일이 참 많았어. 아시아로 가는 새 뱃길이 열리고, 아메리카라는 낯선 이름의 대륙이 등장하는 세계 지도가 나타났지. 이탈리아에서는 다빈치, 미켈란젤로 등 뛰어난 예술가들이 활발하게 활동했어. 그런가 하면 마르틴 루터는 '95개조'를 발표하며 종교 개혁의 깃발을 들어 장차 일어날 피바람을 예고했지.

이와 함께 사람들을 긴장시킨 사건이 또 하나 있어. 1516년, 합스부르크 가문 출신으로 신성 로마 제국 황제의 손자인 카를이 에스파냐 국왕 자리에 올라 카를 5세가 된 거야. 이 사건은 유럽 세계를 발칵 뒤집어 놓았어.

카를 5세는 여섯 살 때인 1506년에 이미 친할머니로부터 부르고뉴령을 물려받았어. 이곳은 지금의 프랑스 영토인 플랑드르를 포함해 네덜란드, 벨기에, 룩셈부르크, 브라반트까지 아우르는 지역으로, 유럽에서 가장 부유한 땅이었어.

카를 5세는 에스파냐의 왕이 되면서 이탈리아 반도에 있던 나폴리 왕국과 아메리카 대륙의 식민지까지 다스리게 되었어. 그리고 1519년에 할아버지인 막시밀리안 1세가 사망하면서 신성 로마 제국의 황제가 되었지. 동시에 유럽의 거의 절반 가까운 땅을 차지하는 합스부르크 제국의 첫 황제가 되었단다.

그런데 카를 5세가 다스린 합스부르크 제국은 거대한 만큼 안팎으로 많은 문제를 안고 있었어. 우선 제국은 하나로 통일된 나라가 아니었어. 에스파냐 왕국, 신성 로마 제국, 네덜란드, 나폴리 왕국 등 제국 안에 여러 나라가 있었거든.

각 나라는 저마다 고유한 법과 제도를 그대로 유지했어. 게다가 에스파냐 안에서도, 신성 로마 제국 안에서도 지역 간의 다툼이 심하게 일어났어.

각 지역의 제후들은 "우리 지역의 자유와 특권을 해치는 것은 무엇도 용납할 수 없다."고 주장했어. 한마디로 온 국민이 콩가루처럼 흩어져 있었다고 할 수 있지. 제국

합스부르크 제국의 카를 5세와 펠리페 2세의 모습을 그린 기록화이다. 카를 5세와 펠리페 2세는 열렬한 가톨릭 신자로, 신교 세력을 억누르기 위해 끊임없이 전쟁을 벌였다.

은 한 황제를 섬길 뿐 같은 점이라고는 거의 없는 여러 나라의 엉성한 연합과 같았어.

카를 5세는 여러 나라를 거느린 입장에서 어쩔 수 없이 수많은 문제에 끼어들어야 했어. 특히 신성 로마 제국에서 일어난 종교 개혁 움직임은 큰 골칫거리였어. 이 나라가 수백 개의 자치체로 구성되어 있었기 때문에 종교가 나뉘면 정치적 분열로 이어질 수 있었거든. 이를 막기 위해 카를 5세는 무려 30여 년을 신교 세력과 싸워야 했지.

이탈리아에서 벌어진 프랑스와의 전쟁도 카를 5세의 발목을 잡았단다. 프랑스 왕이 나폴리 왕국까지 다스리겠다고 주장하면서 카를 5세의 합스부르크 제국이 더 커지지 못하게 막으려 했거든.

게다가 오스만 제국이 유럽으로 뻗어 나오기 시작하면서 카를 5세는 큰 어려움에 처하게 되었어. 크리스트교 세계의 방파제로서 오스만 제국이 더는 유럽으로 밀고 들어오지 못하도록 막아야만 했으니까.

그런데 제국 안의 나라들은 카를 5세의 여러 전쟁에 결코 힘을 보태려 하지 않았어. 특히 세금에 대한 거부감이 컸지. 이들 나라는 원래 내던 금액 이상으로 세금을 내려 하지 않았고, 자기 나라에서 거둔 세금을 다른 나라에서 쓰는 것도 결코 받아들이지 않았어. 어쩔 수 없이 합스부르크 제국이 모든 부담을 안아야 했는데, 그러다 보니 나라 살림은 갈수록 엉망이 되었지.

하지만 주변 나라들은 합스부르크 제국에 대놓고 덤비지는 못했어. 무엇보다 합스부르크 제국은 16세기 내내 유럽에서 가장 강한 군대를 거느리고 있었기 때문이야. 그리고 병력도 다른 나라에 비해 몇 배가 넘는 수십만 명에 이르렀어.

아메리카에서 들여오는 귀금속도 주변 나라들이 합스부르크 제국을 함부로 넘보지 못하게 하는 이유가 됐어. 합스부르크 제국의 나라 살림이 엉망이어도 카를 5세는 유럽의 대금융가들에게 쉽게 필요한 돈을 빌릴 수 있었어. 금융가들은 돈을 빌려 준 대가로 합스부르크 제국이 아메리카에서 캐내는 금과 은을 받아 갔거든.

유럽의 여러 나라가 합스부르크 제국에 도전하다

앞에서 프랑스가 카를 5세의 합스부르크 제국이 더 커지지 않도록 막으려 했다는 이야기를 했지? 프랑스는 프랑수아 1세 때부터 합스부르크 제국의 등장을 달가워하지 않았어.

프랑수아 1세는 프랑스가 합스부르크 제국의 에스파냐, 신성 로마 제국, 네덜란드에 에워싸여 나라가 위태로워졌다고 느꼈거든. 이처럼 곤란한 처지에 놓인 프랑스는 어떻게 유럽을 절반 가까이 뒤덮은 거대한 합스부르크 제국에 맞설 수 있었을까?

프랑스는 15세기부터 왕을 중심으로 똘똘 뭉친 군주 국가로 발전하고 있었어. 그 이전에 프랑스 왕은 여러 귀족 가운데 가장 높은 사람이었을 뿐, 다른 귀족들의 땅에 대해서는 어떠한 권한도 행사할 수 없었어.

하지만 영국과의 백 년 전쟁은 프랑스 왕에게 도약의 계기였어. 15세기 중반 전쟁이 끝난 뒤 프랑스 왕은 나라의 평화와 안정을 유지하기 위해 1만 명 정도의 기사 군과 8,000명의 보병 부대로 이루어진 군대를 직접 거느리게 되었어. 게다가 전국에서 세금을 거두기 시작했지. 이를 바탕으로 왕은 군대 규모를 계속 키워 나갔고, 왕의 권력도 키울 수 있었단다.

프랑스 왕들은 때로는 세력이 큰 영주 집안과 혼인을 하고, 때로는 전쟁도 마다하지 않으면서 왕이 다스리는 땅을 넓혀 나갔지. 그렇게 해서 15세기 후반, 프랑스의 주요 지역들이 모두 왕의 지배를 받게 되었단다. 그러면서 각 지역마다 재판소를 설치했고, 왕이 직접 재판관을 임명했지. 그리고 지방관을 내려보내 왕의 일을 대신하게 했어.

이렇게 힘이 세진 프랑스 왕은 나라 전체를 위하는 일이라며 귀족과 백성을 설득했고, 에스파냐와 맞서는 전쟁에 필요한 자금도 마련할 수 있었지. 심지어 민족 감정을 불러일으키며 나라의 힘을 하나로 모았어. 이런 민족 감정은 여러 민족과 나라로 이

백 년 전쟁 때 프랑스의 잔 다르크가 영국과 전투에서 이긴 뒤 개선하는 모습을 그린 기록화이다. 백 년 전쟁은 프랑스 왕의 권력을 강화하는 계기가 되었다.

백 년 전쟁

1337년부터 1453년까지 약 100여 년에 걸쳐 영국과 프랑스 사이에 일어난 전쟁이다. 영국 왕이 프랑스의 왕위와 플랑드르 지방을 차지하려고 군대를 이끌고 프랑스를 침입하면서 시작되었다. 영국군의 공격에 프랑스는 궁지에 몰렸다가 잔 다르크의 활약으로 전쟁 흐름을 뒤집었다. 잔 다르크는 영국군에 사로잡혀 마녀로 몰려 화형당했지만 이를 계기로 프랑스 사람들은 힘을 뭉쳐 영국군을 몰아내고 승리를 거두었다. 이 전쟁으로 프랑스와 영국은 모두 왕권이 강해졌고 봉건 제후와 기사들이 힘을 잃기 시작했다. 그리고 두 나라는 중앙 집권 국가로 발전했다.

루어진 합스부르크 제국이 도저히 갖출 수 없는 자산이었단다.

프랑스처럼 국가를 통합하는 과정에서 가장 앞선 나라는 영국이었어. 영국의 왕 헨리 8세는 웨일스 지역을 통합하는 데 성공하고, 1540년에는 아일랜드까지 지배하게 되었어. 영국이 유럽 대륙의 전쟁에 끼어드는 일이 드물기는 했지만, 큰 나라로 발돋움하고 있었지.

이 외에도 덴마크와 스웨덴 왕국이 종교 개혁을 통해 왕권을 강화하고 있었어. 또 앞에서 보았듯이 곧 네덜란드가 에스파냐로부터 독립을 시도하며 서서히 강대국의 모습을 드러내.

이처럼 16세기에 유럽에서는 강력한 독립 국가들이 여럿 등장해 팽팽하게 대립하고 있었어. 카를 5세가 유럽 전체를 하나로 묶어 거대한 제국을 만들고자 했지만, 새로이 등장하는 유럽의 군주들은 이를 보고만 있지 않았단다.

합스부르크 제국에 가장 적극적으로 맞선 나라는 프랑스였어. 프랑스는 신성 로마 제국의 신교 세력을 몰래 지원하며 국경을 맞대고 있는 제국의 땅들을 공격했어. 그리고 네덜란드 국경 지대에서 일어난 반란을 도왔지. 또 이탈리아의 도시 국가들이 반란을 일으키도록 지원했으며, 해적들을 부추겨 합스부르크 제국의 나폴리를 습격하기도 했어. 1521년부터는 이탈리아 전쟁을 일으켜 카를 5세에 맞섰단다.

프랑스를 비롯한 유럽 나라들의 강력한 도전에 카를 5세는 결국 유럽을 하나의 크리스트교 제국으로 만들겠다는 꿈을 접을 수밖에 없었어. 그리고 골칫거리인 신성 로마 제국을 동생에게 떼어 주고, 아들에게는 대서양 무역으로 활기가 넘치던 에스파냐 왕국을 넘겨주었지.

이렇게 해서 합스부르크 제국은 신성 로마 제국과 에스파냐 왕국으로 다시 나뉘었단다. 하지만 여전히 두 나라의 왕은 같은 가문 사람들이었고, 프랑스에는 큰 위협으로 남아 있었어.

30년 전쟁으로 유럽의 영역이 정해지다

합스부르크 제국이 둘로 갈라진 뒤 일어난 30년 전쟁은 처음에 신성 로마 제국 안에서 벌어진 종교 다툼에 불과했어. 이미 보았듯이, 이런 다툼은 당시 유럽에서는 아주 흔한 일이었지.

다른 지역에서와 마찬가지로 신성 로마 제국에서도 종교 갈등이 매우 심각했단다.

루터파와 칼뱅파가 빠르게 세력을 키우고 있었고, 신교도 제후들이 가톨릭교회가 가지고 있던 토지와 재산을 강제로 빼앗으면서 갈등을 일으켰지. 가톨릭교도들과 신교도들은 각각 군사 동맹을 맺으며 서로 칼끝을 겨누기 시작했어.

이때 하필이면 독실한 가톨릭 신자인 페르디난트가 신성 로마 제국의 황제가 되었어. 페르디난트 황제는 신교도를 대대적으로 탄압했고, 위협을 느낀 신교도 동맹은 봉기를 일으켰어.

페르디난트 황제는 신교도 반란군을 프라하 근처에서 가볍게 무찌른 뒤 반란을 일으킨 귀족들을 사형에 처하고 재산을 빼앗았어. 그리고 신교 국가인 보헤미아를 강제로 가톨릭 지역으로 만들어 버렸단다.

바로 이 무렵에 신성 로마 제국의 친척 국가인 에스파냐 왕국이 신교 국가인 네덜란드와의 전쟁을 다시 시작했어. 합스부르크 가문의 두 나라는 굳게 손을 잡고 강력

합스부르크 제국을 견제하는 세력과 합스부르크 제국의 싸움.

한 가톨릭 동맹을 이루었지. 그러자 덴마크와 스웨덴 같은 유럽의 신교 국가들이 잇따라 제국 문제에 끼어들었어. 전쟁이 국제전으로 변해 가기 시작한 거야.

그런데 뜻밖에도 가톨릭 국가인 프랑스가 신교도 편에 서서 전쟁에 뛰어들었어. 이 일은 전쟁의 성격을 바꾸어 놓았지. 이제부터 이 전쟁은 종교 전쟁이 아닌, 유럽의 주도권을 두고 다투는 전쟁이 되었거든.

사실 프랑스로서는 이 전쟁을 그냥 지켜보고 있을 수가 없었어. 만약 합스부르크

30년 전쟁 모습을 그린 기록화이다. 30년 전쟁은 합스부르크 가문이 신교도에게 가톨릭교를 강요하면서 시작되었는데, 점차 유럽의 대부분 국가가 참가하는 큰 전쟁이 되었다.

가문의 두 나라가 전쟁에서 이기면 프랑스의 동쪽, 서쪽, 북쪽이 합스부르크 가문의 나라에 에워싸이는 신세가 되고 말거든. 만일 세 방향에서 한꺼번에 공격이라도 해오는 날에는 나라가 위태로워질 수 있었지.

전쟁 초반에는 신성 로마 제국과 에스파냐의 공격을 받으며 프랑스가 궁지에 몰렸어. 하지만 점차 손을 잡은 나라들과 힘을 합쳐 불리한 전쟁 분위기를 뒤집었고, 결국 프랑스는 신성 로마 제국과 에스파냐에 승리를 거두었지. 전쟁이 시작된 지 30년 만인 1648년, 마침내 양쪽은 베스트팔렌 조약을 맺으며 전쟁을 끝냈단다.

전쟁으로 가장 큰 피해를 본 나라는 신성 로마 제국이었어. 무엇보다 인명 피해가 심각했지. 지역에 따라서는 절반 이상의 주민이 죽었을 정도야. 그리고 황제의 권력이 크게 줄어들었어. 제국 안의 350개 나라가 서로 조약을 맺으며 자기 나라의 종교와 자유를 지킬 권리를 보장받았거든. 다른 나라들이 영토를 통합하며 성장을 거듭하던 시기에 신성 로마 제국에서만 분열이 계속된 셈이야.

베스트팔렌 조약

근대적인 외교 조약의 시작으로 불린다. 이 조약으로 가톨릭, 루터파, 칼뱅파에게 모두 신앙의 자유가 허용되었고, 교황의 영향력이 크게 줄어들었다. 네덜란드와 스위스는 독립을 인정받고 처음으로 프로이센이 등장하는 등 오늘날 유럽의 기본 틀이 갖춰졌다. 프랑스는 베스트팔렌 조약 이후 유럽의 강국으로 발돋움했다.

에스파냐 왕국도 큰 손해를 보았어. 네덜란드와 포르투갈이 떨어져 나가고, 프랑스에도 영토 일부를 떼 주어야 했거든. 이로써 합스부르크 가문의 신성 로마 제국과 에스파냐는 강대국의 지위를 내놓아야 했단다. 프랑스의 뜻대로 된 거야.

반면에 프랑스, 스웨덴, 네덜란드 등은 유럽의 강국으로 새롭게 떠올랐어. 특히 합스부르크 제국의 야망을 꺾은 프랑스 왕의 정치적 권위가 크게 높아졌어. 넓은 영토를 짜임새 있게 통합한 프랑스는 단숨에 유럽 최강국으로 발돋움했단다.

이제부터 유럽의 여러 나라는 프랑스를 꺾기 위해 힘을 합하게 될 거야. 그 중심은 오랫동안 조용히 숨죽이고 있던 섬나라 영국이고.

베스트팔렌 조약에 참가한 유럽 여러 나라 대표들을 그린 기록화이다. 베스트팔렌 조약은 유럽에서 가톨릭교회와 신성 로마 제국의 힘이 크게 약해지는 계기가 되었다.

이렇게 유럽에서는 여러 국가가 앞다투어 힘을 키우며 뭉치고 흩어지는 독특한 국제 관계가 만들어졌어. 유럽 세계의 주도권을 두고 엎치락뒤치락대며 때로는 적으로 싸우고 때로는 친구로 손을 잡는 일이 계속 된 거야. 16세기부터 18세기에 유럽이 그토록 힘차고 활발하게 움직인 것이 바로 이 때문이었단다.

전쟁 중에도 법을 지켜야 한다

어떤 사람은 전쟁 중에는 법이 필요 없다고 생각하는데, 이는 정말로 잘못된 생각이다. 전쟁은 법에 맞는 목적을 이루기 위한 경우를 빼고는 절대로 일어나서는 안 된다. 혹시 전쟁이 일어나더라도 법의 테두리를 벗어나 전쟁을 치르면 안 된다. (…) 인간은 사소한 구실로, 때로는 아무런 까닭 없이 무기를 들며, 일단 전쟁에 들어서면 하느님의 법과 인간의 법을 모두 무시해 버린다. (…) 국제법은 모든 조건을 따졌을 때 분명히 적인 사람들에게는 어느 곳에서나 해를 입혀도 된다고 정했다. 즉, 전쟁은 그 나라 안에서만 벌어지는 것이 아니라, 다른 곳에 있는 그 나라 국민에게도 일어나는 것이다. (…) 따라서 전쟁을 치르는 나라의 영토, 또는 어느 나라에도 속하지 않은 지역에서는 그들을 죽여도 된다. 그러나 전쟁과 상관없는 평화로운 지역에서 그들을 죽이는 것은 법을 어기는 일이다.

1625년 네덜란드의 법학자인 휘호 흐로티위스가 펴낸 『전쟁과 평화의 법』의 한 부분이다. 흐로티위스는 에스파냐와 네덜란드 사이의 80년 전쟁과 30년 전쟁의 초기 상황을 지켜보면서, 전쟁이 일어나지 않게 할 수 있는 규칙을 떠올렸다. 그는 나라와 나라 사이에도 누구나 지켜야 할 보통법이 있다고 말했다. 그리고 평화로울 때는 물론이고 전쟁 중에라도 지켜야 할 새로운 규칙들이 있다고 주장했다. 그림은 흐로티위스의 초상화이다.

유럽의 종교 개혁가들

종교 개혁의 선구자 위클리프 (1330?~1384)

영국 옥스퍼드 대학교에서 신학 교수로 일하면서 영국의 정치와 종교는 로마 교황의 힘으로부터 벗어나야 한다고 주장했다. 그리고 부패한 로마 교회를 비판하며 교회 개혁 운동에 나섰다. 이 때문에 몇 번이나 교회 법정에 불려가 교수 자격을 빼앗겼다. 하지만 위클리프의 주장은 많은 사람들에게 지지를 얻었다. 위클리프는 10여 년 동안 『성서』를 영어로 번역하는 일에 매달리기도 했다.

종교 개혁을 주장하다 목숨을 잃은 얀 후스 (1372?~1415)

체코의 신학자로, 사람들이 교회 권력에 순순히 따를 필요가 없고, 교회는 사람들의 죄를 처단할 권한이 없으며, 인간의 구원은 예정되어 있다고 주장했다. 더 나아가 그는 교회의 권위를 인정하지 않아 교황과 많은 성직자의 미움을 샀다. 결국, 1415년 7월 6일, 사형을 선고받고 화형에 처해졌다.

종교 개혁 불씨를 당긴 마르틴 루터 (1483~1546)

독일의 성직자이자 종교 개혁 운동가이다. 『성서』를 읽다가 신의 은총은 애써 얻는 것이 아니라 신이 내린 선물이며, 사람이 구원을 받는 것은 오직 예수를 믿는 신앙에 의해서만 이루어진다는 확신을 가지게 되었다. 이후 '95개조'를 발표해 종교 개혁의 물꼬를 텄다. 이 일로 루터는 성직자 자격을 빼앗겼고, 당시 신성 로마 제국 황제인 카를 5세의 위협에 시달렸다. 하지만 작센 선제후의 도움으로 바르트부르크 성에 숨어 지내면서 『성서』를 독일어로 번역했다. 1524년 독일 농민 전쟁이 일어났을 때, 처음에는 중간에서 조정을 하다가 차츰 제후들의 편에 서게 되어 농민의 지지를 잃고 말았다.

『성서』를 중심으로 한 신앙을 강조한 츠빙글리 (1484~1531)

스위스 농민의 아들로 태어나 1519년 취리히 대성당의 주교가 되었다. 이후 가톨릭 로마 교회가 부패한 것에 불만을 품고 종교 개혁 운동을 시작했으며, 시 당국을 설득하여 종교 개혁에 동참하도록 했다. 츠빙글리는 루터, 칼뱅과 함께 종교 개혁을 이끈 주요한 3인이다. 『성서』를 기본으로 하는 신앙을 중요시했으며, 모든 신도가 성직자라고 생각했다.

혁명적인 신학자로 알려진 토머스 뮌처 (1490?~1525)

신성 로마 제국의 신학자로, 처음에는 마르틴 루터와 협력했다. 하지만 점차 루터의 종교 개혁 운동을 비판하면서, "부자와 가난한 사람의 차이가 적은 사회가 하느님의 축복을 받은 나라"라고 설교하다가 쫓겨났다. 민주적인 정부를 세우고자 1524년 뮐하우젠에서 비밀 결사대를 꾸려, 늘 억압당하고 빼앗기기만 한 농민들이 일으킨 농민 전쟁을 지도했다. 뮌처가 생각하는 하느님의 나라는 억압과 착취가 없고, 자유와 정의가 있는 세상이었다. 하지만 혁명은 실패했으며, 뮌처는 체포되어 교수형을 당했다.

타협 없는 종교 개혁가 칼뱅 (1509~1564)

프랑스에서 태어나 법학과 신학을 공부했지만, 종교 개혁을 이끈 다른 개혁가들과 달리 성직자가 되지 않았다. 루터와 에라스뮈스의 영향을 받아 1533년 신교를 믿기 시작했다. 이듬해 신교를 믿는 사람들이 괴롭힘을 당하자 이를 피해 스위스의 바젤로 몸을 피했다. 1536년에 『크리스트교 강요』라는 책을 펴내 세상의 관심을 모았다. 그 뒤 칼뱅은 스위스 제네바에서 종교 개혁 운동을 펼치며, 『성서』를 기초로 정치를 해야 한다고 주장했다.

역사용어풀이

자치 지역(自治 地域 : 스스로 자, 다스릴 치, 땅 지, 경계 역) 보통 지방 공공 단체가 어느 정도 중앙 정부의 간섭으로부터 독립하여 다스리는 지역 혹은 공식적으로 뽑힌 사람이 국가로부터 위임받은 행정 업무를 수행하는 지역. (110쪽)

포병대(砲兵隊 : 대포 포, 병사 병, 무리 대) 포를 쏘는 병사로 이루어진 부대. (117쪽)

기병대(騎兵隊 : 말탈 기, 병사 병, 무리 대) 말을 타고 전투하는 병사들로 이루어진 부대. (117쪽)

전리품(戰利品 : 전쟁 전, 이로울 리, 물건 품) 전쟁에서 얻은 이득으로서, 적에게서 빼앗은 물품. (118쪽)

면벌부(免罰符 : 면할 면, 죄 벌, 부적 부) 죽은 뒤 벌 받는 것을 면하게 해 주는 부적. (127쪽)

청교도(清教徒 : 깨끗할 청, 가르칠 교, 무리 도) 16세기 후반에 영국 국교회, 즉 성공회의 종교 개혁을 더욱 철저하게 실천하려고 한 성공회 안의 일파. 칼뱅주의를 바탕으로 모든 쾌락을 죄악으로 여기고 사치와 성직자의 권위를 반대했으며, 철저한 욕심을 억제하라고 주장. (130쪽)

종교 개혁(宗教 改革 : 마루 종, 가르칠 교, 고칠 개, 가죽 혁) 16~17세기 유럽에서, 로마 교황을 중심으로 하는 가톨릭교회의 타락을 비판하고 크리스트교의 참된 정신으로 돌아가 교회를 개혁하려 한 종교 운동. 1517년에 루터가 '95개조' 반박문을 제시하여 면벌부 판매를 공격한 데서 비롯하였는데, 개인의 신앙과 『성서』 해석의 중요성을 강조. (133쪽)

신교(新教 : 새 신, 가르칠 교) 16세기 루터, 칼뱅 등에 의한 종교 개혁의 결과로 로마 가톨릭교회에서 분리하여 성립된 크리스트교의 분파. (133쪽)

국민 정체성(國民 正體性 : 나라 국, 백성 민, 바를 정, 몸 체, 성품 성) 한 나라의 통치권 아래에 있는 국민으로서 공통적으로 가지고 있는 특성. (133쪽)

자산(資産 : 재물 자, 낳을 산) 개인이나 기업이 가진 경제적 가치가 있는 유형, 무형의 재산. (141쪽)

4 더욱 잦아진 교류와 충돌

▼ **1592**
조선, 조일 전쟁
(임진왜란) 시작

▼ **1603**
명, 마테오 리치,
『천주실의』 펴냄

▼ **1620**
영국, 청교도
북아메리카 이주

동아시아 중화 질서의 변화

일본과 청이 동아시아의 질서를 흔들다
청이 다시 동아시아의 평화와 번영을 이끌다
조선과 일본에서 화폐 경제가 널리 퍼지다
[역사 타임캡슐] 청 황제의 은혜를 기리다
[모둠 전시관] 동아시아와 유럽의 만남

부국강병에 힘을 쏟는 유럽 나라들

왕, 절대적인 권력자가 되다
부국강병 정책을 펴다
과학과 철학이 발전하다
[역사 타임캡슐] 군주정은 가장 바람직하다

흔들리는 오스만 제국

제국의 문제점이 드러나다
제국의 혼란이 계속되다
개혁이 실패로 끝나다
[역사 타임캡슐] 즐거운 낙원으로 가자

대서양 삼각 무역의 엇갈린 모습

아메리카에 유럽 식민지가 늘어나다
아프리카에서 노예 무역이 활발해지다
유럽이 부를 쌓고 번영을 누리다
[역사 타임캡슐] 아프리카 사람의 눈물

[세계사 사전] 나라를 발전시킨 군주들

1643 프랑스, 루이 14세 즉위
1648 무굴 제국, 타지마할 완성
1658 무굴 제국, 아우랑제브 즉위
1661 청, 강희제 즉위
1666 영국 뉴턴, 만유인력 발표
1674 인도, 마라타 동맹 등장
1688 영국, 명예혁명 일어남

세계로 수출된 청의 청화 백자.

명의 뒤를 이어 중국의 새로운 주인이 된 청은 강희제, 옹정제, 건륭제 세 황제 때 전성기를 맞이했어. 이 시기 조선과 일본도 큰 전쟁 없이 안정과 번영을 누렸지. 세 나라 모두 정치가 안정되고, 농업, 수공업, 상업이 발전하며 백성의 생활이 풍요로워지고 인구가 크게 늘었단다. 17세기부터 18세기까지 평화 속에 번영을 누린 동아시아의 모습을 함께 살펴보자꾸나.

동아시아 중화 질서의 변화

일본과 청이 동아시아의 질서를 흔들다

15세기 말, 일본은 무로마치 막부가 무너진 뒤로 100년 가까이 지방 영주들끼리 싸우는 혼란스러운 시대가 이어졌어. 그러다가 16세기 말에 도요토미 히데요시가 다른 영주들을 꺾고 일본 열도를 통일했단다.

그 뒤 히데요시는 명을 정복하기로 했어. 그래서 먼저 조선 정부에 명을 공격할 테니 길을 내어 달라고 요구했지. 하지만 명과 오랫동안 가깝게 지내 온 조선 정부가 히데요시의 요구를 들어줄 리 없었지. 그러자 히데요시는 1592년 4월, 20만 명의 대군을 보내 조선을 침략했어.

전쟁 초기에 일본군은 일방적인 승리를 거두며 두 달 만에 조선을 거의 차지했어. 일본군은 100년 가까이 편을 갈라 싸우느라 전투에 단련되어 있었거든. 게다가 포르투갈 상인들로부터 전해 받은 조총이라는 새로운 무기까지 갖추고 있었지.

조선은 곧 반격에 나섰어. 먼저 이순신이 이끄는 수군의 활약으로 일본의 기세를 꺾었어. 또 곳곳에서 의병이 들고일어나 일본군을 무찔렀단다. 여기에 일본군이 쳐들어올까 봐 걱정한 명 정부가 조선에 지원군을 보내면서 전세는 점차 조선에 유리하게 바뀌기 시작했지.

조선과 명 연합군은 일본군을 남쪽으로 밀어붙이는 한편 휴전 회담을 진행했어. 하지만 휴전 회담은 서로 뜻이 어긋나 깨어졌고, 양측은 밀고 밀리며 전투를 이어갔지. 그러다가 1598년, 조선 침략을 명령한 도요토미 히데요시가 죽은 뒤에야 전쟁이 끝났어.

7년에 걸친 전쟁의 결과로 조선과 일본에는 여러 변화가 생겼어. 전쟁터였던 조선은 땅이 못 쓰게 되고 수많은 사람이 죽고 다치는 등 피해가 막심했어. 그래서 전쟁 이전으로 복구하는 데 많은 시간과 노력을 기울여야 했고 조세 제도, 신분제 등에도 여러 변화가 생겼단다. 이와 함께 시장과 상업이 서서히 활기를 띠게 되었지.

전쟁을 일으킨 일본에서는 도요토미 히데요시 세력이 무너지고, 도쿠가와 이에야스가 새롭게 에도 막부를 만들어 권력을 쥐었어. 이에야스는 나라 밖으로 눈을 돌리

조일 전쟁 중 평양성 전투를 그린 기록화이다. 1593년 1월, 약 5만 명의 조선과 명 연합군은 힘을 합쳐 평양성의 일본군을 공격했다. 3일 밤낮을 가리지 않고 공격을 거듭해 일본군을 몰아내고 평양성을 찾는 승리를 거두었다. 평양성을 일본군에 빼앗긴 지 7개월 만의 일이었다.

는 대신 정치를 안정시키고 경제를 되살리는 데 힘을 쏟았지.

그럼 명은 어땠을까? 명은 겉으로 보기에 전쟁의 영향을 별로 받지 않았을 것 같지만, 사실은 그렇지 않아. 전쟁을 치르는 7년 동안 막대한 전쟁 비용을 감당해야 했거든.

청의 등장

1616년 누르하치가 후금을 세움
1636년 나라 이름을 청으로 바꿈
1643년 청군, 난징 점령
1645년 청군, 베이징 점령
1661년 남명 정권 무너짐
1681년 삼번의 난 진압
1683년 대만 평정

게다가 전쟁에 참여할 무렵, 명의 서북쪽과 서쪽 국경 지방에서 두 번의 큰 반란이 일어났어. 명은 세 차례 전쟁에서 모두 승리를 거두었지만, 나라 살림은 더욱 휘청거려 위기에 빠지고 말아. 명 정부는 세금을 늘릴 수밖에 없었고, 불만을 품은 백성이 반란을 일으키기 시작했단다.

명의 위기는 이것이 전부가 아니었어. 일본이 조선을 침략했을 때 명 정부는 만주 지역의 군대를 조선에 지원군으로 보냈어. 그런데 그 틈을 노려 누르하치가 만주 지역의 여진족을 통일하고 명을 위협하기 시작한 거야.

누르하치는 명과 조선이 일본과 싸우느라 정신없는 틈을 타서 선양을 수도로 삼아 새로운 나라를 세웠어. 그리고 나라 이름을 금의 뒤를 잇는 나라라는 뜻으로 '후금'이라고 지었어. 얼마 후 누르하치가 죽자 아들 홍타이지가 나라 이름을 청으로 바꾸고, 조선을 공격해 항복을 받았어. 그런 다음 명의 수도 베이징을 향해 갔어. 하지만 홍타이지는 명나라 장성의 동쪽 끝에 있는 산하이관까지 도달한 뒤 죽고 말아. 이후 아들 순치제가 새로 황제가 되었지.

그 무렵 명에서는 이자성이 명 정부에 불만을 품은 백성을 끌어모아 새로운 나라를 세웠어. 그리고 군대를 이끌고 겨우 두 달 만에 명의 수도 베이징을 점령해 버렸단다. 이때 명의 마지막 황제는 스스로 목숨을 끊었다고 해.

하지만 이자성이 세운 나라는 오래가지 못했어. 당시 명의 장수 오삼계가 청에 맞서 산하이관을 지키고 있었는데, 이자성이 베이징을 차지했다는 소식을 듣고는 청의 군대에 산하이관 문을 열어 주었어. 그러자 순치제는 이내 산하이관을 넘어 베이징으로 진격해 이자성을 몰아내 버렸거든.

순치제는 베이징을 점령한 것에 만족하지 않았어. 명의 영토 전체를 차지하기 위해 남쪽으로 계속 공격해 갔지. 명 마지막 황제의 후손들은 남쪽으로 내려가 청나라 군대에 계속 저항했어. 하지만 순치제는 이들을 모두 물리치고, 중국 대륙 대부분을 차지한단다.

청이 다시 동아시아의 평화와 번영을 이끌다

청은 중국의 새로운 주인이 되었지만, 수십만 명밖에 안 되는 만주족이 1억 5,000명에 이르는 한족을 다스려야 했어. 청 정부는 한족에게 변발을 강요하고, 반란을 일으킬 낌새가 있으면 바로 눌러 버렸어. 하지만 힘만으로는 한족을 다스릴 수 없었어. 힘이 있을 땐 복종하겠지만, 힘이 약해지면 언제든 들고일어나 저항할 테니 말이야.

순치제의 뒤를 이은 강희제는 그 사실을 잘 알고 있었어. 그래서 청 정부를 돕는 한족 지식인에게 관직을 주고, 만주족과 한족의 차별을 없애는 정책을 폈단다. 그러자 한족 지식인들도 차츰 청 정부를 따르게 되었지.

강희제는 백성의 소리에 귀 기울이는 한편, 생활을 안정시키고 살림살이가 나아지도록 하는 일에 무엇보다 많은 노력을 쏟았어. 그는 물길을 정비해 농민들이 홍수나 가뭄 걱정 없이 농사를 짓게 했

변발

머리 뒷부분만 남기고 나머지 부분의 머리털을 깎아 버린 뒤, 머리털을 한 가닥으로 땋는 머리 모양을 말한다. 청은 1644년 모든 한족에게 변발을 강요했다. 그 뒤 변발은 일반적인 풍속으로 굳어졌다가 1911년 신해혁명 때 단발령이 내려지면서 사라졌다.

어. 그리고 농민들이 거친 땅을 일굴 수 있도록 가축, 농기구, 씨앗, 돈 등을 주었지. 이렇게 일군 땅은 3년간 세금도 면제해 주었단다.

그런가 하면 상업과 수공업 활동을 제한하는 여러 법을 줄이고, 상인과 수공업자들이 자유롭게 물건을 만들고 사고팔 수 있게 했어. 사실 중국은 송과 원을 거치면서 농업과 수공업이 발달하고, 상품 경제가 널리 퍼졌어. 그 뒤 명 때 정부가 상업을 억누르는 정책을 폈지만, 이미 널리 퍼진 상품 경제를 제대로 막을 수는 없었지.

강희제가 상공업을 북돋우자 청의 상업과 수공업은 더욱 규모가 커지고 활기를 띠었어. 특히 강남 지역을 중심으로 직물, 차 제품, 도자기 등을 생산하는 수공업이 크게 발달했단다. 공장에서 수십 명의 노동자를 부리며 여러 제품을 대량으로 만들어 내는 수공업자도 생겨났어.

강남이 수공업 중심지로 자리 잡자 인구가 강남으로 몰리고, 곡식을 사 먹는 사람이 크게 늘었어. 이런 현상은 다른 지역의 농사 발전을 이끌었지. 농민들은 쌀뿐 아

18세기 청의 차 공장이다. 청의 차는 유럽 나라들에 엄청나게 수출되었고, 그 덕분에 차 공장은 큰 규모로 발전했다.

니라 고구마, 감자, 땅콩 같은 새로운 작물도 길렀고, 그만큼 소득이 늘어났어.

이렇게 지역마다 서로 다른 산업이 발달하면서 자연히 지역 사이에 물자 이동이 활발해졌어. 그러면서 도시와 시장의 수가 크게 늘고, 활기를 띠었지. 특히 청 이전부터 인구 100만 명이 넘는 대도시였던 쑤저우와 항저우, 광저우 등은 여전히 상업 중심지로 이름 높았단다.

번영을 이끈 동아시아 군주

1661~1722년 강희제 통치(청)
1722~1735년 옹정제 통치(청)
1716~1745년 도쿠가와 요시무네 통치(일본)
1724~1776년 영조 통치(조선)
1735~1795년 건륭제 통치(청)
1776~1800년 정조 통치(조선)

그뿐 아냐. 전국을 무대로 장사하는 대상인도 크게 늘었어. 이들은 강남의 도자기와 직물 같은 수공업 제품을 멀리 강북과 다른 지역으로 실어 날랐고, 다른 지역의 소금, 쌀, 차 등을 양쯔 강과 대운하를 통해 강남으로 실어 왔지.

강희제의 정책은 다음 황제인 옹정제 때도 이어졌어. 옹정제는 특히 세금 제도를 정비하고 관리들의 부패와 횡포를 막는 일에 힘을 쏟았단다. 청 이전, 그러니까 명 때까지 나라에서 거두는 세금이 여러 종류여서 세금 거두는 일이 복잡했어. 그러다 보니 관리들이 그런 허점을 이용해 백성을 속이고 자기 배만 채우는 일도 많았거든.

옹정제는 이런 문제를 해결하기 위해, 가족 수가 아니라 농사짓는 땅의 크기에 따라 세금을 매겼어. 그리고 토지세와 인두세를 하나로 합쳐 세금을 거두는 '지정은' 제도를 실시했어. 즉, 예전에는 토지와 사람에 대해 각각 세금을 물렸는데, 이제 토지에 대해서만 세금을 내게 한 거야. 지정은 제도를 시행하자 사회가 더욱 안정되었어. 땅이 없는 가난한 농민은 세금 부담을 덜었고, 세금을 내지 않으려고 달아나던 농민의 수도 줄어들었거든.

강희제와 옹정제가 펼친 여러 개혁 정책 덕분에 한족 백성의 생활은 명 때보다 안정되었고, 나라 살림도 넉넉해졌단다. 자연스레 농민을 포함해 한족들도 청 정부에 큰 불만을 품지 않게 되었어. 청은 안정 속에 한껏 번영을 누렸지.

청 정부는 초기에 명이 그랬던 것처럼 해금 정책을 이어 갔어. 그러다가 17세기 중반 이후 강희제가 청 상인들이 유럽 상인들과 교역하는 것을 허락했단다. 청 상인들은 처음에는 네덜란드 상인과 주로 교역하다가 점점 영국 상인들과 교역하는 일이 많아졌어.

청 상인들은 비단과 면직물, 도자기, 차 등을 유럽 상인들에게 은을 받고 팔아 큰 이익을 남겼어. 그래서 청 시대에도 명 때와 마찬가지로 막대한 양의 은이 쏟아져 들어왔단다.

번화한 베이징 시가지의 모습이다. 청의 베이징 시가지에는 도자기, 책, 비단, 차 상점 등이 많아 늘 사람들로 북적댔다.

조선과 일본에서 화폐 경제가 널리 퍼지다

조선은 17세기 초에 두 차례나 청의 침략을 받으면서 어려움을 겪었어. 조선 정부는 청을 황제 나라로 섬기는 척했지만, 속으로는 청을 인정하지 않았지. 그래서 한때는 청을 공격할 계획을 세우고 군사를 키우기도 했단다.

하지만 청이 강희제와 옹정제를 거치는 동안 평화와 번영을 누리자, 조선 정부도 점차 청을 인정할 수밖에 없었어. 결국, 청을 공격하겠다는 계획을 거두고 청과 좋은 관계를 유지했지. 그러면서 숙종과 영조를 거치는 동안 다시 번영의 시대를 맞이해.

이 무렵 농민들 사이에는 황무지 개간과 함께 이모작과 비료 사용법이 널리 퍼졌어. 그 덕분에 한 사람이 농사지을 수 있는 땅이 이전보다 훨씬 넓어지고, 한 해 농작물 수확량도 크게 늘었어. 일부 농민들은 인삼, 면화, 담배 같은 상품 작물을 재배해 큰돈을 벌었지.

사람들로 붐비는 조선의 장시(왼쪽)와 상평통보로 물건을 사는 모습(오른쪽)을 그린 18세기 풍속화이다. 조선의 시장과 상거래는 상평통보의 사용으로 크게 활기를 띠었다.

이렇게 돈을 번 일부 농민은 더 많은 땅을 사들여 대지주가 되었어. 하지만 한편에서는 농사짓던 땅을 어쩔 수 없이 지주에게 헐값에 팔아넘기고, 한양(서울)으로 흘러들어 막일꾼으로 가난하게 살아가는 사람들도 생겼어.

숙종 때는 **상평통보**라는 화폐가 널리 사용되기 시작했어. 이와 함께 상공업이 발달해 상인과 장인의 수가 많이 늘어났지. 그중에 대상인들은 청, 일본 등과 대규모 교역을 하거나, 전국의 시장을 무대로 장사해서 큰돈을 모으기도 했단다.

상평통보
우리나라 화폐 중 최초로 전국에서 사용한 동전이다. 조선 인조 때 처음 만들었지만 잘 쓰지 않다가, 숙종 때인 1678년부터 약 200년 동안 사용했다. 상평통보가 처음 나왔을 때 백성은 조그만 동전으로 쌀이나 옷을 살 수 있다는 것을 믿지 못해 잘 쓰지 않았다. 그래서 나라에서는 세금이나 벌금을 상평통보로 받았다. 상평통보 사용으로 상업이 발달하면서 조선 경제가 크게 발전했다.

바다 건너 일본 역시 17세기 이후 정치가 안정되면서 평화로운 시대가 이어졌어. 조일 전쟁 뒤에 막부를 세운 도쿠가와 이에야스는 지방 영주와 무사 세력의 힘을 약화시켰어. 그리고 강력한 중앙 집권 체제를 만들었지. 이때 조선에서 강제로 데려온 조선 유학자들을 통해 성리학이 널리 퍼졌는데, 성리학은 이에야스의 중앙 집권 체제를 만드는 데 크게 이바지했단다.

정치가 안정되자 농업과 상공업 등 여러 산업도 빠르게 발전했어. 농민들은 이전에 영주와 무사들이 서로 편을 갈라 싸우는 바람에 늘 불안에 떨어야 했어. 때로는 기껏 일군 농토가 전쟁으로 못쓰게 되기도 했지.

하지만 이제 농민들이 안심하고 농사에 힘을 쏟을 수 있게 되었어. 농민들은 땀 흘려 새로 땅을 일구었고, 농토는 이전보다 두 배가량 늘었어. 비료 사용법과 모내기 기술 등 새로운 농사 기술도 널리 퍼졌지. 그 결과 농작물 생산량이 늘면서 소득도 늘었단다.

농업 이외에 상공업, 수산업, 광업도 크게 발달했어. 특히 일본은 이 무렵 세계에서

작업장에서 베틀로 천을 짜는 모습을 그린 기록화이다. 17세기에서 18세기 사이에 일본은 경제적으로 최고의 번영을 누렸고, 수공업과 상업이 활발했다.

은과 구리를 많이 생산하는 나라로 손꼽혔는데, 한창때는 일본에서 나는 은이 전 세계에서 생산되는 은의 3분의 1을 차지할 정도였어. 상인들은 이 은과 구리를 청과 조선, 때로는 유럽 상인들에게 팔고, 그 대신 사들인 명주실 등으로 비단을 짜서 많은 돈을 벌었어.

이 무렵에는 화폐 경제가 발달하면서 도시가 빠르게 커졌어. 도시뿐 아니라 농촌에서도 화폐가 널리 사용되었고, 그만큼 경제가 빠르게 발전했지.

그리고 상업과 교역의 발달로 막부 정부가 있는 에도는 물론 오사카, 교토, 나가사키 등도 큰 도시로 발전했단다. 에도에는 전국에서 무사, 상인, 노동자 등이 모여들어 인구가 100만 명 가까이 됐어. 그리고 오사카와 교토도 40만 명이 사는 대도시가 되었지.

당시 유럽에서 큰 도시로 알려진 영국 런던이나 프랑스 파리의 인구가 40만 명 정도였으니, 에도가 얼마나 큰 도시였는지 짐작이 가지?

청 황제의 은혜를 기리다

한강 상류 삼전도의 남쪽에 비를 세우는 것은 우리 조선이 대대손손 번영을 누리기 위해서이다. (…) 성황제의 밝은 뜻이 조선에 도착하니 잠을 자다가 막 깨어난 듯했다. 우리의 왕이 복종을 선택한 것은 성황제를 두려워했기 때문이 아니라, 그 은혜에 머리를 숙인 것이다. 성황제가 우리를 어여삐 여겨 은혜를 베풀고 웃는 얼굴로 무기를 거두고서 훌륭한 말을 상으로 내리실 때, 성 안의 백성이 노래하여 떠받들었다. 우리의 왕이 이 땅에 돌아온 것이 다 성황제가 내려 주신 은혜 덕분이다.

이 글은 '대청황제공덕비'에 새겨진 내용 중 뒷부분으로, 청나라 황제의 은혜를 떠받들고 칭찬하는 내용으로 가득하다. 대청황제공덕비는 조선이 병자호란에서 지고 2년이 지난 1639년에 청나라의 강요로 세운 비석이다. 비석이 있는 곳을 그 당시에는 삼전도라고 불렀기에 이 비석을 '삼전도비'라고도 한다. 비석의 글을 통해 조선이 그전까지 받들던 명나라 대신 청나라를 받들게 되었음을 알 수 있다. 나아가 명을 중심으로 한 중화 체제가 무너지고, 장차 청을 중심으로 하는 새로운 중화 체제가 만들어질 것임을 짐작할 수 있다. 사진은 서울 송파구 잠실동에 보관되어 있는 대청황제공덕비이다.

모둠 전시관

동아시아와 유럽의 만남

16세기 중반부터 동아시아와 유럽 나라들 사이에 교역이 시작되었어. 그러면서 사람과 문물의 교류도 활발해졌지. 이때 유럽의 선교사들은 동아시아와 유럽 사이의 교류에 큰 역할을 했어. 이들은 유럽의 학문과 기술을 명과 청 등 동아시아에 소개했는데, 동아시아에서는 이들이 전한 서양의 크리스트교, 학문, 기술 등을 서학이라고 불렀단다.

크리스트교와 서양 문물을 처음 소개한 마테오 리치

1542년 에스파냐의 선교사 사비에르는 인도를 거쳐 일본에 도착한 뒤, 명에 들어가려 했으나 뜻을 이루지 못하고 죽었어. 마테오 리치는 그 뒤를 이어 1587년 광저우를 통해 명에 들어가는 데 성공했고, 1598년에는 베이징에서 명 황제를 만나 베이징에 머물러도 좋다는 허락을 받았단다. 그는 자명종, 세계 지도 등을 가지고 왔으며, 유럽 문물과 유럽 학문을 명의 지식인들에게 알리는 다리 역할을 했어. 이때 서광계, 이지조, 양정균 같은 명의 높은 관리들에게 크리스트교를 알리려 한문으로 『천주실의』를 썼단다.

『천주실의』 마테오 리치가 서광계, 이지조, 양정균 같은 명의 높은 관리와 지식인들을 위해 한문으로 쓴 크리스트교 안내서야. 크리스트교가 유학과 매우 비슷하다는 점을 강조하고, 명 지식인들의 생각에 다가가려고 애쓴 흔적이 보인단다. 『천주실의』는 조선에도 전해져 이익 등 여러 학자에게 큰 영향을 주었어.

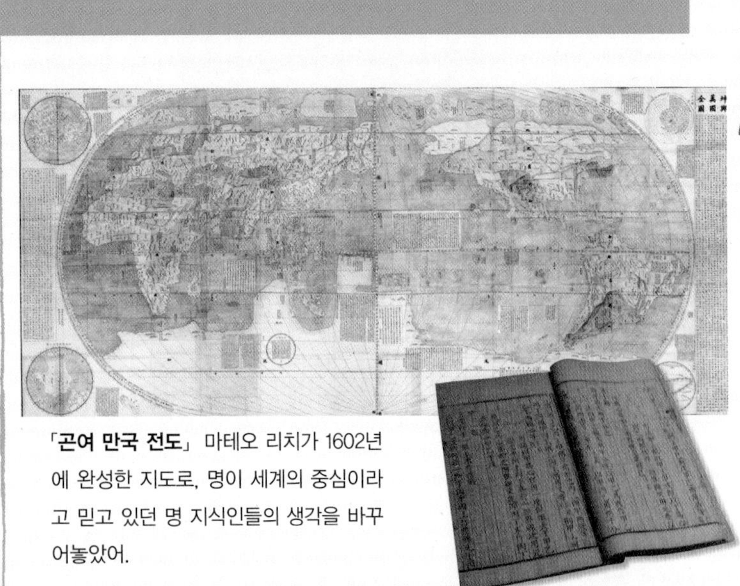

「곤여 만국 전도」 마테오 리치가 1602년에 완성한 지도로, 명이 세계의 중심이라고 믿고 있던 명 지식인들의 생각을 바꾸어놓았어.

『유클리드 기하학』 마테오 리치가 유럽의 수학을 소개한 책이야.

유럽 천문학과 무기들을 전해 준 샬 폰벨

샬 폰벨은 독일의 예수회 선교사로 1622년 명으로 건너와 서광계 등의 추천을 받아 명의 벼슬을 받았어. 그는 천문, 역학, 포술에 뛰어나 역서 고쳐 쓰기와 대포 만들기 등을 가르쳤단다. 청 때 베이징 천문대장의 자리에까지 올랐는데, 1644년 병자호란 때 볼모로 청나라에 잡혀와 있던 조선의 소현 세자와 사귀면서 천문 지식과 천주교 교리를 이야기해 주기도 했어.

새로운 그림 기법을 전해 준 카스틸리오네

카스틸리오네는 이탈리아의 예수회 선교사로 1715년에 청에 들어갔어. 당시 청에서는 크리스트교 선교 활동을 못하게 막았지만, 카스틸리오네는 미술의 재능을 인정받아 옹정제와 건륭제의 신임을 얻었단다. 그는 유럽의 회화, 토목 · 건축 기술을 청에 전했는데, 그가 사용한 원근법과 음영법은 새로운 화법으로서 중국 그림에 큰 영향을 끼쳤지.

지구의와 기압계 샬 폰벨이 지구의 등 유럽의 과학 기기를 들고 있어.

베이징 천문대 샬 폰벨이 천문대장으로 일하며 유럽의 천문학을 전한 곳이야.

사신 접견도 바위가 음영법으로 표현되어 있단다.

말 탄 강희제 배경이 원근법으로 처리되었지.

유럽의 지식인과 귀족을 사로잡은 중국의 철학과 문화

17세기에는 명과 청을 찾은 유럽 선교사들의 보고서를 통해 중국의 학문과 문물이 유럽에 많이 전해졌어. 그러면서 명과 청의 과거 제도는 신분과 가문보다 실력과 능력을 중심으로 관리를 뽑는 공정한 제도로 높은 평가를 받았어. 그리고 당시 유럽의 지식인들 가운데 유학을 비롯한 중국의 철학에 관심을 둔 사람이 많았어. 이들은 크리스트교처럼 신에 의존하지 말고 인간의 이성을 믿어야 한다고 생각했단다. 특히 볼테르는 유럽의 크리스트교 사회를 비판하면서 이렇게 말했다고 해.

"중국의 정치를 보고 유럽의 군주들은 어떻게 해야 할까? 칭찬하라, 부끄러워하라, 따라 하라."

그런가 하면 유럽의 귀족들 사이에 중국의 생활 방식과 문화가 크게 유행하기도 했어. 동아시아의 도자기가 불티나게 팔렸고, 중국의 차, 부채 등이 큰 인기를 끌었으며, 중국식 생활 방식을 따라 하는 사람도 많았단다.

태양왕 루이 14세를 상징하는 조각.

동아시아가 평화 속에 번영을 누리는 동안 유럽에서는 여러 나라 사이에 치열한 경쟁이 계속되었어. 전쟁도 끝없이 이어졌지. 그런데 싸우면서 큰다는 말이 있어. 유럽의 여러 나라는 다른 나라에 뒤처지지 않으려고 여러 방면에서 노력했어. 그러면서 유럽의 정치와 경제는 물론 과학과 학문도 빠르게 발전했단다.

부국강병에 힘을 쏟는 유럽 나라들

왕, 절대적인 권력자가 되다

오늘날 나라의 주인은 국민이라고 하지? 국민의 선택을 받은 대통령과 국회의원이 나라를 이끌어 가잖아. 이들은 자신의 잘잘못에 대해서 국민에게 책임을 져야 해.

그런데 300년에서 400년 전 유럽에서는 왕이 나라의 중심이었단다. 영토를 넓히는 일도 왕이 맡았고, 법과 제도를 만드는 것도 왕의 일이었어. 따라서 나라의 힘을 키우는 일도 왕에게 달려 있었지.

프랑스의 왕 루이 14세는 "짐이 곧 국가다."라고 말했어. 이 말만큼 당시 왕들의 강력한 힘을 잘 설명해 주는 말도 없을 거야. 루이 14세를 비롯해 당시 유럽의 왕들은 자신의 권력을 신에게서 받았다고 주장했어. 그러니 신에게 복종하듯 백성은 왕에게 절대복종해야 한다는 거지. 이를 '왕권신수설'이라고 한단다.

그러면 왕은 어떻게 자신이 신에게 인정받은 특별한 존재라는 것을 백성들에게 효과적으로 알렸을까?

먼저 처음으로 왕관을 쓰고 왕위에 올랐음을 알리는 대관식을 들 수 있어. 왕의 대관식은 왕의 권위와 특별함을 널리 알리는 훌륭한 행사였지. 그래서 왕들은 보통 엄숙하고 웅장한 교회에서 대관식을 화려하게 치렀어.

때로는 대관식이 끝난 뒤 왕이 환자를 고치는 손대기 의식을 거행하기도 했단다. 많은 사람이 보는 앞에서 왕이 환자에게 손을 대면 깨끗이 나았는데, 그 모습은 왕을 더욱 신성하게 만들어 주었어.

화려하고 웅장한 궁전도 왕을 신비롭게 만드는 데 도움이 됐어. 루이 14세가 베르사유 궁전을 지은 것도 함부로 넘볼 수 없는 부를 뽐내기 위해서였지. 더불어 왕실의 권위와 위엄을 느낄 수 있는 상징물을 곳곳에 두어 왕이 특별한 존재임을 드러냈단다.

그리고 궁정의 크고 작은 일들을 공식적인 궁정 의례로 만들었어. 귀족들은 까다로운 궁정 예절을 따르며 왕에게 복종하는 법을 배워 갔지. 에티켓이라는 말을 들어 본 적 있지? 이 말은 원래 궁정 예법을 뜻하는 프랑스 말이야. 궁정 귀족들이 따르던 예법이 궁정 밖으로까지 퍼지면서 사람 사이에 지켜야 할 예절로 자리 잡은 거야.

이와 함께 더욱 논리적이고 짜임새 있게 왕권이 무엇인지 정의하는 작업이 진행되었단다. 그 결과 일부 학자들은 왕권을 '법을 만들고 지배하는 능력'이라고 정의했어.

루이 14세의 행렬을 그린 기록화이다. 루이 14세는 많은 신하를 거느리고 화려한 마차를 탄 채 파리 시내를 다니며 왕의 권위를 뽐냈다.

신하의 정중한 인사를 받는 루이 14세이다. 루이 14세는 신하들이 무조건 복종하도록 요구한 유럽의 대표적인 전제 군주였다.

모든 백성은 왕의 법을 존중하고 따라야 한다는 뜻이지. 반면 왕은 스스로를 어떠한 법과 관습에도 제약받지 않고 백성을 지배하는 사람이라고 규정했어.

이렇게 해서 유럽의 왕들은 법을 만들고 관료를 임명하여 국가의 큰일을 결정할 수 있는 최고의 권한을 갖게 되었어. 또 죄를 판단하고 죄인을 처벌할 수 있는 최고의 재판관이기도 했지. 이때 왕들이 자주 했던 말이 "과인의 마음에 흡족하다."였어. 즉, 어떤 일을 결정할 때 법의 잣대보다 왕의 뜻이 앞섰다는 얘기야.

이처럼 왕이 모든 권력을 가진 체제를 절대주의 체제라고 해. 왕은 신으로부터 권력을 받았기 때문에 오직 신에게만 책임을 졌어. 반대로 백성에게는 절대적인 권력을 행사하게 되었지.

하지만 실제 유럽의 왕들이 절대적인 권력을 휘두르기는 어려웠어. 당시 유럽의 왕들에게는 그 정도의 지배 수단이 없었거든. 관료는 부족했고, 돈은 충분하지 않았지. 지방으로 갈수록 왕의 영향력은 눈에 띄게 줄어들었고, 귀족과 성직자들은 왕에게 맞서기 일쑤였어.

17세기 유럽의 절대 군주
1603년 영국 제임스 1세 즉위
1619년 신성 로마 제국 페르디난트 2세 즉위
1643년 프랑스 루이 14세 즉위
1682년 러시아 표트르 1세 즉위

그래도 17세기 들어 왕의 권한이 눈에 띄게 커진 것은 분명해. 유럽의 왕들은 저마다 자신에게 권력을 집중시키고, 부강한 나라를 만드는 데 온 힘을 기울였단다.

부국강병 정책을 펴다

17세기에 유럽의 여러 왕은 왕권을 더욱 강력하게 키우고, 다른 나라와의 전쟁에서 승리해 왕실과 국가를 지키며, 영토를 넓히는 것을 가장 큰 목표로 삼았어.

그러려면 잘 훈련된 대규모 상비군이 필요했어. 전쟁이 일어나는 때만 소집하는 군대로는 나날이 발전하는 군사 전략과 전쟁 기술을 따라갈 수 없었기 때문이야.

특히 창과 총을 사용하는 대규모 보병 부대가 한 치의 어김없이 움직일 때에야 전쟁에서 승리할 수 있었어. 이러한 군대의 위력은 30년 전쟁을 거치면서 이미 증명되었지.

따라서 유럽 왕들은 잘 훈련된 상비군을 누가 더 많이 거느리는가를 두고 경쟁하기 시작했어. 그중에서 합스부르크 제국의 카를 5세는 15만 명의 상비군을 거느리며 단연 앞서 있었어. 그리고 프랑스의 루이 14세가 그 절반 가까이 되는 병력을 거느렸지. 그 밖에도 스웨덴 등 몇몇 나라가 군대의 힘을 키우면서 경쟁이 치열해졌어. 유럽 나라들은 군대를 늘리는 동시에 국경을 따라 성을 쌓고, 대포를 설치했지.

이러한 상황은 유럽 나라들의 관계와 질서를 크게 바꾸어 놓았단다. 새로운 흐름에 맞게 군사력을 키울 수 없는 나라는 뒤처질 수밖에 없었으니까. 그러다 보니 영주들이나 작은 도시 국가들이 점차 주변의 힘세고 큰 나라들에 합쳐졌단다.

폴란드처럼 넓은 영토를 가졌음에도 군사 행정 체계를 갖추지 못한 나라는 다른 군사 강국들에 의해 쪼개지기도 했어. 반면 프로이센처럼 절대주의 체제를 받아들여 군사력을 키우는 데 온 힘을 기울인 나라들이 새로운 강대국으로 떠올랐지.

이처럼 군주가 거느린 상비군의 규모에 따라 국가의 운명이 달라지면서, 조세 제도가 무척 중요해졌어. 왕의 개인 재산만 가지고는 이 시대의 전쟁을 감당하기 어려웠거든. 따라서 효율적인 조세 제도를 만드는 일이 전쟁의 관건이 되었단다. 결국, 모든 나라가 자기네 사정에 맞게 세금을 개발했고, 거둔 세금은 80퍼센트 가까이 군비에 사용했어. 한마디로 전쟁에 모든 것을 걸었다고 할 수 있지.

군비가 치솟자 각 나라의 왕은 상업과 제조업을 키우는 데 많은 노력을 기울였어. 이들은 에스파냐가 막강한 군대를 거느린 것이 아메리카의 귀금속 덕분이라고 판단했어. 그래서 영국과 프랑스, 네덜란드도 식민지를 찾아 아메리카로 탐험대를 보내기 시작했지. 금을 찾기 위해서 말이야.

그리고 동인도 회사 같은 독점 기업을 세워서 아시아와 아메리카에서의 무역

아메리카 원주민이 금을 채취하는 장면을 그린 기록화이다. 에스파냐는 아메리카의 여러 광산에서 엄청난 양의 금과 은을 캐내 번영을 누렸지만, 여기에 동원된 아메리카 원주민들은 비참한 생활에 시달렸다.

경쟁에서 앞서 나갔어. 이와 함께 더 좋은 제품을 수출해 외화를 벌어들이는 방법도 생각했지. 그래서 상품 개발에 대한 특허권을 보호해 신제품을 많이 개발하게 하고, 보조금을 주어 재주 있는 수공업자를 격려했단다. 그런가 하면 수입품에 높은 세금을 매겨 자기 나라의 제조업을 외국의 앞선 기술로부터 보호했어.

그 결과, 17세기 말에 이르러 루이 14세가 다스리는 프랑스가 유럽 최강국으로 올라섰어. 더불어 프랑스의 절대주의 체제는 다른 유럽 국가들에 모범이 되었단다. 나라마다 베르사유 궁전을 본뜬 화려한 궁전이 들어섰고, 프랑스 어가 유럽 상류층이 사용하는 언어로 자리 잡았어. 다른 나라의 왕들도 상업 발전을 북돋우는 정책을 채택하고, 조세 제도를 정비하며 부강한 나라를 건설하고자 애썼지.

그런 가운데 영국이 빠르게 성장했고, 독일 지역에서는 프로이센이 강국으로 올라섰으며, 동쪽의 러시아도 서서히 힘을 키웠어. 합스부르크 가문의 땅이었던 오스트리아는 동쪽으로 세력을 넓히며 여전히 대국의 힘을 유지하고 있었어. 이런 강대국들의 성장으로 유럽의 국제 관계는 더욱 복잡해졌단다.

과학과 철학이 발전하다

부국강병은 대규모 군사력과 경제력에서만 나오는 것이 아니야. 문화의 힘이 뒷받침되어야만 강대국의 조건을 제대로 갖추었다고 할 수 있지. 유럽의 최강국으로 꼽히던 프랑스와 영국 그리고 네덜란드가 제도적으로 학문 발전을 뒷받침한 것도 바로 이 때문이란다.

이들 나라는 주로 협회나 아카데미를 세우는 데 많이 후원했어. 1635년 프랑스의 왕 루이 13세는 프랑스 아카데미를 세워 나라말을 순화하고 발전시키도록 독려했단다. 또 루이 14세는 문학, 과학, 예술 아카데미를 세우며 절대 왕정의 문화 정책에 모범이 되었지.

영국에서도 1660년 왕립 협회가 만들어졌단다. 영국은 신교 국가인 만큼 왕이나 교회의 큰 간섭 없이 왕립 협회가 자유롭게 운영되었어. 이러한 국가의 뒷받침 덕분에 과학, 의학, 철학 분야에서 커다란 성과가 쏟아져 나왔지.

당시 왕립 협회 회원이었던 뉴턴은 우주 만물의 자연법칙을 수학적으로 설명하려 했어. 뉴턴은 우주의 모든 물체가 당기는 힘과 미는 힘에 따라 운동을 계속한다는 이론을 펼쳤고, 이러한 법칙이 사과와 같은 지구의 물체에도 적용된다고 주장했어.

지금은 이 주장이 당연하게 여겨지지만 프랑스 궁정과 교회에서 볼 때에는 사회의 질서를 단번에 무너뜨릴 수 있는 위험천만한 시도였단다. 가톨릭에서는 모든 자연

빛 실험을 하는 뉴턴의 모습이다. 뉴턴은 프리즘 실험으로 빛이 광선으로 이루어졌음을 밝혀냈다.

지동설을 주장한 코페르니쿠스(왼쪽)와 지동설을 설명한 그림(오른쪽)이다. 지구가 태양을 중심으로 돈다는 지동설은 지구가 우주의 중심이라고 믿던 당시 유럽 사람에게 큰 충격을 주었다.

현상을 신의 뜻이라고 해석해 왔는데, 그걸 인정하지 않는 주장이었으니까.

하지만 르네상스 이후 터져 나오기 시작한 세계에 대한 호기심을 막기는 어려웠어. 고대 그리스와 로마의 과학과 의학 서적들이 소개되고, 이슬람 세계의 점성술과 연금술 책들이 전해지면서 유럽 인들은 새로운 눈으로 자연 세계를 관찰하기 시작했거든.

의학자인 하비는 사람의 몸에 대해 새로운 연구를 했고, 코페르니쿠스, 케플러, 갈릴레이 같은 과학자들은 실험과 관찰을 거듭하며 지구를 비롯한 여러 행성이 태양을 중심으로 움직인다는 사실을 밝혀냈어. 결국, 지구가 우주의 중심에 있다고 주장하는 가톨릭의 세계관은 걷잡을 수 없이 무너져 갔단다.

당시 유럽 사회의 모든 생각을 뒤흔든 움직임은 철학 분야에서도 일어났어. 영국의 철학자 베이컨은 가톨릭을 가차 없이 비판했어. 가톨릭이 낡은 생각에 사로잡혀 새로운 인식을 가로막고 있다는 것이었지. 베이컨은 우주의 진리는 신의 뜻으로 설명할 수 없으며, 오직 실험과 관찰을 바탕으로 하는 과학을 통해서 밝힐 수 있다고 주장했어.

프랑스의 철학자 데카르트 역시 모든 불확실한 편견을 몰아내야 한다고 생각했어. 데카르트는 사람들이 알고 있는 여러 지식이 사실은 옛날부터 전해 오던 생각을 비판 없이 받아들이면서 쌓인 것이라고 보았어. 그리고 데카르트는 이 세계가 신의 뜻에 따라 움직인다는 생각도 거부했어. 인간을 포함한 모든 움직이는 물체는 신의 뜻이 아니라 수학적으로 설명할 수 있는 자연법칙을 따른다고 생각했지.

이렇게 자연과 우주를 과학적으로 이해하고 탐구하는 태도는 사회 질서에 관한 생

과학의 발달로 유럽 인들은 종교적인 세계에서 벗어나 새로운 세계에 눈뜨게 되었다.

각을 뿌리째 바꾸기 시작했어. 특히 왕은 신의 대리인이고, 백성은 왕에게 무조건 복종해야 한다는 이론이 거센 비판을 받았단다.

이 무렵 존 로크는 '사회 계약'이라는 개념을 주장했어. 무슨 뜻이냐면, 사람이 사회와 자연의 위협으로부터 보호받기 위해 왕과 계약했다는 얘기야. 그러니 왕은 계약대로 백성의 권리와 안전을 지켜 주어야 한다는 뜻이지.

과학 혁명의 성과들

1543년 코페르니쿠스, 지동설 발표
1589년 갈릴레이, 물체의 낙하 연구
1609년 케플러, 행성의 운동 법칙 발견
1620년 베이컨, 『신기관』 발표
1628년 하비, 혈액의 순환 발견
1637년 데카르트, 『방법서설』 발표
1642년 파스칼, 덧셈 기계 발명
1666년 뉴턴, 중력 법칙 발표

존 로크는 왕이 이 의무를 다하지 않으면, 백성이 왕에 저항할 권리가 있다고 보았어. 마침 그 당시 영국 의회가 절대 왕정에 맞서 저항하고 있었는데, 사회 계약 이론은 절대 왕정 이론을 뒤흔들면서, 시민 혁명이 일어나는 데 큰 영향을 끼쳤단다.

이처럼 17세기에는 자연과 사회에 관한 일부 유럽 인의 생각이 크게 달라지고 있었어. 하지만 그 당시 사람 대부분은 새로이 발전하는 과학과 학문을 이해하지 못했어.

여전히 신에게 구원을 받느냐 못 받느냐 하는 종교적인 논쟁이 많은 사람들 사이에서 가장 큰 관심거리였고, 종교 재판에서 많은 사람이 이단 혹은 마녀로 몰려 잔혹하게 처형되었어. 따라서 과학에서 이룬 새로운 성과를 사회 전체에 퍼뜨리는 일은 18세기의 몫이 되었단다.

군주정은 가장 바람직하다

군주정은 이 세상에서 가장 바람직한 정치 제도이다. 왜냐하면 왕은 하느님을 대신해 백성을 다스릴 뿐 아니라, 작은 하느님으로 불리기도 하기 때문이다. 군주정을 설명하는 중요한 핵심 세 가지가 있다. 먼저 『성서』에서 왕은 작은 하느님으로 불린다. 따라서 왕의 권력은 신의 권력에 빗댈 수 있다. 다음으로 왕은 가족에서 아버지와 같다. 왜냐하면 왕은 실제로 국가의 부모이고, 백성의 정치적 아버지이기 때문이다. 끝으로 왕은 사람의 몸 중에서 머리에 해당한다. (…) 군주정은 왕의 권력을 신의 섭리에 닿게 하는 제도이다. 따라서 왕이 하는 일을 두고 논쟁하는 것은 신의 일에 대해 논쟁하는 것이며, 이는 곧 신을 욕되게 하는 일이다.

영국 스튜어트 왕조의 첫 번째 왕인 제임스 1세가 1610년에 의회에서 연설한 내용이다. 제임스 1세는 젊어서부터 왕권신수설을 열렬히 믿고 따랐다. 그래서 『자유로운 군주국의 진정한 법』이라는 책을 쓰기도 했다. 그런데 제임스 1세의 이러한 태도는 잉글랜드의 전통과 완전히 반대되는 것이었다. 자연히 의회가 크게 반발했고, 왕과 의회의 관계는 금세 나빠졌다. 결국, 그의 아들인 찰스 1세 시대에 이르러 심각한 내전이 일어났다. 그 뒤로 영국에서는 왕과 의회가 서로 도우며 정치를 이끌어 가는 입헌 군주제가 서서히 뿌리를 내렸다. 그림은 제임스 1세 초상화이다.

이스탄불에 있는 토프카프 궁전의 튤립 문양이 조각된 물 마시는 시설.

술레이만 1세가 세상을 떠나면서 오스만 제국은 서서히 기울기 시작했어. 특히 1571년 레판토 해전에서 유럽의 연합 함대인 신성 동맹군에 패배한 일은 오스만 인의 자존심에 큰 상처를 남겼지. 이때부터 오스만 제국은 지중해에서의 주도권을 잃었고, 유럽으로 뻗어 가던 기세도 한풀 꺾였단다. 이 무렵 오스만 제국에서는 무슨 일이 일어나고 있었을까?

흔들리는 오스만 제국

제국의 문제점이 드러나다

16세기 유럽은 새로운 뱃길을 개척해 인도 및 신대륙과의 무역을 늘리고, 르네상스와 종교 개혁 등을 거치면서 새로운 시대로 나아가고 있었어. 특히 신대륙에서 많은 물자와 은이 들어오면서 경제적으로 부유해졌지.

서유럽의 여러 나라는 이를 바탕으로 왕권을 강화해 절대주의 국가로 발전했단다. 반면 오스만 제국은 슐레이만 1세의 뒤를 이어 술탄의 자리에 오른 셀림 2세가 다스리는 동안 여러 어려움에 부딪혔어. 그중에서도 경제적인 어려움이 컸지.

그전까지 오스만 제국은 지중해를 통한 무역으로 많은 이익을 얻었어. 그런데 해양 무역로가 달라지고 신대륙이 발견되면서 지중해에서의 무역이 시들해져 이익이 크게 줄었지. 게다가 이 무렵 신대륙에서 유럽을 통해 들어온 은 때문에 곡물 등의 가격이 오르자 백성의 생활은 점점 어려워졌어.

결국, 사람들은 먹고살기 위해 대도시로 몰려들었지. 그러자 이번에는 도시에서 일자리 구하기가 어려워졌어. 도시 환경도 지저분해지고 말이야.

그뿐 아니라 한때 기세가 꺾였던 사파비 제국과 다시 전쟁을 치르느라 나라 살림이 어려워지고, 군사력이 약해지는 등 제국의 여러 가지 문제점이 하나둘 드러나기 시작했어. 특히 술탄 계승 문제를 둘러싼 지배층의 다툼은 심각한 정치적 위기를 불러왔지.

중앙아시아의 유목 민족이었던 튀르크 인들은 군주의 자식 중 가장 능력이 뛰어난 사람이 군주가 되는 제도를 오래전부터 이어 오고 있었어. 험악한 유목 생활에서 살아남으려면 실전 경험이 많은 강력한 군주가 반드시 필요했거든. 하지만 이러한 방식은 군주 자리를 두고 치열한 다툼을 자주 일으켰어. 게다가 군주가 된 사람이 뒤탈을 없애려고 형제를 죽이기도 하는 등 많은 문제를 낳았지.

그러다 보니 거대해진 오스만 제국을 안정적으로 다스리려면 무엇보다 명확한 술탄 계승 원칙이 필요했어. 그럼, 술탄 계승 제도가 어떻게 달라졌는지 살펴볼까?

예전에는 술탄의 자식이 열여섯 살쯤 되면 지방의 주요 도시로 내보냈어. 그리고 그곳에서 행정 경험을 쌓고, 필요하면 전쟁터에도 나가 실력을 키우도록 했단다.

그런데 술탄 계승 제도가 달라진 뒤로는 술탄의 자식들은 모두 궁전 안에 있는 하렘에서 엄격한 감시를 받으며 살게 되었어. 그러다가 술탄이 죽으면 가장 나이 많은 자식이 다음 술탄이 되었지. 그렇게 순서대로 술탄이 되는 데는 보통 15년이 넘게 걸렸대. 심지어 39년을 기다려 술탄이 된 사람도 있었다는구나.

제국의 혼란이 계속되다

세 대륙에 걸친 대제국을 이끄는 데는 술탄의 강력한 통솔력이 무엇보다도 중요했어. 그런데 술탄 계승 제도가 바뀌어 왕자들이 오랫동안 하렘에서만 지내다 보니, 실전 경험도 없고 교육도 제대로 받지 못한 무능력한 술탄이 자주 등장하게 되었어.

엎친 데 덮친 격으로 한때 용맹하기로 이름을 떨친 예니체리 부대도 점점 무능하고 부패한 집단으로 변해 갔어. 자신들의 요구를 들어주지 않으면 반란을 일으키기 일쑤였지. 심지어는 술탄조차도 마음에 들지 않으면 죽여 버리기까지 했어. 누구보다도 술탄에게 충성하고 제국을 위해 앞장섰던 군대가 이젠 술탄과 제국의 안전을 위협하는 골칫거리가 되어 버린 거야.

한편, 예니체리 반란으로 오스만 2세가 처형된 뒤 술탄이 된 무라드 4세는 그때 나이가 겨우 열한 살이었어. 이 무렵 오스만 제국은 거의 정부가 없는 상태와 마찬가지였어. 곳곳에서 반란이 끊이지 않았고 사파비 인들까지 쳐들어왔어. 무라드 4세는 이런 혼란을 지켜보며 성장했어. 그는 강력했던 제국의 모습을 되찾으려면 개혁이 꼭 필요하다고 생각했지.

행진하는 예니체리의 모습을 그린 기록화이다. 예니체리는 오스만 제국의 발전에 크게 이바지했지만, 점차 제국의 골칫거리가 되었다.

무라드 4세는 먼저 관리의 부정부패를 없애고, 재정 낭비를 막기 위해 제도를 정비했어. 또 직접 군대를 이끌고 나가 지방의 반란을 누르고 사파비 인을 몰아냈단다.

이렇게 제국 정비에 나선 무라드 4세 덕분에 오스만 제국은 안정을 찾아가는 듯했어. 하지만 무라드 4세가 스물여덟 살이라는 젊은 나이에 죽자 제국은 다시 흔들리기 시작했어.

술탄의 권위는 점점 약해질 수밖에 없었단다. 이때부터 술탄은 왕이면서도 나라를 다스리지 않는 있으나 마나한 존재가 되었어. 대신 몇몇 유명한 가문이 높은 관직을 독차지하면서 제국을 이끌어 갔지. 게다가 지방의 토착 세력들마저 중앙 정부에 맞

오스만 제국의 군대가 빈을 에워싸고 공격하는 모습을 그린 기록화이다. 17세기 말, 오스만 제국의 재상인 카라 무스타파가 대군을 이끌고 빈 공격에 나섰다가 실패한 뒤 처형당했다.

서 자신들의 이득을 챙기려고 하는 바람에 제국은 더 빠르게 힘을 잃어 갔단다.

그러다가 1683년, 카라 무스타파 재상이 이끈 오스만 군대가 빈을 60여 일이나 공격하고도 차지하지 못하는 일이 발생해. 이 때문에 오스만 제국의 위기는 절정에 이르렀지. 이때의 상황을 얘기해 줄게.

1683년 초여름, 카라 무스타파는 14만 명의 군대를 이끌고 이스탄불에서 출발했어. 그리고 별다른 저항을 받지 않고 거침없이 나아가 7월에 빈에 도착했지. 모든 상황이 오스만군에 유리했어. 오스트리아 황제는 오스만군이 쳐들어온다는 소식에 가족과 함께 도망가 버렸고, 겨우 1,200여 명의 병사가 남아 빈을 지키고 있었거든.

하지만 카라 무스타파는 전리품에 눈이 먼 나머지 오스트리아군이 스스로 항복해 오기를 기다리며 전쟁을 질질 끌었어. 그사이에 오스트리아 황제는 유럽 여러 나라에 도움을 요청했어. 이에 베네치아, 독일, 폴란드 군대가 오스트리아를 도우려고 달려왔단다. 이 소식에 당황한 카라 무스타파는 서둘러 공격 명령을 내렸어. 하지만 이미 때가 늦어 버렸지. 곧 치열한 전투가 벌어졌고, 오스만군은 오스트리아를 도우러 온 유럽 구원군의 공격을 받아 큰 손실을 보고 물러날 수밖에 없었어.

개혁이 실패로 끝나다

빈 공격이 실패로 돌아간 뒤 무적의 오스만 군대라는 명성도 사라지게 되었어. 그 뒤 오스만 제국은 힘을 모아 맞서는 유럽 나라들과 계속 힘겨운 전쟁을 치러야 했지. 그러다 결국, 1699년에 카를로비츠에서 유럽 나라들과 굴욕적인 조약을 맺고, 영토의 일부를 넘겨줄 수밖에 없었단다. 이때부터 오스만 제국의 영토는 조금씩 줄어들기 시작했어.

이 무렵 술탄이 된 아흐메트 3세는 오스만 제국의 위기를 속이 쓰리지만 인정할 수밖에 없었어. 그중에서도 무기와 군사 기술에서 서유럽 나라들보다 뒤처져 있음을 받아들여야 했지. 아흐메트 3세는 재상 이브라힘 파샤와 함께 제국의 영광을 되찾고자 노력했어. 우선 파리에 외교 사절단을 보내 프랑스의 상황을 알아 오라고 했어.

그런데 외교 사절단이 돌아와서 보고한 프랑스의 모습은 놀랍고도 충격적이었어. 아흐메트 3세는 외교 사절단의 의견을 받아들여 군대를 프랑스식으로 훈련하고, 프랑스에서 군사 전문가도 데려왔어. 그뿐 아니라 군사 기술 학교를 만들어 장교를 기르고, 서유럽의 지식과 기술을 널리 알리기 위해 책도 펴냈단다.

아흐메트 3세는 유럽에 맞서기 위해 '적의 적은 나의 친구'라는 외교 전략을 적극 이용했어. 그래서 당시 합스부르크 가문과 사이가 좋지 않았던 프랑스 왕에게 다가가 동맹을 맺었지. 또 러시아와의 전쟁에서 지고 오갈 데 없던 스웨덴의 카를 12세를 받아들여 나중에 흑해 연안의 땅을 되찾을 때 그를 이용하기도 했어. 그런가 하면 영국과 네덜란드를 중간에 세워 신성 동맹과 새로운 평화 조약을 맺기도 했어.

이처럼 아흐메트 3세는 오스만 제국이 처한 위기에서 벗어나기 위해 여러 방면으로 노력했어. 하지만 주로 군대 개혁에만 힘쓰다 보니 근본적인 제도 개혁으로까지 이어지지는 못했단다.

그런데 아흐메트 3세가 통치한 이 시기를 '튤립 시대'라고 해. 많은 꽃 중에서 왜 튤립이냐고? 그 당시 일부 상류층 사람들이 유럽풍의 정원을 화려하게 꾸미느라 튤립에 관심이 높았거든.

부유한 오스만 인들은 보스포루스 해협과 골든 혼 연안에 화려한 여름 별장을 짓고, 정원을 여러 종류의 튤립으로 꾸몄어. 튤립 축제가 열리면 바다 위에 배를 띄워 멋을 즐기곤 했지. 그리고 유럽식 복장이나 놀이, 가구 같은 소품들이 이스탄불에 널리 소개되었어.

17세기 말, 오스만 제국의 술탄이 사냥을 끝내고 잔치를 벌이는 모습을 그린 기록화이다. 오스만 제국은 개혁이 실패하면서 서서히 무너져 갔다.

그런데 상류층의 사치와 향락이 계속되자 백성의 원성이 높아 갔어. 나라 살림이 가난해지고 물가가 오르는 등 백성의 생활은 날로 어려워졌거든. 게다가 상류층 일부에서 유행한 유럽의 생활 양식에 반발하는 사람도 점점 늘어났어. 유럽에서 들어온 문화가 이슬람교에 바탕을 둔 오스만의 전통과 관습을 해친다고 생각하는 사람이 많아진 거지.

오스만 제국의 정예 부대인 예니체리도 유럽을 본받으려 한 아흐메트 3세의 개혁 방식에 불만을 품게 되었어. 결국, 1730년에 예니체리가 반란을 일으켰고, 아흐메트 3세가 쫓겨나면서 튤립 시대도 막을 내렸단다.

이처럼 오스만 제국은 18세기 초부터 점차 기울기 시작해. 술탄의 힘은 약해졌고, 사회와 경제 질서가 어지러워지면서 백성의 삶도 어려워졌지. 또 유럽 여러 나라와

18세기 말, 오스만 제국의 셀림 3세가 다른 나라의 외교 사절을 만나는 모습을 그린 기록화이다. 셀림 3세는 아흐메트 3세를 이어 유럽 문물을 받아들이고 예니체리를 없애려다가 들켜서 폐위당했다.

의 전쟁에서 잇달아 지면서 제국의 영토가 점점 줄어들었어. 전쟁 비용으로 막대한 돈을 쓴 반면, 영토가 줄어들어 세금을 조금밖에 못 거둔 탓에 나라 살림도 날로 어려워졌고.

제국이 점점 더 위기에 빠질수록 술탄과 오스만 관료들은 무언가 근본적인 해결책이 필요하다는 것을 절실히 깨달았어. 그것은 젊은 지식인들도 마찬가지였지. 이렇게 해서 19세기에 오스만 제국에서는 본격적인 근대화와 개혁의 움직임이 활발하게 일어나게 된단다.

즐거운 낙원으로 가자

네 어머니의 허락을 받아라.

이 일은 금요일 성스러운 예배를 위한 것이라고 말하라.

우리 모두 시간의 고통스러운 지배로부터 이 하루를 훔치자.

부두에 이르는 비밀스러운 길과 뒷골목으로 살며시 도망치자.

우리 즐거운 낙원으로 가자. 오라, 나의 어슬렁거리는 사이프러스여.

너와 나 그리고 고상한 분위기의 가수만 함께 즐기자.

아니 한 사람이 더 있구나. 네가 허락한다면 미친 시인 네딤도 있구나.

나의 즐거운 바람둥이 여인이여, 오늘은 우리의 다정한 친구들을 잊어버리자.

우리 즐거운 낙원으로 가자. 오라, 나의 어슬렁거리는 사이프러스여.

이 시는 오스만 제국의 시인 아흐메트 네딤이 쓴 것이다. 18세기 오스만 제국은 점차 힘을 잃고 있었다. 유럽 나라들과 벌인 전쟁에서 계속 져서 영토를 잃었고, 정치는 어지럽기만 했다. 그러면서 오스만 제국에는 사치와 향락의 분위기가 퍼졌다. 이 시기를 '튤립 시대'라고 하며, 아흐메트 네딤은 튤립 시대의 대표적인 시인이다. 그의 작품들에는 당시 오스만 제국의 흥청망청하던 사회 분위기가 잘 드러나 있다. 그림은 오스만 제국의 술탄이 춤추는 여인을 감상하는 장면을 그린 기록화이다.

쇠사슬에 묶인 아프리카 사람 조각상.

16세기 이후 유럽 국가들은 해상 무역의 주도권과 식민지 지배권을 놓고 치열하게 싸웠단다. 가장 앞서 나가던 에스파냐와 포르투갈은 곧 네덜란드에게 추월당했어. 그리고 17세기 말 이후에는 네덜란드를 밀어내고 영국이 새로운 강자로 떠올랐지. 그렇다면 유럽 국가들의 침략을 받은 식민지의 원주민들은 이러한 사태에 어떻게 대처했을까? 먼저 아메리카로 떠나 보자꾸나.

대서양 삼각 무역의 엇갈린 모습

아메리카에 유럽 식민지가 늘어나다

16세기 전반 멕시코와 남아메리카는 유럽에서 온 에스파냐 인들이 마음껏 설치며 약탈을 일삼는 땅이 되었어. 원주민들은 멕시코와 페루 지역의 은광에 강제로 끌려가 고되게 일하다 목숨을 잃기 일쑤였지. 게다가 유럽에서 건너온 콜레라, 이질 등 각종 전염병으로도 수없이 죽어 갔어.

에스파냐 군인들은 황금과 땅을 빼앗으려고 곳곳에서 전쟁을 벌였고, 그 사이에서 원주민 부족끼리도 다툼과 충돌이 잦아졌단다. 이렇게 해서 불과 100여 년 사이에 원주민의 수가 90퍼센트 가까이 줄어들었어.

한 예로 에스파냐의 코르테스가 도착할 무렵 멕시코의 인구는 2,510만 명이었는데, 100여 년이 지난 1622년에는 75만 명에 지나지 않았단다. 사태가 얼마나 심각했는지 짐작이 가지?

한편, 식민지 건설이 활기를 띠고 유럽 인들이 많이 건너오면서 아메리카에 유럽 문화와 크리스트교가 점차 퍼져 나갔어. 에스파냐 인들이 아메리카를 정복한 데는 원주민에게 크리스트교를 널리 퍼뜨리겠다는 생각도 한몫했거든. 그러니 코르테스가 멕시코 지역에 있던 아스테카 제국을 점령하고는 "우리는 신과 왕에게 봉사하고,

17세기부터 아메리카와 아시아에서 들어온 새로운 작물과 식품으로 유럽 사람들의 식탁은 한결 풍성해졌다.

부를 얻기 위해서 여기에 왔다."고 선언했겠지.

그런데 군인들과 함께 아메리카에 건너온 에스파냐 선교사들은 크리스트교를 퍼뜨리면서 온갖 행패를 부렸어. 원주민이 숭배하던 신상과 신전을 파괴하고, 우상을 믿는 사람을 처단한다며 종교 재판을 열기도 했어. 그리고 학교와 수도원을 세워 크리스트교와 유럽 문명이 우월하다는 생각을 원주민에게 억지로 심어 주는 등 크리스트교를 퍼뜨리는 일에 열을 올렸단다.

그런가 하면 16세기 이후 옥수수, 감자, 토마토를 비롯해 수많은 아메리카 작물이 에스파냐 상인들에 의해 대서양과 태평양을 건너 유럽과 아시아로 퍼져 나갔어. 유럽과 아시아 사람들은 예전보다 훨씬 풍성한 식탁을 갖게 되었어. 또 아메리카에서 거의 공짜로 빼앗은 은과 자원 덕분에 유럽 사회는 인구도 늘고 점점 부유해졌지.

이 무렵 에스파냐는 태평양을 자신들의 '호수'라고 부르며 휘젓고 다녔어. 하지만 그런 에스파냐의 황금시대는 얼마 가지 못했단다. 광대한 영토를 다스리는 데 엄청난 비용이 들었기 때문이야. 게다가 새롭게 떠오른 네덜란드, 영국과의 전쟁에서 잇달아 지면서 에스파냐의 기세는 한풀 꺾일 수밖에 없었지.

그럼, 에스파냐의 무적함대를 물리치고 새롭게 유럽의 강자가 된 영국의 식민지 상황을 살펴볼까?

아메리카 탐험의 바람이 불기 시작하자 영국인들도 부를 찾아 또는 종교의 자유를 찾아 아메리카로 떠났어. 이들은 1607년에 '제임스타운'이라는 첫 정착지를 만들었어. 그리고 1630년대 말, 왕에게 특허장을 받은 식민지 투자 회사와 사업가들이 버지니아, 매사추세츠, 메릴랜드, 코네티컷, 로드아일랜드, 뉴햄프셔, 이렇게 6개의 주를 건설했단다.

또 영국에서 왕과 귀족 사이에 전쟁이 벌어지는 동안 주춤했던 식민지 사업이 다시 활개를 띠면서 캐롤라이나, 뉴욕, 뉴저지, 펜실베이니아가 건설되었지. 이때는 영국이 왕정으로 다시 돌아가는 데 공을 세운 귀족이 식민지 건설에 중심이 되었어.

각 식민지는 서로 다른 목적을 가지고 다른 방식

무적함대

16세기 무렵 에스파냐의 펠리페 2세가 만든 대규모 함대이다. 1571년 레판토 해전에서 오스만 함대를 무찌르고 지중해 해상권을 차지했다. 그러나 1588년 펠리페 2세가 영국을 치려고 함대를 꾸려 나섰다가 플리머스와 칼레 인근 바다에서 큰 타격을 입고 영국에 지고 말았다. 무적함대가 패배하자 에스파냐는 해상권을 영국에 넘길 수밖에 없었고, 이를 계기로 네덜란드가 에스파냐로부터 독립하게 되었다.

영국의 청교도들이 신앙의 자유를 찾아 메이플라워호를 타고 아메리카에 도착한 뒤 기도를 드리고 있다. 이들은 제임스타운이라는 첫 정착촌을 만들었다.

펜실베이니아를 세운 윌리엄 펜이 원주민과 이야기를 나누는 모습을 그린 기록화이다. 펜실베이니아는 훗날 식민 도시들이 영국과 싸울 때 중심 역할을 하였다.

으로 건설되었어. 그래서 식민지마다 종교가 다양했고 정치, 사회, 경제적인 성격도 다 달랐단다. 따라서 서로 간섭하지 않고 제각기 발전해 나갔지.

대다수 식민지의 주민은 종교의 자유와 벼락부자가 될 기회를 잡으려 영국에서 건너온 사람들과 그 후손이었어. 스스로 농사지을 땅을 일구고 마을을 세운 개척자도 많았지. 따라서 이들은 종교의 자유와 정치적 권리를 보장하는 의회를 통해 스스로 식민지를 다스리고자 노력했어. 이들에게 아메리카 식민지는 자유의 땅이자 기회의 땅이었던 거야.

북아메리카의 초기 정착자들은 원주민과 사이가 좋았다고 해. 원주민들에게 풍토에 알맞은 작물과 농사법을 배웠고, 서로 왕래도 하며 지냈대. 그런데 영국에서 건너온 이민자들이 많아지면서 곳곳에서 원주민들과 부딪히기 시작했어. 영국인들이 원주민의 땅을 빼앗고 저항하는 이들을 마구 죽였거든.

아프리카에서 노예 무역이 활발해지다

1490년대 히스파니올라 섬에 살던 원주민의 수는 100만 명에 달했어. 하지만 17세기 무렵에는 채 1만 명도 되지 않았단다. 멕시코 마야 지역도 에스파냐 정복자가 들어온 뒤 전체 인구의 90퍼센트 이상이 죽었어. 이렇듯 16세기와 17세기에 아메리카 원주민은 끊임없는 전쟁과 질병, 강제 노동 등으로 그 수가 빠르게 줄어들었어.

그러자 에스파냐와 포르투갈 사람들은 아프리카의 흑인을 아메리카에 끌고 오기 시작했어. 그러고는 사탕수수, 커피, 카카오, 목화, 쌀, 담배, 인디고 등을 생산하는 농장에서 흑인들을 노예로 부렸어. 잔인한 노예 무역이 본격적으로 시작된 거야.

아프리카의 흑인들은 노예선을 타고 대서양을 건너 아메리카에 왔어. 그런데 노예선에서의 생활은 정말 끔찍했단다. 항해 도중에 10명 중 1명꼴로 죽고, 온갖 질병과 굶주림, 학대에 시달려야만 했지. 그럼에도 이렇게 잔혹한 노예 무역이 200년이나 넘게 계속되었어. 특히 1630년 무렵 사탕수수 재배가 널리 퍼지면서 노예 무역이 더욱 기승을 부렸어. 그리고 1750년 이후에는 동아프리카 지역까지 넓게 퍼졌어. 그러면서 잔지바르가 동아프리카의 주요 노예 시장으로 떠올랐지.

학자들이 짐작하기에 1,200만에서 1,500만 명가량이 노예가 되어 아프리카를 떠나야 했다는구나. 이때 배를 타고 가는 도중에, 아니면 노예 무역상들 사이에 일어난 전쟁으로 죽어간 아프리카 인도 상당수에 이른다고 해.

그런데 아프리카의 노예가 모두 아메리카로 팔려

잔지바르

아프리카 동쪽 탄자니아에 있는 섬이다. 잔지바르는 페르시아 어로 흑인을 뜻하는 '잔지'와 해안을 뜻하는 '바르'가 합쳐진 말로, '흑인들의 해안'을 뜻한다. 고대에 아랍 인이 건설했다. 16세기 이후에는 동아프리카 노예 무역의 중심지로 번영을 누렸다. 그래서 잔지바르에는 아랍풍의 좁고 구불구불한 골목, 노예 시장의 유적, 술탄의 왕궁, 오만 제국의 요새, 이슬람 사원, 영국 탐험가 리빙스턴의 집, 성공회 성당 등이 여전히 남아 있다.

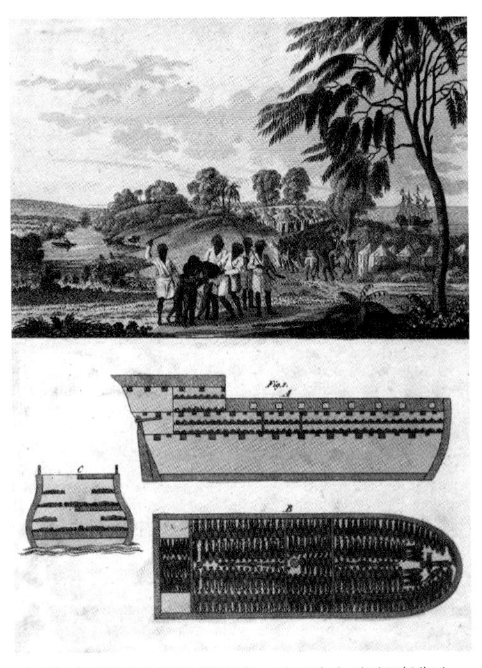
노예 사냥꾼에게 잡혀 끌려가는 아프리카 사람들(위)과 노예선(아래)을 그린 기록화이다.

간 것은 아니야. 일부는 유럽 시장에 수출할 팜유를 생산하는 아프리카 지역 농장에서 일했거든. 또 유럽이나 인도 등으로 팔려가 하인이나 일꾼으로 일하기도 했어.

어쨌든 유럽 인이 아프리카에 가져온 해악은 이뿐이 아니야. 유럽 상인들은 아프리카에 여러 질병을 퍼뜨렸어. 이 때문에 남아프리카에서는 천연두가 퍼져 면역력이 전혀 없던 원주민들이 수없이 죽어 갔단다.

그런가 하면 노예 무역은 끊이지 않고 계속되는 전쟁의 악순환을 불러왔어. 아프리카의 노예를 찾는 유럽 인이 많이 늘어나자 서아프리카 나라의 군주들은 노예를 유럽 인에게 팔고 총과 화약을 사들였어. 그러고는 영토를 넓히고 더 많은 노예를 잡아들이기 위해 또다시 전쟁을 벌였고, 이것은 아프리카 내부의 분열로 이어졌지.

또 노예 무역은 사하라 사막 남쪽의 아프리카 지역 발전에 나쁜 영향을 미쳤어. 그렇지 않아도 인구가 많지 않은 대륙에서 노예 무역으로 생산과 소비를 담당할 사람이 크게 줄어들었기 때문이야.

게다가 아프리카 나라들은 팜유를 생산한 서아프리카와 향신료를 제조한 잔지바르처럼 노예를 이용한 대규모 농장 개발에만 관심을 보였어. 정작 중요한 사회 기반 시설이나 교육, 제조 분야에는 돈을 들이지 않고 말이야. 그 결과, 아프리카와 유럽의 기술 격차는 시간이 갈수록 더 크게 벌어질 수밖에 없었단다.

유럽이 부를 쌓고 번영을 누리다

앞에서 이미 살펴보았듯이 17세기 초, 유럽의 왕들은 다른 나라와의 전쟁에서 이기고, 중앙 집권적인 절대 왕정을 수립하기 위해 애썼어. 그런데 이런 일에는 많은 돈이 필요했어. 세금만으로는 턱없이 부족했지. 그래서 급한 대로 부유한 상인에게 돈을 빌려 쓰기도 했지만, 여전히 부족한 재정을 해결할 수는 없었어.

그래서 왕들은 새로운 방법을 찾아 고심하다 그 당시 큰 수익을 얻을 수 있었던 향신료 무역과 식민지 건설에 앞다투어 나섰단다. 대규모 은광 개발의 시대가 물가 상승으로 막을 내린 이후에도 유럽 국가들은 아메리카를 통해 계속 큰 이익을 얻을 수 있었기 때문이야.

특히 유럽 상인들은 열대 기후에 알맞은 작물을 대량 재배해 유럽 전역과 아시아에

아메리카의 커피 농장을 그린 기록화이다. 아메리카의 농장에서는 커피를 비롯해 사탕수수와 목화의 대규모 플랜테이션 농업이 활발하게 이뤄졌다.

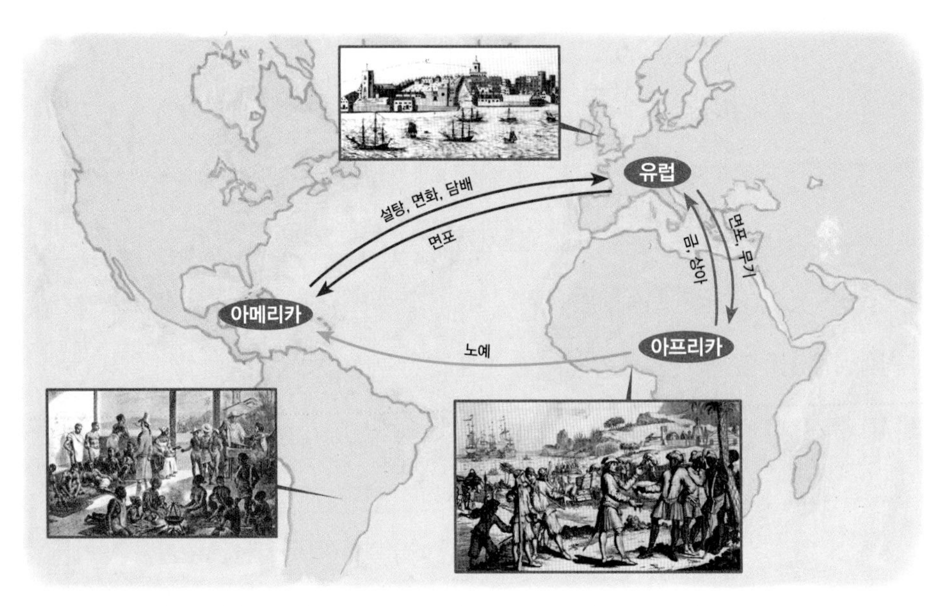

16세기부터 발달한 대서양 삼각 무역 지도이다. 유럽, 아프리카, 아메리카를 잇는 대서양 삼각 무역으로 유럽은 크게 발전한 반면, 아프리카와 아메리카는 크게 손해를 본 불평등한 교역이었다.

팔아 엄청난 부자가 되었어. 영국인들은 버지니아 식민지에 담배를 재배했고, 브라질 연안과 카리브 해의 섬에는 설탕의 원료인 사탕수수를 심었지. 당시 유럽에서는 설탕 수요가 급격히 증가했기 때문에 영국은 17세기 말 카리브 해의 작은 섬들에서 생산된 설탕으로 막대한 이익을 올릴 수 있었단다.

하지만 한 작물만 대량으로 재배하는 플랜테이션 농업 방식은 많은 문제점을 가지고 있었어. 흉년이 들면 생산량이 형편없이 줄어들고, 풍년이 들더라도 생산량이 너무 많다 보니 제값을 받을 수 없었거든.

무엇보다 강제 노동에 가까운 일을 하는 아메리카 원주민의 생활이 말이 아니었어. 그들은 유럽 인 농장주의 눈치를 살피며 근근이 살아가야 했어.

게다가 강제 노동에 동원할 원주민의 수가 턱없이 부족해지자 유럽 인들은 아프리카의 서남해안에서 흑인들을 사냥해 아메리카로 끌고 왔지. 그러니 설탕은 그 자체로도 훌륭한 상품이지만, 노예라는 새로운 '상품'도 만들어 낸 셈이야.

유럽 상인들은 아프리카에 가서 모직물이나 총을 팔아 노예를 산 다음, 아메리카의 사탕수수 농장에 노예를 다시 팔았어. 그 후 아메리카의 설탕과 사탕수수로 만든 술인 럼주 등을 가득 싣고 처음 떠나온 유럽의 항구로 돌아왔지. 이렇게 유럽의 공업 제품과 아프리카의 노예, 아메리카의 설탕을 엮는 삼각 무역을 무사히 마치면 3배 가까이 이득을 얻었다고 해.

이런 삼각 무역으로 가장 득을 본 것은 영국 상인이었어. 이들은 17세기 후반 이후 150년 동안 340만 명의 흑인 노예를 실어 날랐어. 상인들은 이렇게 해서 얻은 이익으로 공장을 세우고 기술을 개발했어. 그 덕분에 영국의 공업 발전이 이루어진 거란다.

번성한 유럽의 항구를 그린 기록화이다. 유럽의 항구들은 대서양 삼각 무역과 함께 빠르게 성장했다.

예를 들어 작은 어촌에 불과했던 리버풀은 대규모 노예 무역항으로 성장한 대표적인 도시야. 그리고 인근의 맨체스터, 버밍엄, 셰필드 같은 도시들도 대호황을 누렸지. 결국, 산업 혁명의 종잣돈은 대서양을 건너 노예로 팔려 간 아프리카 사람들의 희생 위에서 마련된 것이나 다름없어. 오늘날 아프리카가 발전하지 못한 까닭 중 하나도 바로 이때 건강한 젊은이들이 많이 잡혀가서 일할 사람이 없었기 때문이야.

산업 혁명

18세기 후반 영국에서 면제품 수요가 크게 늘어나자, 기계를 사용하는 생산 기술의 변화가 이뤄지면서 시작되었다. 또 기계를 돌리는 데 사용하는 증기 기관이 기계 공업, 제철업, 석탄업, 교통 수단의 발달을 부추겼다. 영국의 산업 혁명은 유럽 여러 나라에 빠르게 퍼져 나갔고, 유럽은 농업 중심의 사회에서 벗어나 산업 사회로 발전했다.

대서양을 중심으로 유럽, 아메리카, 아프리카 세 지역이 무역을 벌이기 시작한 것은 15세기 후반부터였어. 이처럼 세 나라 혹은 세 지역 사이에서 이루어지는 상품 교역을 '삼각 무역'이라고 하는데, 역사상 삼각 무역이 세 지역 사이에서 공평하게 이루어진 적은 거의 없단다.

힘이 센 지역이 약한 지역을 일방적으로 착취하거나 그게 아니라도 힘의 크기에 따라 불공정하게 교역하는 경우가 많았어. 15세기에서 16세기 무렵부터 시작된 대서양 삼각 무역도 사정은 마찬가지였지. 이렇게 불공정한 무역이 지역 간의 빈부 차를 더욱 크게 만든 것은 당연하겠지?

17세기 말 유럽에서는 농업 생산량이 늘고 상업이 발전하면서 상인 계층을 중심으로 사람들의 생활 수준이 높아졌어. 네덜란드가 서서히 기울고 점차 프랑스와 영국이 서로 경쟁하며 앞서 나갔지. 이들 나라는 모두 농업과 수공업을 북돋아 경제를 발전시키는 한편, 식민지를 두고 치열하게 경쟁했어.

반면 유럽 인의 지배를 받게 된 아메리카와 아프리카 사람들의 삶은 점점 어려워지고, 본래 그들만의 문화는 파괴되어 갔단다. 그러나 이들도 무기력하게 당하고만 있지는 않았어. 서서히 유럽 인의 지배에 저항하는 사람들이 나타나기 시작했거든.

아프리카 사람의 눈물

어느 날, 늘 그렇듯이 어른들이 모두 일하러 나가고 나와 누이동생만 집을 보고 있었는데, 두 남자와 여자 한 명이 담을 넘어 들어와서 순식간에 우리를 붙잡았다. 그들은 우리가 소리 지르거나 저항할 새도 없이 우리의 입을 틀어막고 손을 묶은 다음 가까운 숲으로 끌고 갔다.

우리는 그들에게 끌려 밤이 될 때까지 계속 걸어서 드디어 어느 집에 도착했다. 도둑들은 이곳에서 쉬면서 하룻밤을 보냈다. 이때 가서야 우리를 묶은 것을 풀어 주었지만, 우리는 아무것도 먹을 수 없었다. (…) 바닷가에 도착했을 때, 내 눈에 처음 들어온 것은 바다와 노예선이었다. 그 배는 닻을 내리고 화물을 기다리고 있었다. 나는 놀라움에 휩싸였고 그것은 곧 공포로 변했다.

아프리카에 살던 울리노 아퀴아노는 18세기에 노예로 영국에 팔려 갔다가 자유를 되찾았다. 그는 자유를 찾은 뒤 자신의 노예 생활을 생생하게 그린 『회고록』을 펴내 노예 무역과 노예 제도를 없애는 데 앞장섰다. 아퀴아노의 『회고록』에 담긴 내용처럼 많은 아프리카 사람이 자신의 뜻과 전혀 상관없이 노예 사냥꾼에게 잡혀 강제로 유럽과 아메리카 등으로 팔려 갔고, 이 때문에 아프리카는 내부의 심각한 분열과 경제적인 어려움을 겪어야 했다. 그림은 울리노 아퀴아노의 초상화이다.

나라를 발전시킨 군주들

프랑스의 태양왕 루이 14세 (1638~1715)

다섯 살에 왕위에 올라 한동안은 재상의 도움을 받으며 나라를 다스렸지만, 1661년 재상이 세상을 떠나자 재상 제도를 없애고 왕권을 강화해 절대주의 시대의 대표적인 왕이 되었다. 한편, 루이 14세는 상업을 중요하게 여겨 경제와 산업이 발전하도록 도왔다. 또 프랑스의 땅을 넓히기 위해 1667년부터 여러 차례 전쟁을 일으켜 유럽의 주도권을 거머쥐게 되었다. 그리고 왕위에 있는 동안 작가와 예술가를 후원해 고전주의 문학을 꽃피우게 했다.

동아시아의 완벽한 군주 모습을 갖춘 강희제 (1654~1722)

청나라의 네 번째 황제가 되어 청을 위협하는 바깥 세력과 아직 남아 있던 명의 마지막 세력을 무너뜨리고 중국 대륙을 완전히 통일했다. 이후 만주족과 한족의 차별을 없애는 등 백성 모두 하나가 되도록 이끌었다. 강희제는 죽을 때까지 61년 동안 황제의 자리에 있었는데, 이는 중국 역사상 가장 긴 기록이다. 강희제는 황제의 자리에 있으면서 영토를 넓혔고, 농업을 발달시켜 백성의 삶을 안정시켰으며, 많은 책을 펴내 문화 발전에 이바지했다.

가장 뛰어난 쇼군으로 꼽히는 도쿠가와 요시무네 (1684~1751)

일본 도쿠가와 막부의 8대 쇼군으로, 나라의 모든 부분을 바꾸고자 했다. 특히 각 영주들에게 고향을 떠나 에도에 머무르는 기간을 줄여 주는 대신 쌀을 바치도록 하는 제도를 마련해 나라 살림을 풍족하게 했다. 또 유능한 인재를 뽑기 위해 노력했으며, 세금 제도를 고쳐 백성의 부담을 줄여 주고, 경작지를 늘렸으며 상품 작물 재배를 북돋았다. 그리고 과학책에 한하여 서양 책을 수입할 수 있게 허용해 학문 발전을 도왔다.

조선을 새롭게 일으켜 세운 영조 (1694~1776)

1724년 경종의 뒤를 이어 조선의 왕위에 올랐다. 정치를 어지럽히는 당파 싸움을 없애고자 모든 인재를 고루 뽑아 쓰는 탕평책을 펼쳤다. 영조는 조선 왕조 역사상 가장 오랫동안(53년간) 왕위에 있으면서 경제를 발전시키고 세금 제도를 바로잡아 백성의 어려움을 덜어 주려고 많은 애를 썼다.

러시아의 근대화를 이끈 표트르 1세 (1672~1725)

러시아 황제로서는 처음으로 서유럽의 여러 나라를 여행하여 직접 서유럽의 문화를 살폈다. 강력한 권력으로 정치 조직을 개혁한 표트르 1세는 서유럽의 제도와 풍속을 귀족들에게 강제로 따르게 했다. 또 해군을 만들고 학교를 세웠으며 여성에게 사회 활동을 하도록 권하는 등 군사, 행정, 교육, 종교 등 여러 분야를 새롭게 바꾸었다. 1703년에는 '표트르의 도시'라는 뜻의 새로운 수도 상트페테르부르크를 세워 유럽으로 뻗어 가는 발판으로 삼았다.

계몽 군주의 본보기로 꼽히는 프리드리히 2세 (1712~1786)

1740년에 프로이센의 왕위에 올랐다. 강력한 정부와 군대를 만들기 위해 노력했으며, 1756년부터 오스트리아, 러시아, 프랑스와 7년 전쟁을 시작했다. 이때 영국과 손잡고 세 나라의 연합군을 막아 냄으로써 프로이센이 유럽에서 강대국이 되었다. 볼테르와 친분을 가진 계몽 전제 군주였던 프리드리히 1세는 교육과 산업을 북돋아 프로이센을 오스트리아와 견줄 만큼 강력한 문명국가로 만들었다.

역 사 용 어 풀 이

막부(幕府 : 진 막, 관청 부) 1192~1868년에 일본을 다스린 쇼군의 정부. 예전에, 전쟁터나 국경 지역에 장군들이 머물면서 군사를 지휘하던 곳. (153쪽)

지정은(地丁銀 : 땅 지, 장정 정, 은 은) 토지세와 인두세를 하나로 합쳐 은으로 거두는 세금. (158쪽)

중앙 집권 체제(中央 集權 體制 : 가운데 중, 가운데 앙, 모을 집, 권력 권, 몸 체, 제도 제) 권력이 중앙 정부에 집중되어 있는 체제. (161쪽)

왕권신수설(王權神授說 : 임금 왕, 권력 권, 귀신 신, 줄 수, 말씀 설) 왕의 권리는 신으로부터 받은 것이므로 국민이나 의회에 의하여 제한받지 않는 권력을 가졌다는 학설. (167쪽)

절대주의 체제(絕對主義 體制 : 끊을 절, 대할 대, 주장할 주, 뜻 의, 몸 체, 정할 제) 군주에게 무제한의 권력을 부여하려는 사회적인 제도나 조직의 양식. (171쪽)

조세 제도(租稅 制度 : 거둘 조, 세금 세, 정할 제, 법도 도) 각종 세금의 특징과 작용을 고려하여 이루어진, 전체적으로 통일된 세금의 조직. (171쪽)

부국강병(富國强兵 : 부유할 부, 나라 국, 강할 강, 병사 병) 나라를 부유하게 만들고 군대를 강하게 함. (172쪽)

연금술(鍊金術 : 단련할 연, 쇠 금, 방법 술) 금속이 아닌 것을 금 · 은 등 귀금속으로 변화시키는 방법 또는 늙지 않고 오래 사는 신비한 약을 만들고자 했던 화학 기술. (174쪽)

사회 계약(社會 契約 : 모일 사, 모일 회, 맺을 계, 맺을 약) 개개의 인간들이 일정한 질서와 규율 아래서 서로 돕고 공동의 이익을 추구하며, 사회나 국가를 이루는 현상을 계약에 의한 것으로 보아 이르는 말. (176쪽)

이단(異端 : 다를 이, 옳을 단) 오랫동안 이어온 전통이나 권위에 반항하는 주장이나 이론. (176쪽)

5 변화의 길목에 선 지구촌

1708
조선, 대동법
전국 실시

1748
프랑스,
몽테스키외
「법의 정신」 펴냄

1750
조선, 영조
균역법 실시

무굴 제국과 동남아시아의 시련

무굴 제국 내부가 흔들리다
유럽 나라들이 세력을 넓혀 가다
동남아시아가 점차 유럽 나라들의 식민지로 바뀌다
[역사 타임캡슐] 어느 동인도 회사 관리인의 생활

아메리카 유럽 식민지들의 변화

에스파냐 식민지 경제와 문화가 발전하다
영국이 북아메리카 식민지 경쟁에서 승리를 거두다
원주민과 노예들의 저항과 반란이 잦아지다
[역사 타임캡슐] 우리는 당신들을 이해하지 못합니다
[모둠 전시관] 여러 문화가 어울린 무지개 문화

평화와 번영이 가져온 동아시아의 위기

사회 혼란과 문제가 심해지다
유럽 나라들과 충돌하기 시작하다
사회 변화를 바라는 움직임이 활발해지다
[역사 타임캡슐] 사실 이외에 무엇을 따를 것인가

계몽주의 바람이 거센 유럽

부르주아지의 목소리가 점차 커지다
계몽주의가 빠르게 퍼지다
국왕과 교회, 권위를 잃다
[역사 타임캡슐] 서로 편을 갈라 고통 주지 않게 하소서

[세계사 사전] 새로운 사상을 주장한 학자들

1757
인도, 플라시 전투

1762
프랑스, 루소 『사회 계약론』 발표

1765
조선, 홍대용 『연행록』 펴냄

1780
남아메리카, 투팍 아마루 2세 반란
조선, 박지원 『열하일기』 펴냄

1781
청, 『사고전서』 완성

1793
영국, 매카트니 사절단 청 파견

영국의 플라시 전투 승리 기념비.

18세기가 되자 200년 넘게 번영을 누리던 무굴 제국이 기울고, 그 틈을 노려 유럽 나라들의 침략과 약탈이 시작되었어. 그전에 인도 서북쪽을 통해 들어온 이슬람 세력과 달리 유럽 인들은 바닷길을 통해 인도에 왔단다. 유럽 인들은 이익이 많이 나는 인도양 무역을 힘으로 독차지하고, 인도와 동남아시아를 식민지로 만들었지.

무굴 제국과 동남아시아의 시련

무굴 제국 내부가 흔들리다

1707년, 무굴 제국의 황제 아우랑제브가 죽자 황제 자리를 둘러싼 싸움이 이어졌어. "왕좌에 앉을 것이냐, 무덤에 누울 것이냐?"라는 말이 나올 만큼 다툼이 치열해지고, 황제들이 많이 죽었단다. 이 혼란 속에서 무굴 제국은 내리막길로 치달았어. 아우랑제브의 정복 전쟁으로 가뜩이나 비어 있던 무굴 제국의 곳간은 더욱 부실해졌지.

이렇게 무굴 제국의 중앙 정부가 힘을 잃자 각 지역의 제후와 영주들은 스스로 왕이라 부르면서 사실상 독립 국가처럼 행세하고, 서로 세력 다툼을 벌였어.

그중에서 아우랑제브 황제 때부터 무굴 제국에 맞선 마라타 동맹은 무굴 제국의 내분을 이용해서 힘을 키우고, 멀리 북인도와 벵골 지방에까지 그 세력을 떨쳤단다.

18세기 중반에 이르자 마라타 동맹은 무굴 제국을 대신하는 거대한 제국으로 발전했어. 반대로 껍데기만 남은 무굴 제국의 황실은 마라타 동맹의 보호 아래 놓였고.

마라타 동맹은 여러 면에서 무굴 제국 초기 악바르 황제의 정책을 이어 갔다고 할 수 있어. 우선 종교에 차별을 두지 않는 너그러운 정책을 펼쳐 누구나 원하는 종교를 가질 수 있게 보장했어. 그리고 종교의 차이와 카스트의 차별에 얽매이지 않고, 재능에 따라 인재를 뽑았다는 점도 악바르 황제와 닮았지.

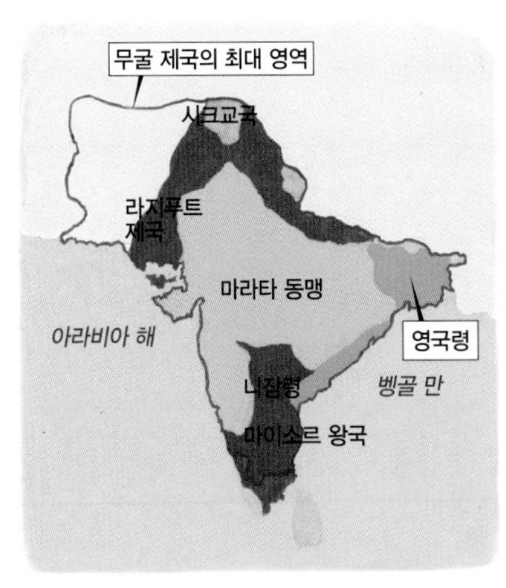

18세기 인도 지도이다. 여러 힌두 왕국과 이슬람 나라로 갈라져 서로 세력을 다투었다.

인도 북부로 세력을 넓히던 마라타 동맹은 1760년, 드디어 당시 무굴 제국의 수도였던 델리를 차지했어. 하지만 오래 버티지는 못했어. 힌두교 세력이 점점 커지는 데 위협을 느낀 무슬림들이 아프가니스탄에 있던 이슬람 지도자 아마드 샤의 세력을 끌어들였거든. 그 뒤로 마라타 동맹은 힘이 약해지고 부족들 사이의 단결도 느슨해졌어.

이 무렵 하이데라바드와 벵골을 다스리던 지배자들도 마라타 동맹처럼 무굴 제국에 더는 복종하지 않고 독립하겠다고 선언했어. 그들은 마라타 왕국과 기울어 가는 무굴 제국의 자리를 노리며 경쟁했지. 또 남부에서는 마이소르 왕국이 목소리를 높였어. 특히 마이소르 왕국의 티푸 술탄은 "평생을 양으로 사느니 단 하루라도 사자로 살겠다."고 큰소리치기도 했단다.

하지만 마라타 동맹과 마이소르 왕국 등 인도의 크고 작은 나라들은 모두 영국 동인도 회사와의 전쟁에서 여러 차례 지면서 인도는 사실상 영국의 속국이 되고 말았지. 결국, 무굴 제국이 기울어 가면서 여러 나라로 나뉜 인도는 우수한 무기를 앞세운 유럽 나라들의 먹잇감이 되고 만 거야.

마라타 기병을 그린 기록화이다. 산악 지역에 주로 사는 마라타 족은 뛰어난 전투 능력을 발휘하여 무굴 제국을 괴롭혔다.

유럽 나라들이 세력을 넓혀 가다

18세기에 무굴 제국이 큰 어려움을 겪는 동안 영국이 인도에서 점차 세력을 넓혀 갔어. 그리고 마침내는 인도를 차지하고 주인 행세를 했단다. 그런데 무굴 제국의 황제들은 18세기까지 영국을 비롯해 유럽 나라들을 대수롭지 않게 여겼어. 모든 것을 다 가진 거대한 제국의 황제였기에 유럽 인에게 관심도 없었고, 잘 알지도 못했지.

무굴 제국이 번영을 누리던 17세기에는 부유한 무굴 제국과 교역하려고 찾아온 유럽 나라가 한둘이 아니었어. 그 당시 인도에는 영국을 비롯하여 프랑스와 덴마크 등 15개 유럽 국가의 동인도 회사가 있었다고 해.

1700년대 중반까지만 해도 무굴 제국이 워낙 강해서 유럽의 동인도 회사들은 무굴

16세기 인도에 진출한 포르투갈의 군대와 인도의 무슬림 상인이 싸우는 모습을 그린 기록화이다.

황제의 뜻을 어기거나 제멋대로 행동하지 못했어. 그저 무굴 황제의 허락을 받아 인도의 해안 지역에 사무소를 차리고, 그곳을 중심으로 주변 지역의 상품을 사서 유럽에 팔아 이익을 챙기는 데 만족해야 했지.

그러다 무굴 제국의 힘이 약해지자 유럽의 동인도 회사들은 점점 더 내륙 깊숙이 들어갔어. 그리고 지방 제후들과 관리들을 돈으로 꾀거나 군대로 위협해, 향료와 인도산 면직물의 교역권을 독차지하려고 서로 경쟁했어. 그러면서 자기들끼리 세력 다툼을 벌였지.

유럽 나라 중 영국이 인도 진출에 가장 적극적이었어. 영국 동인도 회사는 일찍부터 인도에 들어와 있던 포르투갈을 물리친 뒤, 또 다른 경쟁자 프랑스를 상대로 인도를 두고 치열하게 싸웠어.

프랑스 동인도 회사는 루이 14세 때 정부의 강력한 지원을 받으며 인도에 진출하는 데 성공했어. 그 뒤 영국을 견제하려는 무굴 제국의 지원을 받아 영국과의 경쟁에서 유리한 위치를 차지했지. 그렇게 해서 18세기 초에 이르렀을 때 프랑스는 인도에서 기반을 잡고 활발하게 무역을 전개해 나가고 있었어.

사실 영국과 프랑스는 당시에 유럽에서 한창 주도권을 다투고 있었어. 그러다 보니 인도에서도 두 나라의 경쟁은 더 치열할 수밖에 없었지. 영국과 프랑스는 서로 자기 세력을 넓히려고 지방의 지배자들까지 끌어들여 전쟁을 벌였어.

팽팽하게 맞서던 두 나라가 마침내 승패를 가른 것은 1757년 플라시 전투에서였어. 7년 전쟁 도중에 벌어진 플라시 전투는 벵골 지배자에 대한 영국의 복수전으로 시작되었어. 전투가 일어나기 1년 전에 벵골 지배자가 캘커타의 영국 상관을 공격해서 차지했거든. 그러고는 나중에 '블랙홀'이라 불리게 되는 지하 감옥에서 하룻밤에 영국인 123명을 비참하게 죽게 만들었지 뭐야.

영국에서는 로버트 클라이브의 지휘 아래 950명의 군인이 맞서 싸우러 나섰어.

그리고 세포이라 불린 인도인 용병 2,100명도 함께 나섰지. 한편, 5만 명의 벵골군은 프랑스 포병대의 지원을 받아 플라시에서 영국군과 맞섰어. 벵골군은 수가 훨씬 많았어.

하지만 몰래 영국과 내통한 벵골군 기병대장 미르 자파르의 배신으로 벵골군은 힘도 써 보지 못하고 졌단다. 말이 전투지, 실제로는 양쪽 군대에서 죽은 사람이 다 합해도 23명밖에 안 될 정도로 싱거운 싸움이었지. 영국은 이 전투의 승리로 벵골에 대한 각종 특권을 얻었고, 이를 바탕으로 벵골을 차지하게 되었지. 그 뒤 영국의 기세는 거침이 없었어.

영국 군대 지휘관이 벵골 지배자의 아들을 인질로 데려가는 모습을 그린 기록화이다. 영국은 플라시 전투에서 이긴 뒤, 인도에서 빠르게 세력을 넓혀 갔다.

벵골은 인도에서 가장 부유하고 비옥한 지역이면서 화약의 원료인 초석과 비단이 많이 나는 곳이었어. 영국의 동인도 회사는 벵골의 온갖 자원을 영국으로 실어다 날랐고, 영국에서 생산한 상품들을 인도에 가져다 비싸게 팔아 많은 이익을 남겼어. 그러다가 영국 정부는 19세기 초 인도를 식민지로 삼아 200여 년을 지배하게 된단다.

동남아시아가 점차 유럽 나라들의 식민지로 바뀌다

16세기 초 포르투갈은 동남아시아 향신료 무역의 중심지인 믈라카를 힘으로 빼앗았어. 그 뒤 에스파냐, 네덜란드 등 유럽의 여러 나라가 동남아시아로 몰려들어 향신료 무역을 독차지하고 인도양을 누비고 다녔단다. 그러면서 동남아시아에는 군인, 외교관, 상인, 선교사 등 유럽 인이 많이 늘어났어.

그런데 여기서 꼭 알아둘 게 있어. 18세기까지 동남아시아는 대부분 유럽의 지배나 영향에서 벗어나 있었다는 거야. 유럽 나라들은 단지 향신료 교역의 중심지나 중국의 명, 청 등과 교역하는 데 필요한 몇몇 항구와 그 주변 지역을 차지하고 있을 뿐이었지. 대표적인 곳이 믈라카를 포함해 필리핀의 마닐라, 자와 섬에 세운 바타비아 등이야. 바타비아는 오늘날의 자카르타야.

믈라카는 17세기 들어 유럽에서 향신료의 인기가 시들해지면서 더 이상 번영을 누리지 못했어. 하지만 필리핀은 달라. 필리핀은 18세기까지 아직 나라의 꼴을 갖추지 못한 상태였어.

그런데 에스파냐가 중국의 명, 청과 멕시코를 연결하는 국제 무역에 나서면서 마닐라 등을 거점으로 삼았단다. 이후 그 지역은 많은 상인으로 붐비는 큰 항구 도시로 발

바타비아의 네덜란드 상인과 부인을 그린 기록화이다. 네덜란드는 동남아시아에 진출해 교역 근거지인 바타비아를 세워 동남아시아 교역의 주도권을 쥐었다.

전했고, 동남아시아에서 크리스트교가 가장 널리 퍼진 지역이 되었지.

한편, 믈라카가 무너질 때 탈출한 왕과 왕자들은 주변의 여러 섬에 자리 잡고 나라를 세웠어. 그중에 조호르라는 나라는 포르투갈에 계속 맞서 싸웠단다. 나중에는 네덜란드와 손잡기도 했지. 무슬림 상인들은 포르투갈이 점령한 믈라카를 피해 조호르를 찾아왔고, 조호르는 동남아시아의 새로운 교역 중심지가 되었어.

보르네오와 자와를 비롯한 크고 작은 섬에도 여러 나라가 있었어. 그중에 마타람과 아체가 가장 큰 나라였지. 이슬람교를 믿는 마타람과 아체는 처음에 유럽의 포르투갈, 에스파냐, 네덜란드 같은 크리스트교 나라들과 자주 싸웠어. 때로는 큰 싸움을 벌이기도 했는데, 1558년 포르투갈을 공격할 때는 300척의 배와 1만 5,000명의 병사를 동원하기도 했단다.

인도차이나 반도에도 여러 나라가 있었어. 17세기와 18세기를 거치는 동안 세 나라가 강국으로 성장했는데, 오늘날까지 이어지는 베트남과 미얀마 그리고 타이 지역에 있던 수코타이야.

이들 나라는 안으로 내부 통합에 힘을 쏟으면서 밖으로는 저마다 영토를 넓혀 나갔어. 그러다 보니 서로 이웃한 세 나라 사이에 전쟁이 잦았지. 때로는 청의 침략으로 어려움을 겪었고. 하지만 다들 끈질기게 저항하며 독립을 지켜 나갔어.

세 나라는 16세기 이후부터 다른 나라와 교역에 힘을 쏟았어. 그래서 베트남의 호이안을 비롯한 여러 항구가 교역 중심지로 번영을 누렸지. 이들 도시에는 청과 일본은 물론 프랑스, 네덜란드, 영국 등 유럽 나라 상인들의 발걸음이 끊이지 않았단다.

유럽의 선교사들도 이 나라들을 많이 찾았어. 그들은 크리스트교를 퍼뜨리는 데 힘을 쏟았고, 18세기에는 크리스트교를 믿는 사람이 꽤 많아졌단다. 크리스트교와 함께 유럽 문화도 널리 퍼졌지. 그러다 보니 유학, 힌두교, 이슬람교 등 이전부터 전해 내려오는 종교나 문화와 충돌하기도 했어.

18세기 무렵 동남아시아 지도이다. 유럽 사람들은 콜럼버스의 서인도와 구별하여, 인도와 동남아시아 지역을 동인도라고 불렀다. 네덜란드, 영국, 프랑스 등은 동인도 회사를 세워 인도와 동남아시아에 앞다투어 진출했다.

18세기까지 유럽 나라들이 동남아시아에 많이 진출하기는 했지만, 동남아시아 나라들을 함부로 하지는 못했어. 그런데 18세기 중반부터 사정이 달라졌어. 유럽 나라들은 총과 대포를 앞세워 섬나라들은 물론이고 인도차이나 반도의 여러 나라까지 침략하기 시작했어.

19세기가 되면서 동남아시아 여러 나라는 하나둘 유럽 나라들의 식민지가 되고 말았어. 인도에서 영국에 밀려난 프랑스는 베트남에 관심을 두고 영향력을 펼치기 시작했어. 영국은 인도 동쪽 국경을 넘어 미얀마를 넘보았고. 이렇게 해서 동남아시아는 타이를 빼고는 대부분 유럽 나라들의 식민지 신세가 되고 말았단다.

어느 동인도 회사 관리인의 생활

아침 7시쯤, 문지기가 문을 열면 몸종과 전령, 경호원, 집사, 서기, 사무원들이 드나들 수 있게 넓은 거실이 개방된다. 8시가 되면 하인 중 가장 지위가 높은 사람과 고용인들의 우두머리가 주인의 침실로 들어온다.
주인이 침대 밖으로 발을 내미는 순간, 대기하고 있던 모든 하인이 주인의 방으로 들어온다. 그리고 각자 이슬람식 인사를 한다. 주인은 마치 조각상이라도 된 것처럼 손가락 하나 까딱하지 않고 옷을 입는다. 아침 식사로 차와 토스트가 거실에 준비된다. 이발사가 머리를 손질하는 동안에 주인은 계속해서 먹거나 마시거나 담배를 피운다. 주인은 10시에 사무실로 간다.
그리고 오후 2시에 식사를 하러 돌아온다. (…) 더 이상 별다른 노력 없이도, 동인도 회사의 관리인은 엄청난 재산을 모을 수 있다.

이 기록은 18세기 말 인도를 여행한 한 영국인이 벵골 지역의 동인도 회사 관리인의 생활을 묘사한 것이다. 당시 영국은 플라시 전투에서 승리를 거둔 뒤 총독을 임명해 벵골 지역을 직접 다스리고 있었다. 그리고 영국 동인도 회사의 관리인이나 사원으로 근무한 사람들은 뇌물을 받거나 인도 사람들을 괴롭혀 엄청난 재산을 모아, 화려하고 사치스러운 생활을 누렸다. 이들은 보통 100명에 가까운 인도 사람을 자기 집 하인으로 부렸다. 그림은 인도에 근무하던 영국 동인도 회사 관리인을 그린 것이다.

식민지 시기에 지은 미국의 초기 교회.

15세기 말에 콜럼버스가 아메리카 대륙에 첫발을 디딘 뒤 100여 년 동안 아메리카 곳곳에 유럽 나라들의 식민지가 들어섰어. 유럽 나라들은 아메리카의 은과 풍부한 자원을 가져다가 번영을 이루었지. 17세기와 18세기를 거치면서 식민지에서 태어난 백인들은 점차 아메리카를 고향으로 여기기 시작했어. 그러면서 자신들이 그 땅의 주인이라고 당당히 외쳤단다.

아메리카 유럽 식민지들의 변화

에스파냐 식민지 경제와 문화가 발전하다

16세기 이후 에스파냐는 아메리카의 식민지에서 엄청난 은과 자원을 빼앗아 자기 나라로 실어 날랐어. 그런데 17세기가 되면서 변화가 생기기 시작했어. 바다 건너 에스파냐로 빠져나가던 은이 식민지에 머문 채 에스파냐로 들어가지 않기 시작한 거야.

17세기에는 에스파냐뿐 아니라 영국, 프랑스, 네덜란드도 아메리카로 몰려들었어. 그래서 에스파냐 정부는 이들을 막기 위해 식민지 곳곳에 군사 시설을 만드는 데 많은 돈을 들여야만 했거든.

까닭이야 어쨌든 에스파냐가 식민지에 돈을 투자하다 보니 식민지의 산업과 경제가 살아나기 시작했어. 그리고 식민지에서 생산된 직물, 포도주, 담배 등 일부 상품이 은 대신에 에스파냐와 유럽 여러 나라에 수출되기도 했지.

상품 생산과 수출이 늘자 지역 사이에 교통과 경제가 발달했어. 어느덧 에스파냐에서 온 사람들뿐 아니라, 식민지에서 태어난 에스파냐 사람들, 원주민과 에스파냐 인 사이에서 태어난 혼혈인 메스티소까지 어느 정도 경제적 여유를 누리게 되었단다.

그렇긴 해도 식민지에서 가장 힘센 부류는 에스파냐에서 건너온 사람들이었어. 이들은 식민지에서 높은 관직을 차지하고 많은 특혜와 권력을 누렸지. 식민지에서 태

유럽에서 건너온 페닌술라가 아메리카 식민지 사회의 꼭대기 층을 차지했고, 식민지에서 태어난 크리오요는 그 아래였다. 크리오요 밑에 삼보를 비롯한 여러 혼혈인이 있었다.

어난 에스파냐 인은 따로 크리오요라고 불렀어. 이들은 같은 에스파냐 사람인데도 높은 관직에 올라갈 수 없고, 정치적인 힘을 가질 수도 없었어.

크리오요의 수는 시간이 흐르면서 점점 불어나 나중에는 에스파냐에서 건너오는 사람보다 더 많아졌어. 17세기 말에는 20만 명을 넘어섰지. 크리오요들은 아메리카에서 태어났기 때문에 에스파냐에서 건너온 사람들보다 농장 경영이나 장사 등 경제 활동에서 좀 더 수완을 발휘할 수 있었어. 그래서 점차 많은 재산을 쌓게 되었지.

또 크리오요들은 서로 교류하며 사회적, 문화적 활동도 활발히 했어. 정치나 행정에서도 목소리를 내고자 온갖 노력을 기울이기 시작했단다. 이 무렵 에스파냐 정부는 다른 나라와 자주 전쟁을 벌이느라 나라 살림이 크게 쪼들렸어. 그래서 부유한 크리오요에게 돈을 받고 식민지를 관리하는 각종 관직을 팔기 시작했어. 곧 크리오요들이 식민지 정부의 여러 관직을 차지하게 되었지.

크리오요들은 에스파냐 문화를 바탕으로 아메리카 원주민 문화를 받아들여 독특한 자신들의 문화를 만들었어. 이렇게 발달한 남아메리카 특유의 문화는 지금도 전해지고 있단다.

영국이 북아메리카 식민지 경쟁에서 승리를 거두다

18세기 초 북아메리카 동부 해안 지대에는 영국 사람들의 정착촌이 13군데 있었어. 이들 정착촌은 담배, 모피 그리고 통나무를 비롯해 숲에서 나온 각종 제품을 갖고 영국과 교역하며 경제적인 번영을 누렸어.

영국의 13개 식민지가 발전하는 동안에 프랑스의 식민지도 계속 넓어졌어. 오늘날 캐나다에 있는 퀘벡을 중심으로 세력을 넓힌 프랑스는 18세기 초까지 북아메리카 대륙 중부의 루이지애나를 비롯해 꽤 넓은 지역을 차지하고 있었단다. 프랑스 인들은 주로 모피 교역을 하면서 인디언 부족들과 가깝게 지냈어.

식민지 개척 초기에는 영국인과 프랑스 인이 비교적 평화롭게 어울려 살았단다. 그러나 18세기에 이르러 두 나라의 식민지가 점차 넓어지면서 경계를 마주하게 되자 서로 다투는 일이 잦아졌어. 게다가 가톨릭교도인 프랑스 정착민과 신교도인 영국 식민지 주민 사이의 종교 차이 때문에 사이가 더 나빠지기도 했지.

북아메리카 식민지 경쟁

- 1604년 프랑스, 캐나다 퀘벡에 식민지 건설
- 1607년 영국, 버지니아 제임스타운 건설
- 1620년 영국 메이플라워호, 매사추세츠 도착
- 1664년 영국, 뉴암스테르담을 빼앗음
- 1682년 프랑스, 루이지애나 차지
- 1718년 프랑스, 뉴올리언스 건설
- 1763년 영국, 프랑스 식민지를 빼앗음

그러다가 18세기 중반 유럽에서 영국과 프랑스 사이에 전쟁이 벌어지면서 아메리카의 두 나라 식민지들도 전쟁에 휘말렸어.

사실 전쟁은 유럽에서보다 북아메리카 식민지에서 먼저 시작되긴 했어. 1754년, 인디언과 손잡은 프랑스 인들이 영국 식민지인들이 차지하려고 노리던 오하이오 계곡에 밀고 들어와 요새를 건설하면서 충돌했거든.

이때, 버지니아 총독은 나중에 미국의 첫 대통령이 되는 조지 워싱턴 대령을 앞세워 프랑스 인들을 몰아내려 했지만, 오히려 지고 말았어. 그러다 2년 뒤에 유럽에서 전쟁이 시작되자, 영국과 프랑스는 이 전쟁이 중대한 고비가 될 것으로 생각하고 전쟁에서 이기기 위해 온 힘을 쏟아부었어.

영국 정부는 식민지 주민을 강제로 병사로 뽑아 싸움터에 내보내고 주민에게서 필요한 전쟁 물품을 거둬들였어. 심지어 아무런 대가도 없이 군인들에게 잠자리와 음식을 내주도록 강요하기도 했지. 식민지 주민은 이러한 정책에 거세게 저항했는데, 이 때문에 때로는 영국군이 제대로 전투를 할 수 없을 정도였다고 해.

초반에는 전쟁이 영국에 불리하게 돌아갔어. 영국군은 여러 곳의 싸움에서 졌고, 북아메리카의 식민지 주민도 패배와 좌절을 겪었지. 하지만 1757년, 영국에서 피트가 수상이 되면서 전쟁 비용을 늘리고, 병사와 주민의 충성심과 사기를 높이면서 전쟁 분위기가 뒤집어지기 시작했어.

피트 수상은 식민지 주민에게 강요했던 무리한 요구를 거둬들이고, 전쟁이 끝난 뒤 보상해 주겠다고 약속하면서 주민이 프랑스와의 전쟁에 참여하도록 했어. 반대로 프랑스는 1757년 이후 농사를 망쳐 전쟁 물품을 마련하는 데 어려움을 겪게 되면서 처음에 거둔 승리를 계속 이어갈 수 없었지. 결국, 1760년 영국군이 프랑스군의 항복을 받으면서 북아메리카에서의 '7년 전쟁'이 끝났단다.

영국은 인도에서도 프랑스와 싸워 이겼어. 그 뒤 1763년 2월 파리에서 열린 강화

7년 전쟁 때 영국군과 프랑스군이 싸우는 장면을 그린 기록화이다. 7년 전쟁에서 영국군이 이겨 북아메리카에서 주도권을 쥐기 시작했다.

조약에서 영국 정부는 프랑스가 차지하고 있던 캐나다 지역의 프랑스 식민지 전부와 미시시피 강 동쪽 지역, 카리브 해의 서인도 제도와 노예 무역항인 아프리카의 세네갈을 넘겨받았단다. 그리고 인도를 독차지할 수 있는 권리도 인정받았어. 또 영국은 에스파냐로부터 플로리다까지 넘겨받았지.

이로써 영국은 유럽에서뿐 아니라 북아메리카에서도 최고 강자가 되었고, 세계 곳곳에 식민지를 둔 '해가 지지 않는 제국'을 만들어 갈 수 있었던 거야. 그렇지만 영국은 곧 그 대가를 치러야 했어. 앞에서 프랑스와 전쟁을 치르면서 아메리카 식민지 주민에게 큰 부담을 주었다고 얘기했지? 그때 어려움을 겪은 식민지 주민은 전쟁이 끝나기만 하면 영국 정부가 크게 보상해 줄 것으로 기대하고 있었거든.

원주민과 노예들의 저항과 반란이 잦아지다

아메리카에서 유럽 인들이 정치 권력과 경제력을 독차지하고, 총과 같은 강한 무기를 휘두르는 상황에서 원주민의 생활은 갈수록 어려워졌어. 그럴수록 유럽 인의 지배와 탄압에 저항하는 원주민의 운동은 계속 이어졌단다. 그중 가장 대표적인 것을 꼽으라면 투팍 아마루 2세의 저항 운동을 들 수 있어.

투팍 아마루 2세는 1742년에 지금의 페루 지역인 에스파냐 식민지에서 태어났어. 원래 이름은 호세 콘도르캉키였지. 콘도르캉키는 남아메리카 원주민과 에스파냐 인 사이에서 태어난 메스티소이기는 했지만, 잉카 인의 후예라는 자부심을 강하게 품었다고 해.

아메리카의 노예 농장을 그린 기록화이다. 아메리카 플랜테이션 농장에는 아프리카에서 노예로 팔려온 많은 사람이 엄격한 감시를 받으며 고된 노동에 시달렸다.

비교적 부유했던 콘도르캉키는 십 대 때부터 잉카의 전통이 남아 있는 지역을 여행할 수 있었어. 그러면서 잉카의 후예들이 에스파냐 인에게 인간보다 못한 대우를 받고 사는 모습을 보았지. 그리고 이를 바로 잡아야겠다고 생각했단다.

콘도르캉키는 에스파냐 정부에 원주민의 생활 수준을 높일 수 있게 해 달라고 정식으로 요청했어. 그러나 에스파냐 식민지 정부는 전혀 관심을 보이지 않았지. 그러던 중 고향의 행정관이 포악한 행실을 하자, 몹시 화가 나서 식민지 정부에 맞서는 전쟁을 시작했어.

에스파냐 정부에 맞서 전쟁을 시작하면서 그는 자기 자신을 투팍 아마루 2세라고 불렀어. 잉카 제국의 마지막 황제였던 투팍 아마루의 뒤를 잇는다는 의미였지.

아마루 2세가 저항 전쟁을 시작하자마자 수천 명의 원주민이 병사로 나섰어. 그 덕분에 한동안은 지금의 페루 남부 지역과, 볼리비아, 아르헨티나 북부까지 이르는 넓은 지역을 손에 넣을 수 있었단다. 아마루 2세는 자신이 차지한 지역에서는 노예 제도를 없애고, 원주민이 그 땅의 주인이라고 널리 알렸어.

그런데 아마루 2세는 채 2년을 넘기지 못하고 에스파냐에 지고 말았어. 그 뒤 많은 사람이 보는 앞에서 잔인하게 처형당했지. 하지만 아마루 2세가 죽은 뒤에 원주민의 저항 운동은 더욱 잦아지고 거세졌어. 아마루 2세는 오늘날까지도 원주민 사이에서 가장 용감한 사람으로 존경받고 있단다. 현재 페루의 화폐에 투팍 아마루 2세의 얼굴이 새겨진 것만 봐도 알 수 있지.

아메리카에서 원주민 말고도 어려운 생활을 한 사람들이 또 있어. 바로 아프리카에서 온 노예들이야. 노예들도 원주민처럼 더 나은 삶을 살고자 저항 운동을 벌였어. 그런데 이들이 저항 운동보다 좀 더 많이 택한 방식은 도망이었어. 특히 중남미 지역은 주변에 숲이 울창하고, 원주민 사회가 이들에게 너그러웠기 때문에 도망치는 노예가 많았단다.

도망친 노예들이 만든 공동체를 '마룬'이라고 해. 마룬은 에스파냐 어 '시마른'에서 비롯된 말로, 자유를 찾아 도망친 노예를 뜻한단다. 브라질 같은 곳에서는 도망친 노예와 원주민이 함께 공동체를 이루어 특유의 문화를 만들어 내기도 했어. 특히 사라졌던 아프리카의 전통이 마룬 속에서 많이 발견되기도 하지. 마룬은 부근의 백인 지배자와 싸우면서 노예 해방 운동에 크게 이바지하기도 했어.

중남미 지역과 달리 18세기까지 북아메리카에서는 마룬 공동체가 그리 발달하지 못했어. 그것은 당시까지 북아메리카 흑인 노예의 인구 비율이 중남미 사회에서보다 적었기 때문이야. 또 노예 농장의 규모도 작은 편이었어. 대개 주인이 4명에서 5명 정도의 노예를 데리고 살았고, 노예가 20명이 넘는 대농장은 그리 많지 않았거든. 그러다 보니 주인과 노예가 한 마당 안에 가까이 사는 경우가 많아 도망가는 게 쉽지 않았고, 혹시 도망치더라도 쉽게 잡혔지.

그래도 노예들은 자유를 찾아 계속 도망쳤어. 백인의 눈을 피해 달아나는 데 성공한 이들은 멀리 북쪽으로 캐나다까지 가서 삶의 터전을 마련했지. 이렇게 도망에 성공해 자유를 찾은 노예들의 이야기는 농장에서 여전히 고된 노동에 시달리던 노예들 사이에서 전설이 되었고, 어려운 생활을 버티게 하는 큰 힘이 되었단다.

우리는 당신들을 이해하지 못합니다

우리는 당신들을 믿고 넓은 땅을 내주었다. 그러자 당신들은 점점 많이 찾아와 더 많은 땅을 원했다. 나중에는 아예 우리 땅 전체를 손에 넣으려고 덤벼들었다. 당신들이 일부 인디언들을 돈으로 꾀어 다른 인디언들과 싸우게 한 탓에 많은 인디언 부족이 사라졌다. 또 당신들은 독한 술을 들여와 우리더러 마시게 했고, 그 때문에 수많은 사람이 목숨을 잃었다.

당신들은 우리 아이들을 데려가 당신들의 학교에서 교육하고 당신들의 종교를 가르쳤다. 나중에 그 아이들이 가족에게 돌아왔지만, 그들이 배운 기술은 우리에게 아무 쓸모가 없고 우리의 문화와도 거리가 멀었다. 그들은 쓸모없는 욕망에 길들여져 있었다. 이 숲 속에는 없던 악의 씨앗을 당신들의 도시에서 들이마신 것이다. 더는 인디언도 아니고 백인도 아닌 그들은 인디언에게 무시당하고, 백인에게 업신여김당한다. 어느 쪽 가치관도 갖지 못한 탓이다.

18세기 말 아메리카 세네카 족의 추장 '붉은 윗도리'가 백인들에게 한 연설이다. 그는 아메리카 원주민의 삶을 무시하는 백인들에게 함께 살 수 있는 지혜를 요구했다. 하지만 백인들은 추장의 말에 끝내 귀 기울이지 않았으며, 아메리카 원주민은 터전을 잃고 죽어 갔다. 붉은 윗도리는 1830년 백인들이 정해 준 인디언 보호 구역 안에서 마지막 눈을 감을 때까지, 백인들의 지배에 맞서 인디언의 문화와 종교를 지키고자 온 힘을 다했다. 그림은 붉은 윗도리의 초상화이다.

모둠 전시관

여러 문화가 어울린 무지개 문화

15세기 이후, 유럽 나라들이 아메리카 나라들을 식민지로 만들어 지배하면서 유럽 문화가 많이 들어왔어. 그러면서 아메리카의 원주민 문화와 섞여 독특한 혼혈 문화를 꽃피웠지. 여기에 아프리카에서 노예로 팔려 온 사람들을 통해 아프리카의 전통 문화까지 한데 어우러졌어. 그래서 지금도 아메리카에는 무지개처럼 여러 문화가 한데 섞인 다양하고 색다른 문화가 꽃피고 있단다.

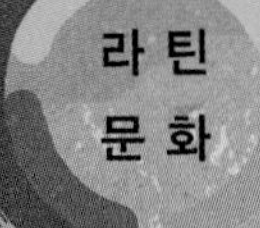

원주민 신앙과 어우러진 크리스트교

오늘날 아메리카 사람들은 대부분 크리스트교를 믿어. 유럽 나라 사람들이 원주민의 신앙을 무시하고 크리스트교를 강제로 믿게 했기 때문이지. 하지만 원주민들은 크리스트교를 자기들의 신앙과 버무렸어. 그렇게 해서 나타난 대표적인 것이 남아메리카의 성모로 떠받들어지는 '과달루페의 성모'란다. 원주민처럼 갈색 피부와 검은 머리카락을 가진 과달루페의 성모는 원주민의 전통 신앙이 지닌 환상적이고 신비로운 느낌을 잘 드러내고 있단다.

열정 속에 불안감이 배어 있는 음악과 춤

아메리카에는 화려하고 열정적인 축제가 많아. 이와 함께 타악기 리듬과 슬픈 바이올린 선율에 몸을 맡기는 삼바, 탱고 등 다양한 음악과 춤도 발달했어. 축제는 고향을 떠나온 아프리카와 유럽 사람들이 그리움과 불안감을 달랠 좋은 행사였어. 이들은 축제에서 흥겨운 음악과 리듬에 맞춰 몸을 움직이며 자기도 모르게 불안감과 우울함을 떨쳐 버렸지. 그래서 아메리카의 춤과 음악에는 정열과 서글픔이 함께 녹아 있단다. 겉으로는 화려하고 정열적이며 밝아 보이지만, 그 깊은 속을 들여다보면 슬픔과 아픔이 배여 있는 걸 느낄 수 있지.

원주민의 생활 속에 파고든 유럽의 의복과 음식

유럽과 아프리카의 의복과 음식은 오랜 시간을 두고 원주민의 생활 속에 들어와 자리를 잡았어. 그러면서 겉모습은 유럽의 양식인데, 수놓인 문양은 원주민의 전통을 따른 의복이 나타났지. 에스파냐의 전통 의상인 숄은 오늘날 아메리카 사람들이 다양한 방식으로 이용하고 있어. 셔츠와 바지도 유럽 사람을 통해 전해졌는데, 아메리카 사람들은 여기에 줄무늬나 바둑무늬 같은 전통 무늬를 넣은 옷을 즐겨 입는단다. 혹시 아메리카의 대표적인 음식 가운데 하나인 '타코'를 아니? 아메리카 사람들은 원래 옥수수 가루 반죽을 빈대떡처럼 넓적하게 만들어 익힌 토르티야를 즐겨 먹었는데, 여기에 유럽 사람들이 들여온 밀, 양파, 쇠고기, 닭고기 등을 싸서 먹은 음식이 바로 타코야. 그러니까 타코는 아메리카와 유럽의 재료가 만나 탄생한 음식이라고 할 수 있지.

유럽과 원주민의 전통 양식이 녹아 있는 건축

남아메리카의 큰 도시에는 교회를 비롯해 거대하고 화려한 유럽식 건축물이 많이 남아 있어. 모두 식민지 시절에 원주민의 손으로 지은 거야. 이 건축물들은 얼핏 보면 유럽의 건축물과 비슷해. 하지만 잘 살펴보면 구석구석에 아스테카와 잉카의 신과 꽃, 동물 들이 새겨져 있단다. 그래서 유럽식 건축물보다 훨씬 화려하고 독특한 분위기를 갖고 있어.

베이징에 있는 청 황제들의 여름 별장.

유럽 나라들이 전쟁을 겪으며 나라의 힘을 키우느라 애쓰는 동안, 동아시아 여러 나라는 17세기 중반부터 200여 년 가까이 평화와 번영의 시대를 누렸어. 하지만 태평한 세상이 너무 오래 이어진 탓일까? 청, 조선, 일본 세 나라는 현실에 만족한 나머지 새로운 문제들에 제대로 대처하지 못했어. 결국, 동아시아는 제자리에 머물러 있다가 큰 어려움에 처한단다.

평화와 번영이 가져온 동아시아의 위기

사회 혼란과 문제가 심해지다

앞에서 청, 조선, 일본이 안정과 평화를 누리는 동안 농업과 수공업, 상업 등이 크게 발달했다는 이야기를 했지? 이와 함께 이 무렵 널리 쓰이기 시작한 화폐가 경제를 더욱 활발히 돌아가게 했다는 것도.

그 덕분에 이전보다 물자가 넘치고 사람의 이동이 활발해졌어. 사람들의 생활도 한결 나아졌고. 그리고 명분이나 도덕보다 돈과 이익을 먼저 따지는 등 생각도 크게 변했단다. 특히 인구가 빠르게 늘면서 사회에 많은 변화를 가져왔어.

18세기 말 청나라의 인구는 3억 명을 넘어섰어. 조선과 일본도 불과 200년 사이에 각각 1,500만 명과 2,500만 명으로 늘어났지. 이 시기에 인구가 부쩍 늘어난 까닭은 여러 가지야. 우선 200여 년 동안 많은 사람이 죽고 다치는 큰 전쟁이 없었어. 의술이 발달하고 위생 환경이 크게 나아진 것도 한 가지 원인으로 꼽을 수 있지. 또 농업 기술이 빠르게 발전하고 너도나도 버려진 땅을 일구어 농경지도 많이 늘어났단다.

그리고 또 하나 중요한 원인이 있어. 청, 일본과 교역하던 에스파냐, 네덜란드 상인을 통해 옥수수, 감자 같은 아메리카 신대륙의 작물이 들어온 거야. 옥수수, 감자 등은 마른땅에서도 살 수 있고, 빨리 자라는 작물이야. 그래서 가뭄 등으로 농사를 망

쳐도 굶어 죽는 사람이 이전보다 훨씬 적었지.

그런데 짧은 시간에 인구가 너무 많이 늘어나는 바람에 시간이 갈수록 식량 부족 문제가 다시 심각해졌어. 농업 생산량이 꾸준히 늘긴 했는데, 그보다 인구가 늘어나는 속도가 더 빨랐던 거지. 게다가 시간이 갈수록 개간할 황무지도 줄어들어 어느 시점부터 더는 토지가 늘어나지 않았어.

이렇게 되자 농사지을 땅이 없어 떠도는 농민이 늘어났어. 이들은 대개 일자리를 찾아 도시로 몰려들었지. 그러자 도시에서 일하는 사람들의 일자리가 줄어들고, 임금이 낮아졌단다.

여기에 상품 화폐 경제가 발달하면서 부자와 가난한 사람의 차이가 더욱 벌어졌어. 부자들은 높은 이자를 받고 돈을 빌려 주는 돈놀이를 해서 더 많은 재산을 모았고, 넓은 땅을 가진 대지주들은 임금을 주고 일꾼을 사서 농작물을 재배한 다음, 시장에 내다 팔아 많은 이익을 남겼지. 상인들은 전국을 상대로 장사 규모를 키우거나 다른 나라와 교역해 이전보다 더 많은 돈을 벌었어.

이에 반해 대다수 사람은 때로는 치솟는 물가에 시달리고, 나라에 바치는 세금에 등골이 휘고, 대지주들과 경쟁에서 밀려 농산물을 제값에 받지 못하는 일이 많았어. 그러자 많은 농민이 어쩔 수 없이 자기 땅을 팔았고, 나중에는 농사지을 땅을 빌릴 돈조차 없어서 적은 임금을 받으며 남의 땅을 대신 경작하는 신세가 되었지.

이러니 부자들을 향한 가난한 사람들의 원망이 당연히 커질 수밖에 없겠지? 그래서 가난한 농민들은 힘을 합쳐 소작료를 내지 않겠다며 저항하고, 도시의 빈민들은 떼를 지어 부유한 상인을 습격해 재물을 빼앗는 일이 많아졌어.

또 하나 큰 문제는 이 무렵 세 나라 정부와 관리가 백성의 어려움을 제대로 돌보지 않고 자신들 이익만 챙기는 일에 더 열심이었다는 거야. 알다시피 동아시아 세 나라는 농업을 나라 경제의 근본으로 삼았고, 농민에게 거두어들인 세금으로 나라 살림을 꾸려 나갔어. 그런데 정부와 관리가 세금 거두는 일이 갈수록 불공평해지고 엉망이 되어 버렸단다.

어떤 관리들은 백성에게 거둘 세금의 양을 자기들 마음대로 늘리기도 했고, 별의별 종류의 세금에다 각종 벌금까지 억지로 만들어 내 농민들을 괴롭혔어.

게다가 관리들이 세금을 몰래 빼돌리는 일도 많았어. 한 예로 18세기 말 건륭제의 신임을 받던 한 관리는 20여 년 동안 청나라 정부의 거의 1년 세금 수입에 해당하는 엄청난 재물을 자기 집에 따로 챙겼어. 물론 들켜서 큰 벌을 받았지만 말이야.

이 무렵 농민들은 관리의 횡포와 무거운 세금에 시달리며 하루하루 힘겹게 살아갔어. 당시의 어떤 학자는 이런 농민을 보고 "오늘 세금을 내고 내일 지주에게 다시 돈

거들먹거리는 청 관리에게 거리의 굶주린 사람이 항의하는 모습을 그린 기록화이다. 18세기 말 청에서는 관리들이 백성을 괴롭혀 자신들의 이익만 챙기는 등 부정부패가 매우 심했다.

을 빌려 달라고 한다."며 안타까워하기도 했단다.

물론 이런 문제들이 18세기 말에 갑자기 심각해진 것은 아니야. 평화와 번영을 한창 누리던 18세기 중반부터 이미 문제가 나타나고 있었어. 다만 청 정부가 번영에 취해 제대로 문제를 풀지 못하는 동안 계속 곪다가 결국 터진 결과라고 할 수 있지.

유럽 나라들과 충돌하기 시작하다

'내우외환'이란 말은 '나라 안의 걱정, 나라 밖의 어려움'이라는 뜻이야. 이 말은 18세기 말 동아시아가 처한 상황을 잘 설명해 주고 있단다. 앞에서 보았듯이 당시 동아시아 세 나라는 갈수록 심해지는 빈부격차, 관리의 부정부패 등으로 나라 안의 갈등이 폭발하고 있었어. 여기에 영국, 러시아 등 유럽 나라들까지 등장해 청을 중심으로 한 동아시아의 중화 체제와 조공 무역 질서를 흔들며 밀고 들어왔거든.

동아시아와 유럽 나라가 만나기 시작한 것은 16세기 무렵부터야. 앞에서 이미 이야기했듯이 당시 명 정부는 유럽 나라 상인들에게 몇 군데 항구에서 조공 무역 방식으로 교역하는 것만 허락하고, 민간 상인끼리의 교역은 금지했어.

청이 들어선 뒤에도 청과 유럽 나라들 사이의 교역 방식은 크게 달라지지 않았어. 강희제 때 청 정부는 유럽 상인들에게 항구 네 곳을 정해 주고 교역하도록 했어. 그런데 유럽 상인들이 자주 말썽을 부리자 건륭제 때 광저우 한 곳으로 무역항을 제한해 버렸단다. 그러면서 청과 유럽 상인 모두의 활동을 더욱 엄격히 감독했지. 그리고 관청이 교역을 허락해 준 공행하고만 교역하게 했어.

그러자 유럽 상인들은 불만을 터뜨렸어. 무역항이 광저우 한 곳으로 줄어든 것만으로도 불만인데, 광저우에서조차 장사를 마음껏 할 수 없으니 불만이 더 커질 수밖에.

특히 당시 청의 차를 엄청나게 수입하던 영국 상인들의 불만이 가장 컸어.

하지만 유럽 상인들은 어찌할 방법이 없었단다. 이 무렵 유럽의 강대국이라고 할 영국과 프랑스는 서로 주도권 싸움을 하느라 정신이 없었어. 또 두 나라가 유럽에서는 강할지 몰라도 18세기 중반까지는 감히 청에 맞설 정도가 못 되었기 때문이야. 결국, 유럽 상인들은 불만을 삭이며 청 정부의 정책을 따라야 했단다.

공행

청나라 때 광저우에서 서양 상인과 교역하도록 허가받은 상인 조합을 공행이라 한다. 1760년대에 만들었으며, 이 조합의 상인들을 행상이라고 했다. 청 정부는 공행에 교역을 독차지할 권한을 주고, 대신 관세를 철저히 거두어 정부에 바치라고 지시했다. 공행 제도는 1840년 아편 전쟁 뒤, 자유 무역이 대세가 되면서 없어졌다.

그런데 18세기 말이 되면서 유럽 나라들은 차츰 청 정부의 조공 무역 방식에 맞서

19세기 초, 청의 광저우 항구 모습을 그린 기록화이다. 영국을 비롯한 유럽 여러 나라와 미국의 상관에 국기가 걸려 있다.

기 시작했어. 그 중심에는 유럽의 최고 강대국이 된 영국이 있었지.

이 무렵 영국은 그야말로 거침이 없었어. 프랑스와 벌인 주도권 싸움에서 승리를 거둔 데다가 인도를 비롯해 많은 식민지를 거느린 대제국으로 기세를 떨치고 있었으니까. 게다가 당시 최강의 영국 해군은 당해 낼 상대가 없을 정도였지.

그리고 산업 혁명이 빠르게 이루어진 덕분에 공장에서 대량으로 생산한 상품의 가격이 크게 떨어졌어. 그래서 이전과 달리 청의 질 좋고 값싼 물건들과 경쟁할 자신도 생겼지.

영국 정부는 이전까지 청과의 교역에서 엄청난 손해를 보았지만, 이제 문제를 바로

강희제를 방문하는 영국 사절단을 그린 기록화이다. 18세기 말 영국 정부는 청 정부의 교역 제한 정책을 풀어 달라고 요구하기 위해 청에 사절단을 보냈다.

잡을 때가 되었다고 생각했어. 그래서 청의 일방적인 조공 무역을 바꿔 달라고 요청하기 위해 사절단을 보냈단다.

교역 사절단은 건륭제를 만나 광저우 상관의 규제를 풀어 주고, 무역항을 여러 곳으로 늘릴 것이며, 교역품에 매기는 세금을 낮추어 달라고 요청했어.

하지만 건륭제는 영국 사절단의 요청을 딱 잘라 거부했어. 건륭제의 답변은 "우리는 땅이 넓고 물자가 풍부하다. 너희 나라 물건은 전혀 필요치 않다."는 한마디뿐이었어.

결국, 청 정부와 영국 사절단의 만남은 아무 성과 없이 끝나고 말았지. 하지만 이 일을 계기로 영국과 유럽 나라들이 동아시아의 조공 무역 질서를 흔들려는 움직임은 더욱 거세졌어. 특히 산업 혁명의 성공은 그 움직임을 더욱 부추겼지.

산업 혁명은 19세기 초 영국뿐 아니라 유럽 전체로 퍼져 나갔고, 공장에서는 물건들이 대량으로 쏟아져 나왔어. 유럽 나라들은 그 물건을 팔 넓은 시장이 필요했어. 그래서 동아시아로 몰려들어 자유로운 교역을 요구한 거야.

청, 조선, 일본 정부가 그 요구를 거부하자 유럽 나라들은 막강한 군사력을 동원해 무역을 강요했어. 결국, 동아시아 세 나라는 점차 유럽이 지배하는 세계 질서에 강제로 묶이기 시작해.

사회 변화를 바라는 움직임이 활발해지다

앞에서 살펴본 것처럼 18세기 말 동아시아 나라들은 안으로 여러 갈등과 혼란에 휩싸인 데다가 밖에서 유럽 나라들까지 밀고 들어오는 통에 점점 더 위기를 느끼고 있었어.

하지만 이러한 갈등과 혼란 그리고 위기감이 꼭 나쁜 것만은 아니었단다. 이는 새로운 사회를 향한 변화와 노력이 필요함을 알려 주는 것이기도 했으니까 말이야.

실제로 18세기 말 동아시아에는 여러 문제를 뜯어고치고 새로운 사회로 나아가려는 움직임이 활발하게 나타났어. 특히 이전과 달리 일반 백성이 매우 적극적으로 이런 움직임에 나섰단다. 그전까지 모든 것을 자신의 운명이라고 여기던 생각에서 벗어나, 자신들이 바라는 세상을 적극적으로 만들어 나가려는 의지를 스스로 드러낸 거야.

그런데 일반 백성이 어떻게 이처럼 변할 수 있었을까? 그건 18세기에 경제가 발달하면서 이전보다 생활에 여유가 생겼기 때문이야. 살림이 넉넉해진 농민과 상인들은 자식을 서당 등에 보내 가르쳤어. 그러면서 서민 지식인이 늘어났지. 이들은 지방에 자리 잡고 백성의 뜻을 모아 여러 문제를 해결하기도 했단다.

18세기에 상업 발달과 함께 많은 정보가 다양한 방식으로 퍼지면서 백성의 의식은 빠르게 성장했다.
그리고 자신들의 권리를 위해 힘을 모아 지주나 관리에게 맞섰다.

또 전국에 걸쳐 시장이 발달하면서 이전보다 훨씬 다양한 정보를 얻고, 때로 나라 사정을 주제로 토론하게 된 것도 백성이 생각을 깨치는 데 큰 몫을 했어.

농민들은 무거운 세금과 관리들의 괴롭힘에 항의하기 위해 곳곳에서 자신들의 지도자를 중심으로 뭉쳤어. 또 지주들에 맞서 소작료를 낮춰 달라고 요구하거나 아예 내지 않고 버티는 일도 잦아졌단다.

그런가 하면 낡은 신분제로 차별 대우를 받던 상인과 노비 등은 좀 더 평등한 사회를 만들려는 노력을 계속했어. 특히 상인들은 사회적으로 지위가 높아진 만큼 대우받기 위해 무진 애를 썼지. 그래서 관리들을 움직여 자유로운 상업 활동을 보장받고, 때로는 상업을 억누르는 나라의 정책을 바꾸기도 했어.

백성의 저항으로 사회가 어지러워지자 지배층 일부 사람들도 큰 위기를 느꼈어. 이들은 경제적인 불평등과 관리들의 부패, 인재 부족 등에 대해 비판하면서 사회가 바뀌어야 한다고 외쳤지.

청에서는 아주 적은 수이기는 하지만 이전과 다른 세상을 꿈꾸는 지식인과 관리들도 나타났어. 이들은 청 이외의 지역, 특히 서양 사정에 대해 공부하기 시작하면서 청이 변해야 함을 깨닫고, 낡은 사회 제도를 얼른 바꾸어야 한다는 주장을 폈단다. 물론 이 몇 사람의 힘만으로는 당시 청의 현실을 크게 바꿀 수 없었지. 하지만 이들의 주장은 나중에 개혁이 본격적으로 진행될 때 커다란 자양분이 되었단다.

조선에도 당파 싸움의 문제점과 가혹한 수탈을 반대하면서 상업과 기술 발전에 힘을 쏟아야 한다고 주장하는 학자와 양반들이 나타났어. 북학파라

북학파

18세기에 청의 앞선 문물을 받아들이자고 주장한 조선의 지식인을 가리킨다. 당시 많은 지식인이 청을 오랑캐 나라로 여겨 멀리했지만, 북학파는 청의 기술을 배워 백성의 삶을 낫게 하고 나라를 강하게 해야 한다고 주장했다. 홍대용, 박지원, 박제가 등이 대표적인 북학파이다. 이들은 상업과 교역을 중요하게 여겼으며, 농업에서도 농기구나 농사 기술을 개발해 생산력을 높여야 한다고 강조했다. 그리고 서양의 기술과 과학 지식도 배우자고 주장했다.

고 불린 이들은 그동안 오랑캐 나라라며 무시하던 청에서 학문과 기술을 적극 받아들이고, 서양 과학도 적극 배우자는 의견을 펼쳤어. 그렇다고 이들의 주장이 바로 받아들여진 것은 아니야. 다만 이런 생각은 뒷날 조선 사회를 크게 바꾸려고 애쓴 여러 사람에게 큰 영향을 주었지.

사카모토 료마이다. 에도 막부 말에 막부 반대 운동을 이끌었다.

동아시아 세 나라 중에서 변화에 가장 앞장선 나라는 일본이었어. 특히 일본의 지배층이었던 하층 무사들이 적극적이었지. 이들은 위로 정부의 무능과 부패에 불만을 품는 동시에, 농민의 삶이 무너지면서 생겨난 사회 혼란을 하루빨리 바로잡아야 한다는 것을 깊이 느꼈거든.

특히 이들은 최고 통치자를 쇼군에서 왕으로 되돌리고, '서양 오랑캐'의 위협에 맞서야 한다고 주장하기도 했어. 이들은 나중에 일본 근대화의 출발점이 된 메이지 유신을 일으키는 중심 세력이 된단다.

사실 이외에 무엇을 따를 것인가

역사적 사실 중에는 칭찬할 것도 있고 비난할 것도 있다. 역사를 읽는 사람은 이러한 사실을 마음대로 풀이해 칭찬하거나 함부로 비난해서는 안 된다. 평가를 내리기에 앞서 모든 일의 단서들이 가리키고 있는 사실을 따져 보아야 한다. (…)

더 나아가 찾아낼 수 있는 모든 사실을 기록할 수 있어야 한다. 앞뒤가 맞지 않는 점이 있으면 하나하나 따져 보아 의심할 것이 남지 않게 해야 한다. 이러한 태도로 역사를 대한 사람만이 비로소 칭찬하거나 비난할 수 있다. (…)

학문을 하는 사람은 헛된 생각이 아니라 사실을 따라가야 한다. 역사를 기록하는 것은 사실을 쓰는 것이며, 역사를 읽는 것 역시 진실을 확인하기 위함이다. 사실 이외에 무엇을 더 따를 것인가?

청의 고증학자이자 역사학자인 왕명성의 『십칠사상각』에 나오는 글이다. 18세기 말, 청나라의 새로운 학문 흐름이 된 고증학은 옛날 책이나 문서에서 확실한 증거를 찾아 역사를 연구하는 학문이다. 위 글은 왕명성이 역사를 연구하는 자세에 관해 쓴 부분으로, 그는 오로지 사실을 추구하고 사실을 증명해야 한다고 주장했다. 고증학이 어떤 배경 속에서 등장했는지 짐작할 수 있는 대목이다.

18세기 프랑스 살롱을 재현한 방.

18세기 무렵까지만 해도 유럽 사람 대부분이 타고난 신분에 맞추어 사는 것을 당연하게 여겼단다. 신분의 벽을 뛰어넘는 일은 아주 드문 일이었지. 그런 유럽에서 18세기 무렵부터 변화의 움직임이 서서히 나타나기 시작해. 계몽주의 바람이 불면서 절대 왕정과 신분 제도가 의심받게 된 거야.

계몽주의 바람이 거센 유럽

부르주아지의 목소리가 점차 커지다

18세기까지 네덜란드와 스위스를 뺀 유럽의 거의 대부분 나라는 재능보다 신분을 중요하게 따졌어. 사회의 가장 높은 자리를 차지한 건 성직자와 귀족이었지.

이들은 각각 영혼을 구원하는 일을 맡은 '기도하는 자'와 나라를 위해 '싸우는 자'로 분류되어 세금을 내지 않는 등 여러 가지 특권을 누렸어. 반면 평민은 '일하는 자'로서 농사짓고, 물건을 만들어 파는 등 모든 생산을 책임지며 힘들게 살았지. 게다가 세금도 대개는 평민에게만 거두었어.

한마디로 나라를 유지하는 모든 것을 평민에 의존하면서도, 명예와 특권은 귀족만 갖는 불평등한 사회였지. 사실 귀족은 전 국민의 2퍼센트 정도밖에 되지 않았지만, 이들이 누리는 힘과 특권은 막강했어. 군대와 교회의 가장 높고 좋은 자리는 모두 이들의 몫이었어. 나라마다 조

프랑스 부르주아의 모습을 보여 주는 기록화이다. 도시의 상인인 부르주아는 세련된 옷차림으로 자신들의 부유함을 뽐냈다.

금 차이가 있었지만, 궁정과 재판부의 가장 높은 자리도 대개 이들이 차지하고 있었단다.

귀족들의 힘은 무엇보다도 그들이 가진 넓은 농장에서 나왔어. 대대로 물려받은 대농장에서 거둔 농작물과 수입으로 귀족들은 수많은 하인과 소작농을 거느리고 '귀족답게' 살 수 있었지.

그런데 상업과 제조업이 발달하면서 도시를 중심으로 또 하나의 큰 세력이 만들어지기 시작했어. 이 집단을 부르는 명칭은 나라마다 달라. 하지만 '부르주아지'라는 프랑스 어가 이 집단을 대표하는 표현으로 자주 쓰인단다.

부르주아지와 젠트리

부르주아지는 원래 성에 둘러싸인 유럽 도시의 주민을 이르는 말이었다. 그러다가 점차 많은 재산을 모은 계급을 뜻하게 되었다. 하지만 시민 혁명 이전에는 상당한 부자였음에도 왕과 귀족의 지배를 받았다.
한편, 젠트리는 젠틀맨 계층이라는 뜻으로, 향신이라 번역하기도 한다. '가문이 좋은 사람들'이라는 뜻이며, 땅을 사서 부자가 된 하층 귀족이 그 중심을 이루었다.

부르주아지에는 부유한 사업가부터 상점 주인이나 수공업 장인에 이르는 다양한 집단이 포함되었어. 이들 가운데 일부는 도시의 행정을 맡아보는 행정 관리가 되기

영국 젠트리의 농장을 그린 기록화이다. 젠트리는 상업과 농업 발전 덕에 많은 재산을 모아 부유한 생활을 누렸다.

도 했지. 그 외에도 하급 관리, 법률가나 의사, 교수 등이 부르주아지에 속해.

특히 18세기 중엽에 이르면 법률가 등 자유 전문업을 가진 사람의 수가 크게 늘면서, 부유한 평민이나 특별한 재능을 가진 평민까지 부르주아지에 포함되었어. 이들은 자신의 직업을 하늘이 내린 천직이라 여기며 평생 부지런히 일했어. 늘 절약하며 돈을 모았고, 적당한 투자처를 찾아 재산을 불리기도 했지. 이렇게 경제적으로 생활을 안정시키고 주변 사람들에게 존경받으며 사는 것이 부르주아지의 꿈이었어.

그리고 최상층 부르주아지는 어떻게든 작위나 관직을 사서 귀족이 되려고 노력했지. 또 토지와 집 등 부동산을 사들여서, 상인이라는 원래의 직업을 버리고 귀족처럼 살기를 바랐어. 즉, 신분제 사회에서 성공하는 것이 많은 부르주아지의 목표였지. 그러다 보니 부르주아지는 기존 질서를 무너뜨리는 데는 관심이 없었어.

그런데 1750년대로 접어들어 부르주아지의 수가 부쩍 늘어나면서, 신분제 사회가 이들 모두를 만족시킬 수 없게 되었어. 전통적인 귀족들은 새로이 귀족이 된 부르주아지를 벼락출세자라 부르며 무시했지.

부르주아지는 드러내 놓고 귀족들과 맞서지는 않았지만, 신분 제도에 서서히 불만을 품게 되었어. 계몽주의가 빠르게 사회에 퍼진 이유는 아마도 이 때문이었을 거야. 부르주아지는 계몽주의자들의 이야기를 들으며 새로운 사회를 꿈꾸기 시작했단다.

계몽주의가 빠르게 퍼지다

유럽 역사에서 18세기는 흔히 '이성의 세기' 혹은 '계몽의 시대'로 불려. 인간이 종교와 낡은 전통의 굴레를 벗고 이성을 가진 존재로 존중받는 시대라는 뜻이지. 이런 현상은 17세기 과학 혁명 덕분에 가능했단다.

우주와 자연 세계에 대한 새로운 발견이 쏟아져 나오면서, 인간은 자신이 자연과 세상이 어떻게 움직이는지 이해할 수 있는 능력을 지닌 존재임을 깨닫게 된 거야. 그리고 이성의 힘으로 사회의 여러 가지 나쁜 관습을 없애 나간다면 인간의 삶은 얼마든지 나아질 수 있다는 믿음과 자신감을 갖게 되었어.

이런 믿음과 자신감을 가진 일부 사람들은 18세기 유럽 사회의 나쁜 관습과 낡은 제도를 비판하고 이를 바로잡으려 했어. 바로 이런 사람들을 계몽주의자라고 해. 계몽주의자들이 생각한 18세기 유럽의 문제점은 아주 다양했어. 그중에서도 신으로부터 받았다는 국왕의 절대적인 권력이 가장 먼저 도마 위에 올랐지.

영국의 의회가 왕의 권력을 제한하는 것이 정당하다는 것을 사회 계약 이론을 통해 뒷받침한 존 로크 기억나지? 영국뿐 아니라 프랑스에서도 왕이 모든 권력을 쥐고 나라를 다스리는 것을 비판하는 목소리가 나오기 시작했어.

우선 몽테스키외는 왕이 마음대로 나라를 다스려서는 안 된다고 주장했어. 그래야만 백성의 자유를 지킬 수 있으니까. 그런 면에서 많은 계몽주의자는 왕의 권력을 법 아래 두고 의회가 국왕을 도와 나라를 다스리는 영국의 입헌 군주제를 바람직하게 생각했단다.

한편, 볼테르처럼 크리스트교와 교회를 거세게 공격한 사람도 있었어. 볼테르는 교회가 근거 없는 믿음과 맹목적인 신앙을 퍼뜨려 사람들을 잘못 이끌고 있다며 교회의 오만과 편견을 꼬집었어.

그런가 하면 불평등한 신분 제도와 재산 제도의 문제점을 고발한 사람도 있었단다. 루소는 인간이 어떻게 자유와 평등을 잃어버리게 되었는지 고민했어. 그리고 왕이 모든 권력을 쥐고 휘두르는 전제 군주정이 불평등을 만들어 내고 있으며, 개인이 재산을 갖는 사유 재산 제도가 인류의 모든 불행의 원인이라고 비판했지.

그래서 루소는 인간이 모두 자유롭고 평등해지려면, 사회 계약을 맺어야 한다고 주장했어. 하지만 사람들이 사회 계약을 통해 왕을 선택해서는 안 된다고 보았어. 대신 법이라는 '공동체의 의지'에 따라야 한다고 했지. 이러한 루소의 사회 계약론은 오늘날 민주주의 원리를 제시한 이론으로 해석하기도 해.

그런데 볼테르와 루소처럼 사회의 문제점에 용감하게 도전한 사람들도 있었지만, 대개의 계몽주의자는 지식을 쌓는 일을 매우 중요하게 여겼어. 사람들이 많이 알면 세상을 바꾸기 위해 행동할 것으로 생각한 거야. 디드로와 달랑베르가 편집을 맡은 『백과전서』라는 책이 이런 계몽주의자들의 생각을 잘 보여 주지.

『백과전서』 편찬에 힘을 쏟은 계몽주의자들은 과학과 기술 분야에서 이룬 최신 성

17세기 무렵 프랑스 살롱의 모습을 그린 기록화이다. 살롱은 프랑스의 귀족, 작가, 사상가들이 모여 새로운 사상을 나누는 모임 장소로 널리 퍼졌다.

과를 소개하고, 철학 지식을 널리 퍼뜨리는 것이 자신들이 맡은 일이라고 생각했어. 그렇게 되면 모든 영역에서 잘못된 생각을 깨트리기 위한 싸움이 시작될 테고, 결국에는 인간이 겪고 있는 온갖 비참한 현실이 나아질 것으로 믿었지.

계몽주의자들의 책

1651년 홉스, 『리바이어던』 펴냄
1690년 로크, 『인간 오성론』 펴냄
1733년 볼테르, 『철학 서간』 펴냄
1740년 흄, 『인성론』 1~3권 펴냄
1748년 몽테스키외, 『법의 정신』 펴냄
1762년 루소, 『사회 계약론』 펴냄

그래서 계몽주의자들은 세상을 향해 글을 썼단다. 소설, 비평, 정치 철학을 담은 책, 편지 등 형식과 분야에 상관없이 다양한 글을 내놓았어. 이들의 글은 많은 사람의 공감을 얻었지. 주로 귀족, 법률가, 정부 관리, 부유한 상인 등이 계몽 서적을 많이 사 보았어.

특히 프랑스 파리의 귀족과 부르주아지는 여러 모임을 통해 계몽주의자들의 글을 읽고 열띤 토론을 벌였어. 아카데미, 살롱, 독서 클럽 등 다양한 모임이 하루가 멀다 하고 열렸고, 귀족과 평민이 함께 자리하기도 했지. 이들은 자유 토론을 통해 관용, 우애, 자유, 평등에 관한 생각을 키우며 계몽주의를 널리 퍼뜨리는 데 앞장섰단다.

국왕과 교회, 권위를 잃다

계몽주의가 일으킨 바람은 유럽 사회의 작은 변화를 가져온 미풍으로 그쳤을까, 아니면 큰 변화를 이끌어 낸 거대한 태풍으로 발전했을까? 분명히 계몽주의자들은 반란을 일으켜 세상을 단숨에 바꾸어야 한다고 주장하지 않았단다. 지식을 퍼뜨리는 것으로 얼마든지 세상을 바꿀 수 있다고 생각했으니까.

하지만 18세기 유럽 사회는 이미 크게 변화하기 시작했고, 계몽주의자들은 그런 변화들을 더욱 부추겨 사회 전체의 큰 변화를 이끈 것이 분명해.

실제로 1750년대 이후 유럽에서 교회의 영향이 눈에 띄게 달라지기 시작했어. 영국과 프랑스처럼 상공업이 발달하고, 글을 읽고 쓸 줄 아는 사람이 많은 나라일수록 크리스트교가 사람들의 삶에서 차지하는 비중이 많이 줄어들었어. 그러자 성직자가 줄어들기 시작했고, 미사나 예배에 참석하는 사람도 줄어들었어. 특히 성직자를 존경하는 사람들의 마음이 빠르게 식어 갔지.

이러한 흐름은 왜 생겼을까? 아마 여러 가지 까닭이 있었겠지. 그중에 계몽주의가 큰 몫을 한 것은 확실하단다. 물론 계몽주의자들 가운데 볼테르처럼 크리스트교를 정면으로 공격한 사람은 많지 않았어. 하지만 이들이 이치를 따져 옳고 그름을 가리는 태도가 크리스트교의 가르침을 의심하게 했지.

계몽주의가 가져온 또 다른 변화는 왕의 권위가 크게 약해졌다는 거야. 계몽주의자들이 사회 계약론에 따라 절대 군주제를 비판하면서, 왕의 권위는 신이 아니라 국민의 지지에서 온다고 주장했거든. 또 왕의 임무는 신을 만족하게 하는 것이 아니라, 국민의 자유와 안전을 지키는 것이라고 주장했기 때문이야.

게다가 모든 사람은 자유롭고 평등한 존재이기에 법 앞에서 평등하다는 주장이 나오면서, 이전까지 당연하다고 여기던 불평등한 신분 제도가 크게 흔들렸어.

이 시기 사람들은 나날이 정치에 관심을 두기 시작했어. 귀족뿐 아니라 부르주아지도 정치의식이 높아졌어. 이들은 신문이나 책을 읽었으며, 토론을 벌였어. 그리고 왕의 정책이 실패로 돌아갈 때마다 왕에게 불만을 쏟아 냈지.

물론 교회와 왕의 권위가 떨어진 것이 모두 계몽주의의 탓만은 아니었어. 이는 사회가 좀 더 나은 방향으로 나아가는 과정에서 나타나는 자연스런 흐름의 결과였지. 사람들이 계몽주의에 그토록 큰 지지를 보낸 것은 이 시기에 이미 사회와 정치에 대한 불만이 커져 있었기 때문일 거야.

소수의 사람이 모든 특권을 누리는 신분 제도가 잘못되었다는 것을 많은 사람이 깨

18세기 말 유럽 사람들은 계몽주의 등의 영향으로 의식이 발전했고, 점차 왕과 교회의 영향에서 벗어나기 시작했다.

닫기 시작했고, 그런 사회가 옳다고 감싸는 교회의 문제가 심각하다는 것을 알았으니까 말이야. 그리고 왕이 능력이 없거나 잘못하면 반대 목소리를 내야 할 필요성도 느꼈을 테고.

국민은 이제 더는 왕을 어버이 같은 존재로 바라보지 않았고, 왕의 통치를 무조건 받아들일 생각도 없었어. 생각이 트인 국민은 자신들을 둘러싼 문제를 스스로 해결하고자 나서기 시작했어. 드디어 혁명의 시대가 시작된 거야.

서로 편을 갈라 고통 주지 않게 하소서

나는 인간이 아닌 신에게, 즉 세상 모든 것을 맡아 책임지는 하느님, 당신에게 간절히 기도합니다. (…) 높은 자리에 있는 성직자들과 많은 재산을 가진 사람들이 자신의 '지위'와 '부'를 누리며 으스대지 않게 해 주시고, 다른 사람들은 이들을 시샘하지 않게 해 주소서.

이 세상 사람들이 자신들 모두가 형제라는 사실을 잊지 않게 해 주소서. 사람들이 정직하게 일하여 얻은 결실을 빼앗아 가는 강도를 미워하듯이, 사람의 영혼을 괴롭히는 행동을 미워하게 해 주소서.

전쟁이라는 재앙은 피할 수 없다 해도, 평화를 유지하는 동안만은 서로 미워하지 않고, 서로 편을 갈라 고통 주지 않게 해 주소서. (…) 우리가 이 땅에 머무는 시간을 우리에게 삶을 주신 당신의 은혜를 찬양하는 데 쓰게 하소서.

볼테르의『관용론』에 나오는 기도문이다. 볼테르는『관용론』에서 종교를 차별하지 말고, 자기와 다른 종교도 인정해야 한다고 주장했다. 종교가 다른 것은 단지 신을 섬기는 방식이 다를 뿐인데, 그 때문에 서로 미워하고 상대를 죽이는 것은 바람직하지 않다는 것이다. 이러한 생각은 르네상스 이후 유럽 사람들이 손에 잡히지 않는 종교보다 자기가 발 딛고 사는 현실을 더 중요하게 여기게 된 데서 나온 결과라고 할 수 있다. 그림은 볼테르의 초상화이다.

새로운 사상을 주장한 학자들

법에 바탕을 둔 통치를 주장한 몽테스키외 (1689~1755)

프랑스의 계몽주의자이다. 판사로 일할 때, 『페르시아 인의 편지』라는 소설을 이름 없이 펴냈다. 이 작품은 당시 프랑스의 사회 제도와 파리 사람들의 생활을 풍자한 것으로, 프랑스 정부와 교회를 재치 있게 비판해 유명해졌다. 이후 1748년에는 전 세계의 헌법을 만드는 데 큰 영향을 끼친 『법의 정신』을 펴냈다. 그러나 프랑스 정부는 책 내용이 정부의 뜻에 어긋난다고 하여 법적으로 이 책을 읽지 못하게 했다. 그럼에도 2년 만에 22번이나 다시 인쇄를 할 정도로 인기가 높았다.

프랑스 계몽주의의 선구자 볼테르 (1694~1778)

프랑스 최고의 극작가로, 귀족과 특권 계급의 이익만을 귀하게 여기는 프랑스 정부의 불평등한 정책을 비판하면서 작가 활동을 했다. 볼테르는 디드로, 루소 등과 함께 18세기 프랑스 계몽주의 시대에 백과전서파의 한 사람으로 중요한 몫을 했다. 특히 황제 마음대로 하는 정치 체제에 적극 맞서, 지배 계층에 반대하고 시민의 권리를 드높이고자 노력했다. 『철학 사전』을 비롯해 「인간론」, 「뉴턴 철학 입문」 등의 철학 작품과 희곡 「무함마드」와 「메로프」, 소설 「캉디드」 등을 썼다.

민주주의를 강하게 주장한 루소 (1712~1778)

프랑스의 작가이자 계몽주의자이다. 가난한 집안에서 태어나 젊은 시절을 떠돌아다니며 보냈다. 그러다가 재산이 많은 바랑 부인을 만나 그 밑에서 철학과 정치, 음악, 문학 등에 푹 빠져 지냈다. 1749년 아카데미 현상 논문 모집에 「학문 예술론」이 당선되어 사상가로 이름을 떨쳤다. 이 논문에서 루소는 과학과 예술이 인간성을 오히려 나쁜 길로 빠트린다고 비판했으며, 인간성을 되찾기 위해 노력할 것을 주장했다. 이후 『인간 불평등 기원론』, 『사회 계약론』 등 빼어난 작품을 잇달아 발표했다.

고증학을 크게 발전시킨 대진 (1723~1777)

청나라의 대표적인 고증학자로 언어학, 지리학, 천문학, 산수, 제도 등 여러 학문에 뛰어났다. 건륭제의 명에 따라 10년에 걸쳐 완성한 『사고전서』를 펴내는 데 큰 몫을 했다. 대진은 논리와 명분에 치우친 성리학을 비판하고, 사실을 증명하여 진리를 이끌어 내는 고증학의 체계적인 기초 이론을 세웠다. 대진의 주장은 권력을 쥔 사람들에게 억눌려 있던 낮은 계급의 사대부나 일반 백성의 처지를 대변하기도 했다.

유럽 학문 소개에 앞장선 스기타 겐파쿠 (1733~1817)

일본의 의관 집안 출신으로 오랫동안 의관으로 일했다. 네덜란드 해부학 책에 실린 그림이 실제 인체의 구조와 정확하게 일치하는 것에 감탄하여 해부학 책을 번역하기로 마음먹었다. 스기타는 처음에는 네덜란드 어를 전혀 알지 못했으나, 약 3년 동안 노력을 기울여 1774년에 본문 4권, 해부도가 실린 그림책 1권 등 모두 5권으로 이루어진 『해체신서』를 출판했다. 그 뒤 일본에는 서양 학문을 소개하는 책들이 잇달아 번역되어 나왔고, 이는 일본의 근대 사상이 발전하는 기틀이 되었다.

조선 북학파의 중심인물 박지원 (1737~1805)

젊은 시절 과거에서 떨어진 뒤 학문과 책 쓰는 일에만 몰두했다. 그리고 박제가, 홍대용, 이덕무 등 젊은 학자들과 가깝게 지내며 조선의 현실에 대해 많은 의견을 나누었다. 1780년에 사신으로 가는 친척을 따라 청나라에 갔다. 베이징과 열하를 여행하며 청의 앞선 문물을 살펴보고 돌아왔다. 이때 청에서 보고 들은 것을 정리하여 『열하일기』를 지었다. 박지원은 조선이 발전하는 데 필요한 여러 개혁 방안을 제시하고, 청의 앞선 문물을 적극 받아들여야 한다고 주장한 북학파의 중심인물이다.

역사용어풀이

정착촌(定着村 : 정할 정, 붙을 착, 마을 촌) 일정한 곳에 자리를 잡아 붙박이로 있거나 머물러 살기 위해 만든 마을. (217쪽)

상품 화폐 경제(商品 貨幣 經濟 : 장사 상, 물건 품, 재물 화, 화폐 폐, 날 경, 건질 제) 화폐를 이용해 필요한 상품을 구하는 경제. (228쪽)

내우외환(內憂外患 : 안 내, 근심 우, 바깥 외, 근심 환) 나라 안팎의 근심 걱정. (230쪽)

소작료(小作料 : 작을 소, 지을 작, 헤아릴 료) 소작인이 농지를 빌려 농사를 지은 대가로 지주에게 무는 사용료. (235쪽)

유신(維新: 굵은 밧줄 유, 새 신) 모든 걸 고쳐 새롭게 함. 묵은 제도를 새롭게 고침. (236쪽)

천직(天職 : 하늘 천, 임무 직) 타고난 직업이나 직분. (241쪽)

신분제 사회(身分制 社會 : 몸 신, 나눌 분, 정할 제, 단체 사, 모일 회) 개인의 능력이 아니라 타고난 신분에 따라 사회적 지위나 역할이 정해지는 사회. (241쪽)

계몽(啓蒙 : 열 계, 어두울 몽) 지식 수준이 낮거나 전통적인 인습에 젖어 있는 사람을 가르쳐서 깨우침. (241쪽)

입헌 군주제(立憲 君主制 : 설 입(립), 법 헌, 임금 군, 임금 주, 정할 제) 군주가 헌법에서 정한 제한된 권력을 행사하는 정치 체제. (242쪽)

전제 군주정(專制 君主政 : 오로지 전, 자를 제, 임금 군, 임금 주, 정사 정) 군주가 국가의 권력을 모두 쥐고 국민의 의사나 법률상의 제약을 받지 않고 운용되는 정치. (242쪽)

공동체(共同體 : 함께 공, 한 가지 동, 몸 체) 생활이나 행동 또는 목적 따위를 같이 하는 조직체. (243쪽)

연표

●아시아 ●유럽 ●아프리카·아메리카

916년 야율아보기가 거란(요)을 세우다.

960년 조광윤이 송을 세우다.

1096년 십자군 전쟁이 시작하다.

1185년 일본에서 가마쿠라 막부가 세워지다.

1206년 테무친, 몽골 부족을 통일하여 칭기즈 칸으로 뽑히다.

1215년 영국의 존 왕이 대헌장을 승인하다.

1234년 금이 멸망하다.

1240년쯤 서아프리카에서 순디아타가 말리 왕국을 세우다.

1250년쯤 망코 카팍이 잉카 제국을 세우다.

1279년 원이 중국을 통일하다.

1299년 마르코 폴로가 『동방견문록』을 완성하다.

1543년 코페르니쿠스가 『천구의 회전에 관하여』를 펴내다.

1562년 프랑스에서 위그노 전쟁이 일어나다.

1573년 명의 장거정이 개혁 정책을 펼치다.(~1582)

1581년 네덜란드가 에스파냐로부터 독립을 선언하다.

1588년 에스파냐의 무적함대가 영국에 패하다.

1592년 조일 전쟁이 일어나다.(~1599)

1598년 프랑스의 앙리 4세가 낭트 칙령을 발표해 신앙의 자유를 인정하다.

1600년

1602년 네덜란드가 동인도 회사를 세우다.

1603년 도쿠가와 이에야스가 에도 막부를 세우다.

1603년 마테오 리치가 『천주실의』를 펴내다.

1613년 허준이 『동의보감』을 펴내다.

1618년 유럽에서 30년 전쟁이 일어나다.

1620년 영국 청교도들이 북아메리카로 건너가다.

1642년 영국에서 청교도 혁명이 일어나다.

1644년 이자성이 연경을 점령하고 명을 무너뜨리다.

1648년 베스트팔렌 조약으로 30년 전쟁이 끝나다.

1650년 서아프리카 다호메이 왕국이 번영하다.

1666년 뉴턴이 만유인력을 발표하다.

1678년 조선에서 상평통보를 본격적으로 사용하다.

1688년 영국에서 명예 혁명이 일어나다.

1700년

1700년 러시아와 스웨덴 사이에 북방 전쟁이 일어나다.

1701년 프로이센 왕국이 성립하다.

1708년 조선이 대동법을 전국적으로 실시하다.

1716년 도쿠가와 요시무네가 개혁 정책을 실시하다.

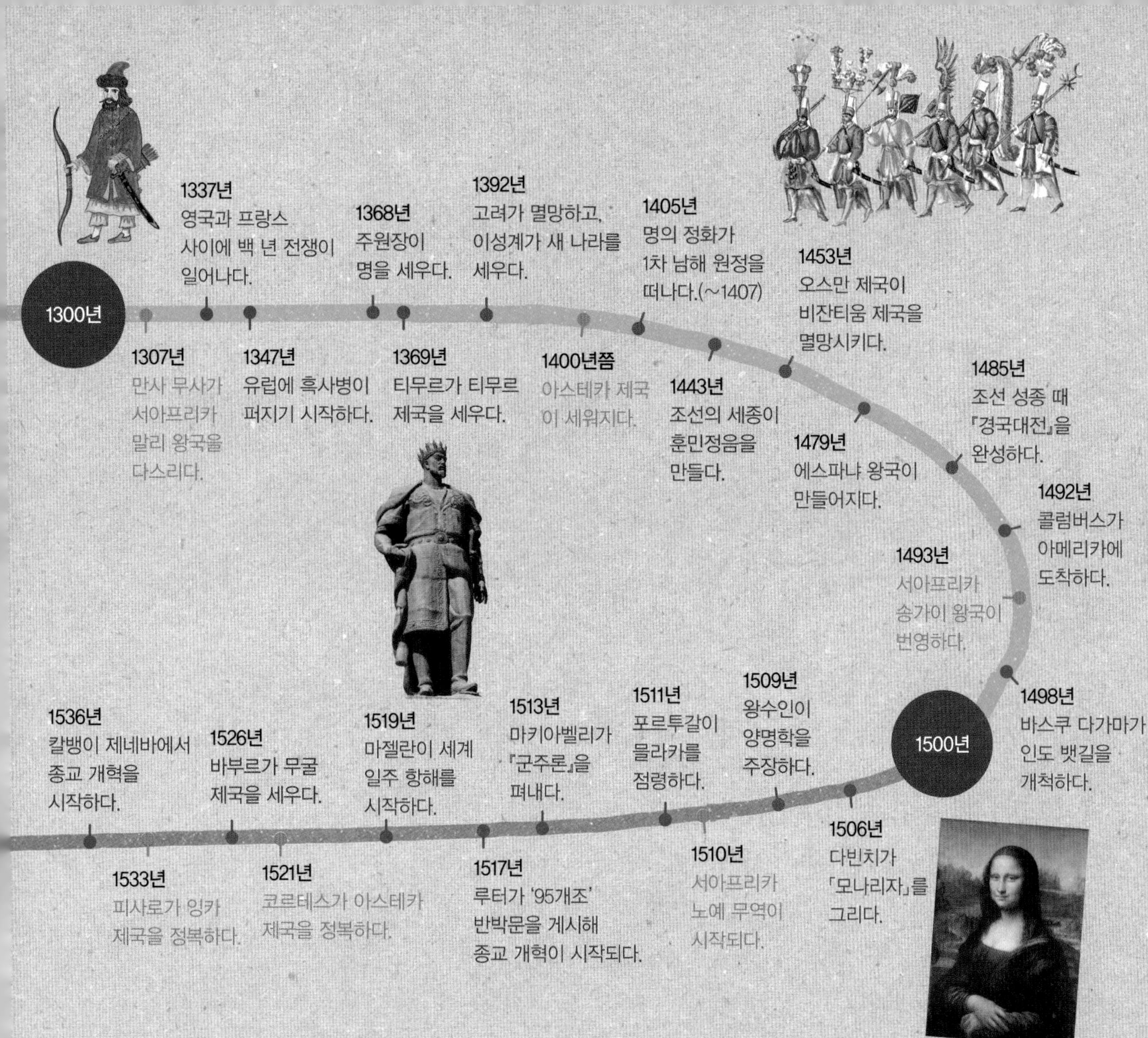
1300년
1307년 만사 무사가 서아프리카 말리 왕국을 다스리다.
1337년 영국과 프랑스 사이에 백 년 전쟁이 일어나다.
1347년 유럽에 흑사병이 퍼지기 시작하다.
1368년 주원장이 명을 세우다.
1369년 티무르가 티무르 제국을 세우다.
1392년 고려가 멸망하고, 이성계가 새 나라를 세우다.
1400년쯤 아스테카 제국이 세워지다.
1405년 명의 정화가 1차 남해 원정을 떠나다.(~1407)
1443년 조선의 세종이 훈민정음을 만들다.
1453년 오스만 제국이 비잔티움 제국을 멸망시키다.
1479년 에스파냐 왕국이 만들어지다.
1485년 조선 성종 때 『경국대전』을 완성하다.
1492년 콜럼버스가 아메리카에 도착하다.
1493년 서아프리카 송가이 왕국이 번영하다.
1498년 바스쿠 다가마가 인도 뱃길을 개척하다.
1500년
1506년 다빈치가 「모나리자」를 그리다.
1509년 왕수인이 양명학을 주장하다.
1510년 서아프리카 노예 무역이 시작되다.
1511년 포르투갈이 믈라카를 점령하다.
1513년 마키아벨리가 『군주론』을 펴내다.
1517년 루터가 '95개조' 반박문을 게시해 종교 개혁이 시작되다.
1519년 마젤란이 세계 일주 항해를 시작하다.
1521년 코르테스가 아스테카 제국을 정복하다.
1526년 바부르가 무굴 제국을 세우다.
1533년 피사로가 잉카 제국을 정복하다.
1536년 칼뱅이 제네바에서 종교 개혁을 시작하다.

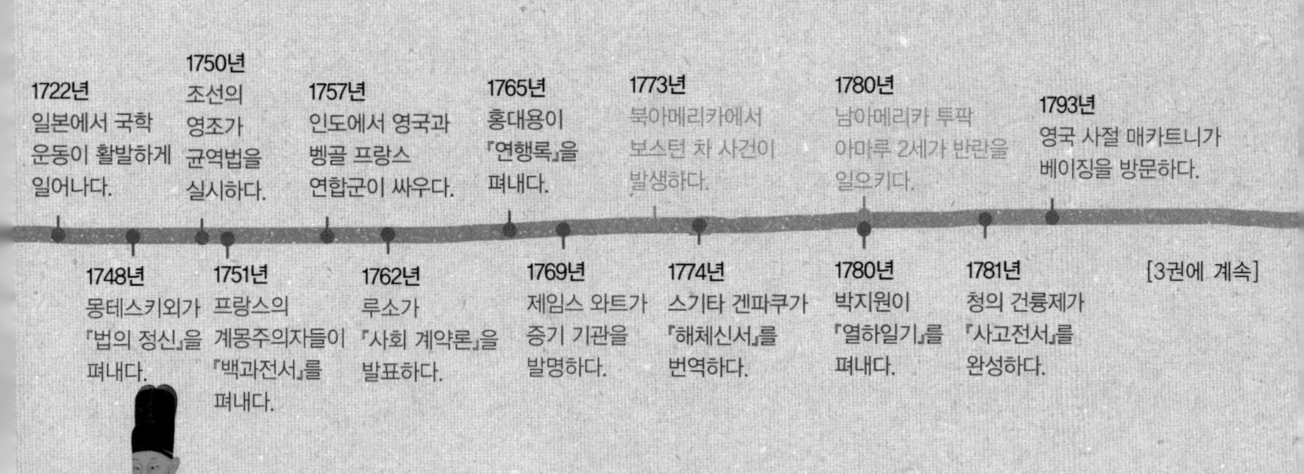
1722년 일본에서 국학 운동이 활발하게 일어나다.
1748년 몽테스키외가 『법의 정신』을 펴내다.
1750년 조선의 영조가 균역법을 실시하다.
1751년 프랑스의 계몽주의자들이 『백과전서』를 펴내다.
1757년 인도에서 영국과 벵골 프랑스 연합군이 싸우다.
1762년 루소가 『사회 계약론』을 발표하다.
1765년 홍대용이 『연행록』을 펴내다.
1769년 제임스 와트가 증기 기관을 발명하다.
1773년 북아메리카에서 보스턴 차 사건이 발생하다.
1774년 스기타 겐파쿠가 『해체신서』를 번역하다.
1780년 남아메리카 투팍 아마루 2세가 반란을 일으키다.
1780년 박지원이 『열하일기』를 펴내다.
1781년 청의 건륭제가 『사고전서』를 완성하다.
1793년 영국 사절 매카트니가 베이징을 방문하다.
[3권에 계속]

찾 아 보 기

사진 출처

Wikimedia Commons public domain

32쪽 : 자금성 황룡 Wing ⓒⓘⓞ

41쪽 : 난징에 있는 명의 궁전 Farm ⓒⓘⓞ

55쪽 : 정화 동상 jonjanego ⓒⓘⓞ

78쪽 : 피렌체 대성당 sailko ⓒⓘⓞ

116쪽 : 자마 마스지드 Marcin Bialek ⓒⓘⓞ

121쪽 : 타지마할 (C) 2004 Dhirad. Oslo, Norway. ⓒⓘⓞ

126쪽 : 비텐베르크 교회 AlterVista ⓒⓘⓞ

163쪽 : 삼전도비 Dalgial ⓒⓘⓞ

212쪽 : 미국의 초기 교회 Niagara ⓒⓘⓞ

국립중앙박물관, 123rf, 위키 공용(Wikimedia Commons), ㈜유로크레온, ㈜토픽이미지

* 맞춤법과 띄어쓰기는 국립국어원에서 펴낸 『표준국어대사전』을 기준으로 삼았습니다.
또한 역사 용어와 띄어쓰기는 교육인적자원부가 펴낸 『교과서편수자료』를 기준으로 삼았습니다.
* 외국인 인명과 지명은 국립국어원의 『외래어 표기 용례집』을 따라 표기했습니다. 단, 『외래어 표기 용례집』에 나오지 않는 인명과 지명은 현지음에 가깝게 적었습니다. 또 중국 인명은 신해혁명(1911년)을 기점으로 한자음과 현지음으로 나누었고, 중국 지명 가운데 현재 남아 있는 지명은 현지음, 없어진 지명은 한자음을 따랐습니다.